中国社会科学院创新工程学术出版资助项目

广告主对大众媒体的 影响与控制

Advertisers' Influence and Control
over the Mass Media

基于广告话语权视角

From the Perspective of the
Discourse Power in Broad
Advertising Communication

王凤翔/著

社会科学文献出版社
SOCIAL SCIENCES ACADEMIC PRESS (CHINA)

目　录

序一
广告话语权探讨的新成果

尹韵公

　　当今人们对广告是再熟悉不过的了。坐看电视，电视有广告；翻阅报纸，报纸有广告；漫步大街，大街满是广告；乘公交上班，公交车身就是流动广告……广告无处不在，无时不在。广告似乎无所不能，你摆脱不了它，甩都甩不开。可以说，广告的发达与繁荣是现代社会文明进步的重要标志之一。

　　中国是广告的故乡。中华民族祖先很早就建城设市，开展商品交易活动，自然地也就诞生了世界上最早的广告。两汉以后，广告开始兴盛。著名唐诗云："借问酒家何处有，牧童遥指杏花村。"后人考证，所谓"杏花村"，指的是高高悬起的幌子即"杏花村"酒名的广告牌，可能"杏花村"酒是当时社会的一种名酒。我们祖先不但创造发明了广告及其各种广告形式，而且还利用汉字的独特表达优势，创造出了许多内涵丰富、简洁有力的广告词。著名古代小说《水浒传》里的一句酒词广告"三碗不过岗"，在我看来，这是中国有史以来最为干净的广告词，至今我们还没有创造出比这句更简约的广告词来。如果要想知道古代中国社会的广告繁荣状况，只需看一看北宋著名画家张择端的《清明上河图》就够了。

　　当然，广告作为一门产业存在，应该是在近代工业革命发生以后。异常繁忙的商业活动，驱使资产阶级将广告推向全社会、全世界，形成了独具特色的广告文明。美国在 1894 年成为全球第一个经济强国后，聪明而富有的广告商曾逼迫政党言论退出美国媒体，表面上是为着"客观、公正"，实际上是为了争取更大的商业利益而扩张更大的商业空间。自20世纪初期后，美国的广告大户、广告商和广告公司在美国传媒界越来越主动，越来越霸道，越来越猖狂。我读研究生时，曾经阅读过一本美国学者写的书，特别让人惊讶的是，没想到美国的广告商和广告大户竟然如此强悍，以至于有人不免哀叹："报纸总编不过是报社广告部主任的啦啦队，广告部主任一张纸条递过来，说哪条消息上头条，总编就得乖乖地听其上头条，说撤换哪条消息，就得撤换哪条消息。"在美国，广告商和广告大户旗下的企业和商业实际上是舆论监督的死角。

中国经济融入全球化的体系以后，我断定美国传媒界的广告商和广告大户左右媒体的现象，必然会被成功"克隆"于我国传媒界。王凤翔考取我的博士生后，我建议他专门研究这个在中国还没有人研究过的重大问题。老实讲，研究这个问题是相当有难度的，一是因为这是我们过去从未碰到过的新问题，不知从何下手；二是因为"无章可循"，国内几乎没有这方面的研究文章可供参考和借鉴；三是因为获取"证据"难，其间内幕媒体不愿谈，广告商和广告大户也不愿透露，以免破坏坏了他们的潜规则。以上三个主要原因，为研究这个问题构成了严重障碍。试想，没有访谈、没有论据，如何搭建学术框架、勾联学术逻辑、创新学术主题等等。

王凤翔有着湖南人的倔性，他知难而上，探幽索隐，经过几年的心血努力，终于拿下了这个博士论文。我认为，从一定意义上讲，王凤翔的博士论文与该著是具有创新意义的填补空白之作，如前所述，国内还从来没有人从广告话语权视角做过研究并拿出研究成果；它又是具有历史起点的奠基之作，为以后有人沿着这个视角继续走下去，提供了一个富有价值的研究基础。总之，王凤翔的这本书，其视角是独特的，研究是新颖的，成果是创造性的，价值是开拓型的。未来的研究者在研究这方面问题时，本书可能是绕不开的。在林林总总的广告类专业书籍中，本书的色彩是异常鲜艳的。

凤翔毕业后，继续研究这个课题。他曾写过好几篇内参上报，其中有两篇受到时任中共中央政治局常委李长春同志的重视和批示，为此他曾两次获得中国社科院优秀信息对策奖一等奖。可见，王凤翔不仅在学术研究上取得了重大进步，而且在思想库和智囊团方面也发挥了重要作用。他在两个方面均获得了"丰收"！

学习无止境，研究亦无止境。王凤翔研究的基础主要是在传统媒体，而现在网络媒体火爆非常，那么网络广告又将产生怎样的影响与控制呢？这又是我们遇到的一个全新课题。虽然王凤翔的论文略有提及，但并不深入。我倒是非常希望他接着干下去，继续延伸和拓展，再花上几年功夫，再拿出一个像样成果，以进一步强化自己在这一领域的学术地位。

二十多年前，我出差到美国纽约，行走于曼哈顿大街时，发现日本的广告不时闪现，而中国的广告仅见"三九胃泰"。目下，我国经济规模已居世界第二，想必曼哈顿大街的中国广告已增加不少。由此看来，广告实质上也是一个国家的软实力强弱证明。倘若凤翔有机会带着课题出国研究，在比较中鉴别，在鉴别中深化，在深化中升华，则完全有可能取得更大的学术成就。

但愿他努力，但愿他努力成功，不枉费人生。

以此为序，未知然否？

2013 年元旦写毕

尹韵公

中国社会科学院中国特色社会主义研究中心

主任、研究员、博士生导师

序二
知识分子在中国大国化
进程中的学术使命

黄升民

王凤翔是我流动站的博士后，我之所以招他进站，是因为他在中国社会科学院工作，做学问具有国家立场与大局意识，写文章具有批评理念与批判精神，同时具有学术个性与思想理性，这是读书人非常宝贵的地方。凤翔撰写的《广告主对大众媒体的影响与控制》一书，我是比较熟悉的，因为2007年我是他博士论文答辩主席。现在，他请我为该著写一个序言，我翻阅了该著，觉得很有必要为他及其专著说几句公道话，以资鼓励，以示后进。

我曾撰文指出：广告业是经济的传感器，是中国大国化的镜像。由于广告业本身存在着盈利能力逐渐丧失和业务基础严重动摇等问题，造成了广告业在应对大国化的变革之时存在着诸多纠结。该著从广告主影响与控制大众媒体视角，通过理论与案例阐释了大国进程中的中国广告在历时性过程中与共时性语境里的"变革"与"纠结"，这是非常可喜的与难能可贵的。

在物欲横流的生活环境里，我们社会不缺歌功颂德的媒体与被物化的媒体，学界更不缺鹦鹉学舌、唯领导与钱权是瞻而异化的犬儒。而中国已巍然成为世界第二大经济体，一个大国的科学发展与和谐发展更加迫切需要代表社会良知的知识分子冷静的批评与理性的反思。"为天地立心，为生民立命，为往圣继绝学，为万世开太平"，不只是古代传统知识分子肩负的崇高道义，也不只是中国社科院作为党和国家的智囊团与思想库的使命责任，更是大国精神与伟大时代赋予我们知识分子的一项历史使命。凤翔在学界还没有成名成家，拿着中国社科院微薄的工资，享受着差强人意的待遇，然而非常难得的是，他没有选择一个业界学界皆大欢喜而且能够改善生活境遇的研究课题，而是对"广告主影响与控制大众媒体"这个传媒界与广告界不希望提及、学界研究鲜有触及、一般大众难以觉察和管理部门难以把控的研究命题，进行了理论的概括、科学的探讨与系统的研究。这是践行大国理念与知识分子使命的一种非常难得的勇气、精神与品格！

　　该著从传播学、社会学等学科的理论视野把广告主与媒体关系置于权力场、关系场、历史场、社会场与传播场的大语境中，构建了广告话语和广告话语权的学理框架、理论范式与研究模型。在广告话语权理论中，广告不只是一种纯粹的商业广告传播，而是广告宣传，是广义上的广告传播。广告话语是置于权力场、关系场、社会场与传播场的广告话语体系，囊括商业广告、公共关系、人际关系传播、政府市场行为、企业市场营销等，也概括了中国发展语境里独特关系与权力对广告和媒体进行影响与控制的传播方式。广告话语本身不产生权力或话语权，话语交往形成关系与权力，形成利益冲突范式与合法性－权威范式，在广告发展自身逻辑与广告发展外部逻辑中构建影响与控制，形成话语权争夺。这是该著的理论独创、学术亮点与学科创新。

　　在社会主义市场经济与大国进程化中的传媒业与广告业的发展与繁荣需要学术界的"学理输液"。坦率地说，广告学界在媒体广告经营、广告创意与企业品牌建设等方面研究得如火如荼，推动了中国传媒业与广告业的发展与繁荣，而广告批评是中国广告学研究的弱点与劣势，在广告学论著中更没有"广告主对大众媒体的影响与控制"的章节。在完善与发展社会主义市场经济与大国化进程中，该著作的"学理输液"不仅对我国传媒业发展与广告业繁荣具有积极的现实指导意义，而且具有较高的学术价值，填补了我国广告学研究的学术空白。

　　我们既需要有来自海内外的正面舆论支持与积极向上的鼓励，也需要有接纳被批判与进行自我批评的胸襟与精神。一个没有批评的时代是不健康的，一个不正视批评的组织与个人是没有发展前途的。中国文化素来重视隐讳含蓄的春秋笔法，而作为公共产品和学术传播物的该著作，对该著中所涉及的广告主、大众媒体与相关人士大多采用不虚美不隐恶的太史公笔法，这可能会让当事者有如坐针毡之感。但是，这是一种学术规范与学术精神，历史与事实也是一座无情的绞刑架，并非是该著的作者刻意恶意而择为之，愿当事者与读者理性视之，善意待之。该著从影响与控制视角对广告主与大众媒体关系进行的理性反思与建设性批评，虽然有不少声色俱厉之言，甚至不乏雷霆电闪之处，但是在我们这个走向大国与跨向强国的伟大历史时代里，确有必要，尤有必要。

　　最后，我以今年中共十八大文件精神作为该序言的结尾。十八大提出的加强经济建设、政治建设、文化建设、社会建设与生态文明建设愿景，2020 年全面建成小康社会的宏伟目标，进一步为我们广告界、传媒界与学术界提出了新的传播历史使命。我想，为了实现中华民族伟大复兴的历史期待与大国理想，无论是我们学界还是业界，必须全力加强传播文明建设，努力构建传媒的社会公信力与传播影响力，大力强化媒体的社会责任，构建国民对优秀文化与主流文化的皈依，在社会主义市场经济建设中与全球传播中进一步彰显出大国责任与强国风范。

2012 年 12 月圣诞平安夜书于广州

黄升民

中国传媒大学广告学院院长、教授、博士生导师

第一章
导　　论

第一节　中国广告业的发展与话语权意识

一　中国广告业的发展与繁荣

中国自 1979 年恢复广告，改革开放 30 多年，中国广告业获得极大发展，呈现欣欣向荣的景象。1978 年十一届三中全会、1992 年邓小平南方谈话、2001 年中国加入世贸与 2011 年鼓励广告产业发展与繁荣的系列政策出台，是中国广告业快速发展的转折性事件，也是中国广告业先后进入四个新的发展历史时期的标志性事件。

1981 年，中国广告业营业总额为 11800 万元人民币，占国民生产总值（GDP）的 0.024%，广告经营户只有 1160 户，每个经营单位平均 14 人。1987 年，年广告营业总额为 11 亿元，首次跨越 10 亿元。1988 年，年广告营业总额近 15 亿元，占 GDP 比重首次达到 0.1%，广告经营户首次超过 1 万户，广告从业人员首次超过 10 万人。这是广告业发展的第一次大飞跃。

1992 年邓小平南方谈话后，中国社会主义市场经济地位确立，中国广告业获得发展动力。1993 年，年广告营业总额达 134 亿多元，首次跨越 100 亿大关。2001 年，年广告营业总额近 800 亿元（795 亿元），是 1993 年的近 6 倍（5.93 倍）。1992~2001 年 10 年间，年均增长率近 40%（39.576%）。1992 年与 1993 年广告发展势头尤为强劲。1993 年经营单位比 1992 年增长近 1 倍，从业人员比 1992 年增加 68%。1992 年年营业额增长率达 93.96%，1993 年达 97.63%，两年的年均营业额增长率将近翻番，为 95.795%。

2001 年底，中国加入世贸，这不但是新中国历史上的重大历史事件，也是中国广告业发展的重大事件。在中国进一步改革开放与走向全球化的过程中，中国广告业进一步获得发展机遇。2002 年，广告经营单位达 89552 户，广告从业人员达 756414 人，广告营业总额达 903 亿元。2003 年，广告经营单位首次跨越 10 万户；2009 年，首次跨越 20 万户、2010 年，达 24 万多户。2006 年，广告从业人员达 104 万，首次跨越 100 万大关；2010 年，广告从业人员达 148 万。2003 年，广告营业总额超越 1000 亿元，所占 GDP 比重为 0.920%，达到历年最高值；2009 年，广告营业总额超越 2000 亿元，所占 GDP 比重为 0.599%；2010 年，广告营业总额达 2341 亿元，是 1981 年的 1983.5 倍。

2011 年，国家出台了一系列推动广告产业发展的措施与激励政策。党的十七届六中全会明确指出，"加快发展文化产业、推动文化产业成为国民经济支柱性产业"，广告作为文化产业的重要组成部分，已成为国家重点支持和发展的产业。"十二五"现代服务业发展规划提出广告业发展的目标、任务、重大工程以及保护措施。国家发改委第 9 号令施行的《产业结构调整指导目录》（2011 年 6 月 1 日实施），把"广告创意、广告策划、广告设计、广告制作"列为鼓励类产业。这是广告业第一次享受国家鼓励类政策。国家为中国广告业发展提供了政策支持与进一步的发展空间。国家工商总局在北京、上海、长沙等地确立十个全国性的国家级广告产业示范区。

2011 年中国广告业获得较大发展。广告经营单位近 30 万户，从业人员达 167 万多，广告营业额达 31255529 万元，首次突破 3000 亿元人民币，比 2010 年增加 7850453 万元，年增长率为 33.54%，年增长率超过 1997 年的 26.00%，低于 1996 年的 34.17%，是该年 GDP 增长率的近四倍，创 15 年来的最大增幅。1992～2010 年，只有 2003 年比 2002 年增长了 5.82 个百分点，是年度之间增长最高增幅。2011 年比 2010 年增长了

18.87 个百分点，只低于 1992 年比 1991 年增幅的 53.70 个百分点，是 20 年来年度之间增长的最大增幅（见表 1 - 1）。

表 1 - 1　1981～2011 年中国广告产业发展概况

年度	经营单位（户）	从业人员	营业额（万元，人民币）	营业额增长率（%）	营业额占 GDP 比重（%）
1981	1160	16160	11800	686.67	0.024
1982	1623	18000	15000	27.12	0.028
1983	2340	34853	23407	56.05	0.039
1984	4077	47259	36528	56.06	0.051
1985	6052	63819	60523	65.69	0.067
1986	6944	81130	84478	39.58	0.083
1987	8225	92279	111200	31.63	0.093
1988	10677	112139	149294	34.26	0.100
1989	11142	128203	199900	33.90	0.118
1990	11123	131970	250173	25.15	0.135
1991	11769	134506	350893	40.26	0.162
1992	16683	185428	678475	93.96	0.255
1993	31770	311967	1340874	97.63	0.338
1994	43046	410094	2002623	49.35	0.429
1995	48042	477371	2732690	36.46	0.475
1996	52871	512087	3666372	34.17	0.548
1997	57024	545788	4619638	26.00	0.632
1998	61730	578876	5378327	16.42	0.699
1999	64882	587474	6220506	15.66	0.760
2000	70747	641116	7126632	14.57	0.800
2001	78339	709076	7948876	11.54	0.820
2002	89552	756414	9031464	13.62	0.860
2003	101786	871366	10786800	19.44	0.920
2004	113508	913832	12645601	17.23	0.790
2005	125394	940415	14163487	12.00	0.777
2006	143129	1040049	15731000	11.10	0.750
2007	172615	1112528	17410000	10.68	0.706
2008	185765	1266393	18995614	9.11	0.632
2009	204982	1334898	20410322	10.34	0.599
2010	243445	1480525	23405076	14.67	0.590
2011	296507	1673444	31255529	33.54	0.663

　　资料来源：范鲁彬：《中国广告 30 年全数据》，中国市场出版社，2009；丁水：《2007 年、2008 年、2009 年中国广告业发展综述》、王凤翔：《2010 年、2011 年中国广告业发展综述》，《中国新闻年鉴》（2007、2008、2009、2010、2011），中国新闻年鉴出版社，2007、2008、2009、2010、2011。

昌荣传播《2011 中国广告市场与媒体研究报告》指出：2011 年中国广告市场继续保持平稳增长，以刊例价计算，广告投放总额为 6693 亿元，比 2010 年增长 14.5%。尼尔森网联 AIS 全媒体广告监测数据显示：全国广告刊例花费统计超过 8100 亿元人民币，达到 15.9% 的年增长率，超过 2010 年 10.4% 的年增长率。按照两者的中国广告经营刊例价，平均达近7000 亿元人民币，平均年增长率超过 15%（参见图 1 - 1）。

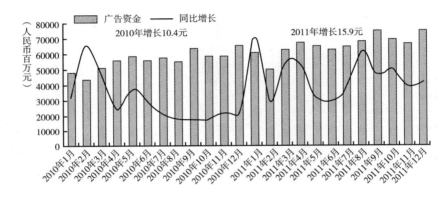

图 1 - 1　2010～2011 年中国广告资金增长概况

资料来源：尼尔森《2011 年中国广告市场年度回顾及重点行业盘点》。

毋庸置疑，中国广告业发展势头良好，中国广告市场规模跻身世界前列。

根据清华大学媒介经营与管理研究中心的统计分析，中国传媒业的增长与国民经济的发展关系密切。中国广告营业额增长率与国民生产总值（GDP）相关系数为 0.709，确定系数为 0.503，也就是说，两者高度正相关，广告营业额的 50% 是由 GDP 的增长推动的。同时，经济发展，城乡居民收入提高，将带动居民的消费结构升级，从生存型向发展型、享受型转变。这对于居民的传媒消费和行业的广告投放和广告结构将产生积极的影响①，对我国大众媒体的转型与发展具有深远影响，对媒介产业的发展与繁荣具有积极作用，对社会进步与社会转型具有重要意义。

---

① 刘年辉：《中国报业集团核心竞争力研究》，清华大学博士后研究报告，2006 年 10 月。

二　广告主通过对大众媒体的影响和控制实现话语权正成为一个新的社会问题

中国传媒大学广告学院院长黄升民教授指出，广告业是经济的传感器，是中国大国化的镜像。一方面，"大国化"激发了更多的广告需求；"大媒体"催生了新的广告平台和产品体系。另一方面，由于广告业本身存在着盈利能力逐渐丧失和业务基础严重动摇等问题，造成了广告业在应对大国化的变革之时存在着诸多纠结。①

广告主、大众媒体、广告公司、消费者等几方的博弈均是为了实现各自的最大利益。大众媒体资源是稀缺的或有限的，其功能是公共服务与信息传播等。而作为广告主，尤其是大广告主，其消费欲望和对利润的追求是无限的。这种有限性和无限性、媒体功能和广告利润的矛盾与冲突会引起广告主和大众媒体的矛盾，由此引起广告主试图影响和控制大众媒体，实现其话语权。几方的博弈，使广告主和广告公司直接或间接地对媒体施加影响，使媒体在资讯传播的把关方面做出有利于广告主利益的选择，从而达到传播效益和利润最大化。大众媒体的生存压力增大，大众媒体对广告依赖性加强，在广告主资本、技术与广告等要素的影响和控制下，大众媒体面对消费者主体和生产者主体时，会倾向广告主。广告主对代理者的广告公司来说，广告主是其财源，为了自身利益，谋取更大利润，会向媒体施加有利于广告主的影响。现代市场经济的消费者要求对大众媒体传播的产品信息有选择权、安全权、知情权和赔偿权。作为大众媒体的"衣食父母"的广告主，对媒体传播的资讯进行筛选、提升和预期化，使大众媒体传播的资讯朝着有利于自己产品销售的方向发展。

回顾改革开放30多年来中国广告业的发展，无论是政府的行业管理，还是业界的行业思考，抑或学术界的理论研究，大多关注的是中介层面（广告公司及广告代理制）和媒体层面（媒介经营），抑或是广告的自在

---

① 黄升民、王昕：《大国化进程中广告代理业的纠结与转型》，《现代传播》2011年第1期。

规律与消极影响，而有意无意地忽略了广告主这个原动力角色。随着中国加入世贸、改革开放步伐加快与广告业的发展，国外广告主与广告公司将进一步强化竞争与垄断，这对我国广告发展既是挑战，也是重大发展契机，但我国广告市场、媒介市场与广告代理与广告管理还不成熟。因此，对广告话语权的探讨显得尤为重要、必要和及时。

关贸谈判过程中，我国根据"市场准入"原则，在 1991 年 7 月提交的服务贸易开价单中承诺 6 个首先对外开放的市场，广告业是其中之一。加入世贸后，我国承诺将平均关税水平从 17% 降到发展中国家 10% 的平均关税水平；国外广告主、广告公司随着中国加入世贸，可逐步超过50% 的控股和独立创办广告公司 （2004 年 12 月 30 日后）。加入世贸，意味着"狼来了"。丛林法则，优胜劣汰，对我国广告业既是机遇，又是挑战。首当其冲的是作为广告业的"奶牛"——广告主。我国许多企业目前的广告方式比较难以抵挡外国企业的进攻，但竞争将直接促进广告主广告意识与增强广告话语权意识的根本性提高，刺激我国企业广告主参与全方位的竞争，进行国际化经营，有利于提高中国的企业形象与国家形象，有利于加大中国企业在国际上的话语权。同时促使我国大众媒体、广告代理与广告管理者学习外国先进经验，进一步自我发展与自我完善。相对而言，沿海企业、合资与独资企业在这方面先行一步，许多内地企业与国有企业的广告意识有点滞后，广告话语权意识比较淡漠。我国广告公司数量庞大，但真正具有全面代理策划能力的并不多，而且地区差异大。媒体竞争越来越激烈，违规操作屡禁不止。长此以往，大众媒体与企业的利益与形象会受到损害，在激烈的竞争中我们的媒体话语权与广告话语权就会逐渐丧失。

最早认识到广告主对国内大众媒体的影响与控制危及国家安全与公共利益的学者是原中国社会科学院新闻与传播研究所所长尹韵公研究员。2001 年尹韵公先生在《入世与我国传媒业》[①] 一文中公开提出警示：我国在社会主义市场经济发展过程中和社会转型期将会出现与国外一样的

[①]　尹韵公：《入世与我国传媒业》，《中国社会科学院院报》2001 年 11 月 17 日。

情形——广告主对大众媒体形成影响和控制。尹先生在一次采访中一针见血地指出："外国资本就可以利用广告这个敞开的渠道，堂而皇之地进入媒体，以求达到操纵和控制的目的。一方面，利用中国的各种媒体为他们的商品打开市场销路；另一方面，利用中国的各种媒体普遍存在的'贪财心理'，诱使媒体吞下他们提供的巨额广告费用，尝到甜头后，让媒体离不开他们，最终乖乖地服从他们，成为他们在中国培养的'啦啦队'，或者逼使中国媒体彻底改变宗旨，成为外国广告资本的附庸。"① 尹先生就此对广告业和传媒业进行了长达五六年的观察与调查，期间以内参形式向党和政府高层提出建议，从战略高度提醒党和政府对大广告主要加强引导与规范管理，避免被其影响和控制而危及国家安全和社会的长治久安，并对中国媒体面对外国广告主如何摆脱其影响和控制提出了建议。尹先生的敏锐观察、明确警示和工作汇报引起了党和政府的充分重视。中宣部、新闻出版总署等部门在 2005 年根据上级要求对此进行了调研，其调研结果如尹先生所言，我国都市类报纸在推动社会进步方面起到重要作用，同时出现过度商业化的倾向，以广告为利润核心的经营模式虽然促成了都市类报纸的繁荣，却也存在广告商和企业在某种程度上影响甚至操纵媒体的情况。② 因此，在广告主及其广告推动经济发展与社会文明的同时，我们还必须对广告主影响和控制大众媒体的情况保持足够的警惕。可见，从话语权角度研究与探讨广告主如何影响和控制大众传媒已成了一个很重要的问题，很有必要从学理上对事实与经验作出总结。

　　从话语权角度探讨广告主如何影响和控制大众媒体，旨在要求大众媒体牢牢把握话语权，增强大众媒体的责任感与使命感，全心全意为社会主义建设服务，全心全意为人民服务。在中国社会转型期与经济转型期，社会问题不少，弱势群体很多，社会矛盾较大，大众媒体不应该乱本，而应来自于人民，服务于人民。新闻媒体的责任感说到底就是要牢

---

① 王永亮、傅宁：《尹韵公：学者本色公仆情》，http：//www.people.com.cn。
② 新闻出版总署文件通报，资料来源：中国期刊网。

牢把握正确的舆论导向，使命感说到底就是牢牢把握为人民服务、为社会主义服务和为全党全国工作大局服务的方针，具体表现为大众媒体把荧屏、版面、时段让给人民群众①，履行媒体的社会责任，展示媒体的公信力。

随着中国大众媒体的进一步发展与激烈竞争，作为大众媒体"钱袋子"的广告主，对传统大众媒体进行不同程度的影响与控制。这其中有合理合情合法的，也有不合理不合情不合法的；不乏有积极方面的意义，也有消极方面的影响。在走向世界、走向未来的过程中，在全球经济一体化的过程中，广告主的所作所为不仅仅是代表自己企业的利益，也不只是影响自己的形象，而且严重影响大众媒体的生存与发展，关系到国计民生。广告主通过影响和控制大众媒体实现其话语权是中国改革开放中遇到的新问题，许多党政机关、事业团体和个人都还没有充分认识到问题的重要性。加强这方面的研究，有利于广告主、大众媒体和广告公司自身的成熟和发展，有利于政府加强管理和引导，有利于促进社会的公平和正义，有利于促进政治文明、经济发展与社会和谐。

在中国广告主如何通过自身力量与广告公司影响和控制大众媒体来实现广告话语权方面，学人研究不多，系统性研究几乎没有。笔者的此项研究将尽量为政府主管部门如何在管理方面更有效地使广告公司和大众媒体向良性方向发展提供一个参考，为改善与提高中国企业形象与国家形象提出建设性意见。因此，本书从中国的现实出发，力图探讨广告话语权，通过对广告主对报纸和电视等媒体的各种控制与影响的分析，为变革中的媒体发展与广告繁荣提供指导与借鉴，同时尽量为政府主管部门制定政策和加强监管提供理论依据和政策建议。

---

① 尹韵公：《新闻媒体的使命感和责任感》，《中国社会科学院院报》2005 年 10 月 13 日。宋小卫研究员从媒介消费的角度认为：为社会主义服务，就是要保证社会主义意识形态的主导地位，符合社会主义的本质要求，对国家的社会主义建设发挥积极的促进作用。为人民服务，是指首先考虑和实现绝大多数人民群众的精神文化利益，最大限度地满足人民群众的不同层次的、多方面的精神文化需要，具体到大众传播业，就是满足人民群众日益丰富的、健康的媒介消费需要。参见宋小卫《媒介消费的法律保障——兼论媒体对受众的低限责任》，中国广播电视出版社，2004，第 21 页。

第二节 理论构建：广告话语与广告话语权

一 几个概念的厘定与说明

1. 广告

广告（advertising）一词源于拉丁语"advertere"，意为"大喊大叫"。① 现代汉语"广告"一词源于日语"广目"，有"宣布、披露、公开、宣传等含义"②，我们通常理解为"广而告之"。《简明大不列颠百科全书》定义为："广告是传播信息的一种方式，其目的在于推销商品、劳务，影响舆论，博得政治支持，推进一种事业或引起刊登广告作希望的其他反应。"美国广告协会定义为："广告是付费的大众传播，其最终目的为传递情报，改变人们对广告商品的态度，诱发行动从而使广告主得到利益。"1994年《中华人民共和国广告法》定义为："广告是指商品经营者或者服务提供者承担费用，通过一定媒介和形式直接或者间接地介绍自己所推销的商品或者所提供的服务的商业广告。"

本书把广告定义为：广告是广告主以付费或公共关系等传播手段与宣传形式，通过对大众媒体的影响与控制，向消费者推销商品、传达消费观念与宣传企业形象等的传播方式。

2. 广告主

广告主是指为推销商品或者提供服务，自行或者委托他人设计、制作、发布广告的法人、其他经济组织或者个人。③ 广告主可以是自然人，可以是企业、事业单位、机关团体，即法人。本书着重对中国企业广告主或在中国的外国企业广告主的分析与探讨。

3. 大众媒体

大众媒体是指通过复制技术与符号系统向大众传递新闻与信息的

---

① 唐绪军：《报业经济与报业经营》，新华出版社，1999，第274页。
② 〔日〕八卷俊雄、梶山皓：《广告学》，采湘、毓朗译，广东人民出版社，1986，第1页。
③ 《中华人民共和国广告法》。

传播载体与社会组织，主要包括通讯社、报纸、广播、电视与互联网等媒体。

4. 话语

话语（discourse）原为语言学中的一个概念，话语分析理论是由哈里斯（Harris）于 1952 年提出来的。汤普森认为，"对话语进行分析就是对一个解释成另一个解释，对一个预先以作出过解释的领域进行再解释"①。"话语"概念后来逐步应用到各学科领域，它在不同学科语境中有自己运作的规则和习惯。

话语，"是以口语与文本出现的语言形式"②。布朗（Brown）和尤尔（Yule）认为话语是一个过程，斯塔布斯（Stubbs）强调话语的分析单位和功能，斯蒂纳（Steiner）和伟特曼（Veltmen）重视其动态本质；克拉申（Kransch）把话语定义为讲话方式、阅读方式、思维方式和价值观念；拜肖认为，话语是意识形态的特殊形式；福勒（Fowler）认为，话语是符号化的意识形态。③ 话语不仅仅是讲话者开口说话和交流者之间的对话与文本形式，而且是社会、历史、组织环境的产物。因此，话语是文本符号（text & code）与情境（context）合一的表现形式。

话语在社会现实中具有两大特点：

第一，话语具有建构性——话语建构社会，包括"客体"和社会主体；

第二，互为话语性和互文性的首要地位——任何话语实践都是由它与其他话语的关系来界定的，并以复杂的方式利用其他话语。④

5. 主体与主权

主体是权利与义务的承受者，与客体相对应的存在。在媒体资讯构建

---

① 〔美〕丹尼斯·K. 姆贝：《组织中的传播和权力：话语、意识形态和统治》，陈德民等译，中国社会科学出版社，2000，第 122 页。

② Hartley, John, *Understanding News*, New York：Metheun Co. 1982, p. 4。

③ 曾庆香：《新闻叙事学》，中国广播电视出版社，2005，第 3 ~ 22 页。

④ 〔英〕诺曼·费尔克拉夫：《话语与社会变迁》，殷晓蓉译，华夏出版社，2004，第 52 页。

的传播环境里,"话语的主体的位置得以在话语中获得"①。主体主权理论的发展是一个历时性过程。生产者、消费者、媒体和广告代理者的主体地位也是在话语中获得的,从而获得各自的话语权,即"主权"。本文在其历时性的基础上构建了"媒介者主权"与"代理者主权"(中介者主权)。

哈耶克提出了"消费者主权"的概念,即消费者才是财货对于生产与销售过程的最重要决定者②,生产者是根据消费者的意志来组织生产与提供产品的。这种消费者主权的经济关系,可以促使社会经济资源得到合理的利用,从而使全社会的消费者都能获得最大满足。美国制度学派的代表人物加尔布雷思 20 世纪 50 年代在他的代表作《新工业国》中第一次提出了一个与消费者主权相对应的概念:"生产者主权"。在现代社会中,企业总是不断自行研究、设计、开发新的产品,自行安排生产与规定价格,然后通过庞大的广告网、通信网和推销机构向消费者进行劝说,让消费者按照品种、规格、价格来购买商品,形成了消费者听从生产者的意旨来购买的情况,即"生产者主权"。"消费者主权"、"生产者主权"与"计划者主权"是现代市场经济的三大主权和主体,个人、厂商和政府三个主体对应于一个客体——市场。③ "计划者主权"④ 是作为上层建筑主体之一的政府,发挥其公共职能,对生产和消费进行协调、管理与调控,维持社会的有效运行,保持其合法性地位。市场是一种交换关系,是所有消费者和生产者实现其主权的场所,利用大众媒体进行广告传播等行为是消费者和生产者交流的基本手段。所以从分析广告主的角度来看,广告话语的主体是广告主(生产商或厂商,经销商),在权力表现形态上是生产者主权。

从大众媒体传播构建的社会意义看,话语都是建构性的,具有建构社会主体、建构社会关系、建构知识和信仰体系的作用⑤。由于大众媒体具有

---

① 〔英〕诺曼·费尔克拉夫:《话语与社会变迁》,殷晓蓉译,华夏出版社,2004,第 4 页。
② Sut Jhally:《广告的符码》,冯建三译,远流出版事业股份有限公司,1992,第 6 页。
③ 雷安定:《论三大经济主权》,《东方论坛》1997 年第 3 期。
④ 《论三大经济主权》对"计划者主权"的表述是否准确,本书不作讨论。
⑤ 〔英〕诺曼·费尔克拉夫:《话语与社会变迁》,殷晓蓉译,华夏出版社,2004,第 35 页。

监视环境等功能，具有采访、播发新闻的权力，相对于三个主权的客体来说具有构建媒介环境的作用，所以大众媒体具有媒介者主权（见图1-2）。

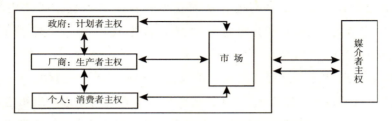

图1-2　媒体构建的媒介环境在市场的三大主权
主体中构建媒介者主权主体

　　在广告市场发展的历时性过程中，在市场经济中逐渐形成了广告代理，在广告市场形成第三个市场主体：广告公司，即广告代理者。笔者借用上文的"主权"概念，把广告公司与生产者和媒介者两大主体并列，在市场经济的主体中介者构建为"中介者主权"，即"代理者主权"，施行广告代理权（见图1-3）。

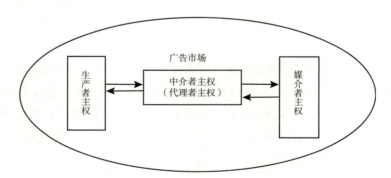

图1-3　广告市场中的代理者主权

　　6. 影响与控制

　　话语在社会变化和发展过程中"越来越突出的地位与对控制话语的关注是相吻合的"①，这种"控制话语的关注"主要表现在：影响与控制。

---

① 〔英〕诺曼·费尔克拉夫：《话语与社会变迁》，殷晓蓉译，华夏出版社，2004，第7页。

影响，一是动词，指对别人的思想或行为起作用；二是名词，指对人或事物所起的作用。① 控制是施者运用某种力量或手段，使人或事物掌握在自己的手里，并受自己支配，不使受者任意活动或超出范围。② 影响是控制的基础，控制是影响的结果。本书从广告话语权的"地位"来研究其对大众媒体的影响与控制。

媒介影响与控制类型有三种情形：国家和政府的政治控制、利益群体和经济势力的控制和广大受众的社会监督控制。③ 本书着重探讨第二种情形。必须说明的是，影响与控制既有积极的情形，也有消极的情形。因此，对于广告主对大众媒体的影响与控制，本书不是不分好坏而一律否定和完全反对，而是在事实的基础上和提倡公平与正义的原则上加以分析。在结论部分，本书对影响与控制产生的影响进行了比较客观的探讨。但是在市场经济发展过程中，学界和业界的着眼点不是对广告主对大众媒体的影响与控制，而且在研究中对此也缺乏系统研究和理论升华，所以本研究从这两方面加以系统研究，而且对广告主对大众媒体的影响与控制产生的消极后果给予充分重视，以详细剖析，以资借鉴。这种重视不是对广告主的积极作用和贡献的否定，而是一种鞭策，使其走向发展与成熟。

二 广告话语及其传播构建与需求层次

论广告创意，就是论广告话语的创意，其根本目的是通过创意使广告主的产品更加能吸引消费者购买，更好地满足消费者的需求，实现广告主利益最大化。

产品的物质性因素本身的意义十分有限，它只有通过社会意义的构建，主要是话语观念的分配，才能对行为主体起到积极的影响。广告是"作为一种关于客体且通过客体来表达的话语"④。广告话语是由产品自身

① 《现代汉语词典》，商务印书馆，2002。
② 《汉语大词典》（6），上海汉语大词典出版社，1990，第714页。
③ 郭庆光：《传播学教程》，中国人民大学出版社，2001，第129~133页。
④ 〔美〕苏特·杰哈利：《广告符码——消费社会中的政治经济学和拜物现象》，马姗姗译，中国人民大学出版社，2004，第2页。

这个"客体"构建的文本符号（text & code）与情境（context）合一的表现形式。文本层面是符号构成的微观结构，是能指（signifer），是产品的文本符号构成；情境层面包含对语言符号的认知过程、社会文化诸因素，是所指（signified），是产品的社会环境等情境。两者构建意义的终极指向是人即消费者。无论是莱斯体系还是高登伯格体系的广告传播模式①，广告话语以产品、环境、人为参考坐标构建虚拟的消费情境，源于产品、环境和人，作用于产品、环境和人（见图 1 - 4）。广告文本与情境所有的意义均为一种社会建构，所有的广告话语都是社会产品与社会现实的统一，广告话语的传播构建反映人们的消费需求与追求。

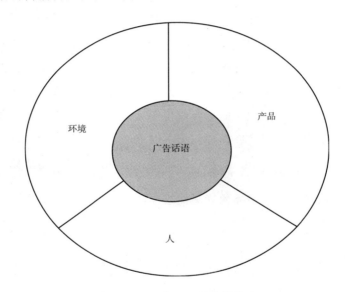

图 1 - 4　广告话语的传播构建

　　广告话语的文本符号如图像、音乐、文字等的生成是广告主预先对其产品存在的生存环境调研后构建的一个虚拟环境，通过能指与所指诉诸消费者心理，实现情境化。广告话语的创意生成必须在市场调研的基础上，符合认知规律，反映传播规律，体现市场规律。市场调研与广告创意是广

---

① 冯丙奇：《中国报纸广告图像基本传播范式转型》，中国社会科学院研究生院新闻系博士论文，2005，第 20 ~ 29 页。

告话语传播构建的核心，两者犹如两颗行星围绕广告话语的传播构建飞行（见图1-5）。

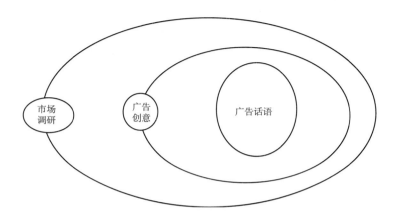

图1-5　广告话语的生成

马斯洛（Abraham Maslow）把人的需求分成五个由低到高的层次，即生理需求、安全需求、社交需求、尊重需求和自我实现需求。本书把马斯洛需求理论运用在广告话语研究中，广告话语同样有生理需求、安全需求、社交需求、尊重需求和自我实现需求。马斯洛需求理论是金字塔形，广告话语的构建也是金字塔形（见图1-6）。

生理需求指人基本的衣、食、住、行需求。古人认为，"食色，性也"。广告话语首先必须具有传播满足人们衣、食、住、行需求信息的功能，广告主必须从人们必需的衣、食、住、行的基本需求构建广告话语，这是一种普遍的人性。

安全需求指人身安全与财产安全有保证，不受外来的不正当行为与违法犯罪的非法侵害。构建广告话语的广告主其产品质量是合格的、安全是有保障的，如服务承诺等。其广告话语的构建跟其产品质量一样，必须符合道德与法律，是真实的、合法的、有效的。

社交需求指人们都有人际交往的需求，有归属与爱的需求。广告话语须因人因时因地构建消费群体的需求，其广告话语构建应有利于确定、促进与提高消费者自己在群体中的地位。

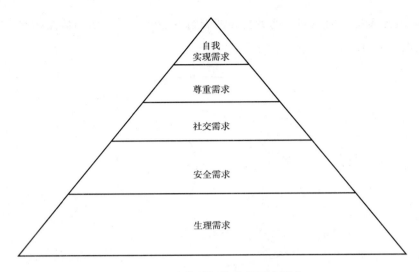

图 1-6 广告话语构建的需求层次

尊重需求指获得个体或某群体对另一个体或群体的地位认同。广告话语构建消费者群体需要是有等级与层次的,其广告话语构建应满足不同社会层次的消费者对不同产品的市场需求,通过产品消费以实现消费者对社会地位与社会分层的价值认同。

自我实现需求指能够实现自我的价值,有成功感、成就感。广告话语的构建,使消费者拥有自己固定的品牌,使消费者关注产品的符号与文化等象征意义,甚至使一般消费者无法感受到的熔铸在广告话语中的意识形态。

三 广告话语构建自在影响与内在控制

广告话语的创意过程是追求其合规律性与合目的性的统一的过程。这种统一的过程是对消费者施加影响与实现控制的过程。合规律性与合目的性是康德论美时所提出的概念。本文特借用美学范畴的合规律性与合目的性概念,探讨广告话语的自在影响和内在控制问题。

康德认为:"在一个美的艺术的成品上,人们必须意识到它是艺术而不是自然。但它在形式上的合目的性,仍然必须显得它是不受一切人为造作的强制所束缚,因而它好像只是一自然的产物。艺术鉴赏里这个可以普遍传达的快感，就是建基于我们认识诸机能的自由活动中的自由的情绪，而不是建基于概念。自然显得美，如果它同时像似艺术；而艺术只能被称为美的，如果我们意识到它是艺术而它又对我们表现为自然。"① 康德还指出："美的艺术作品里的合目的性，尽管它也是有意图的，却须像似无意图的，这就是说，美的艺术须被看做是自然，尽管人们知道它是艺术。"② "艺术要看起来像自然，要在形式上合于自然，那就是说，艺术要合乎理性的规律；同时艺术又是自由的，不能受任何传统规律的束缚，因此它要像自然一样地自然，不应当有人为做作的痕迹。"③ 这就是无目的的合目的性，无规律的合规律性，要求艺术创造达到出神入化的自然境界。

广告话语的合规律性是指广告话语的创意与制作在展示产品属性时，应符合认知规律，反映传播规律，体现市场规律，是一种"合乎理性的规律"。广告话语的合目的性是指广告话语客观上反映消费者的消费诉求等，而主观上是广告主利润最大化的利益追求。两者的结合应该是自然的、一致的、和谐的，是构建在对消费者主体的心理、认识和行为规律的认知基础之上的。

广告话语的图像符号比其文字说明更能解释广告话语的合规律性与合目的性的控制构建，本书以德国 W. F. 豪格 1986 年版的《商品美学批评》封面，即著名的威尼斯圣马可广场的鸽子 "Coca-Cola" 广告照片④为例来加以阐释。工人将鸟食散布成可口可乐的字母形状，鸽子们向食物飞去，落地成为 "Coca-Cola" 形状，然后摄影师俯拍之。这反映了可口可乐商在广告话语合规律性基础上对合目的性的追求，是广告话语合规律性与合目的性的控制构建。

能指是鸽子吃食形成 "Coca-Cola" 形状，所指是象征和平的鸽子与

① 〔德〕康德：《判断力批判》（上卷），宗白华译，北京商务印书馆，1964，第 151～152 页。
② 〔德〕康德：《判断力批判》（上卷），宗白华译，北京商务印书馆，1964，第 152 页。
③ 〔德〕康德：《判断力批判》（上卷），宗白华译，北京商务印书馆，1964，第 105 页。
④ 参见〔美〕苏特·杰哈利《广告符码——消费社会中的政治经济学和拜物现象》，马姗姗译，中国人民大学出版社，2004。

可口可乐的企业标志形象，构建了一种购买冲动与消费欲望的情境，是一种消费主义的表现。Scott 在《广告中的图像：对图像修辞理论的需要》中指出：图像在媒介内容中具有三方面的作用：①对现实的直接描述；②对情感或情感诉求的表达；③作为一种修辞性的符号来构建论点。作为广告话语，"视觉信息元素可以表达概念、抽象观念、动作、隐喻、修辞等，这些东西可以进一步组合成复杂的论点，可以和其他信息一样进行认知性的操作"。① 以 Scott 的理论学说分析鸽子 "Coca-Cola" 广告照片，可得出广告话语的合规律性与合目的性是合乎控制的（见表 1 - 2）：

表 1 - 2　广告话语的合规律性与合目的性合乎控制

现实描述 （合规律性）	情感诉求 （合目的性）	论点构建 （合乎控制）
利用鸽子吃食形成 "Coca-Cola" 形状	构建消费者的幻觉（像鸽子一样飞向想吃的可口可乐）、选择、决定	广告轰动造成消费的热效应（消费主义意识形态）

由此可知，广告话语的影响与控制构建有如下特点：

1. 广告话语无论是文字还是图像、音响等符号是一种现实描述或主观的真实，是合规律性的。合规律性是指广告话语的现实描述须符合人类认识的客观事物的自在与他在的特征和范畴。广告话语运用各种技术手段与艺术手法，甚至比较夸张的修辞来描述产品构建的主观现实，大多无可厚非，但是这种主观的真实必须表现出科学的真实，必须符合广告自身产品的质量要求与消费的普适性原则，必须符合生活认知规律、市场规律与传播规律。

2. 广告话语无论是文字还是图像、音响等符号是一种情感诉求，是合目的性的。合目的性是广告话语的情感诉求在合规律性基础上，构建消费者的幻觉、选择、决定，体现广告主的消费扩张理念，构建消费者追求消费的虚拟环境。

3. 作为一种修饰性符号的广告话语论点构建，可以构建虚拟的社会

① 刘晓红、卜卫：《大众传播心理研究》，中国广播电视出版社，2001，第87页。

消费现实，实现对消费者的影响与控制。广告主的消费观念与产品属性通过创意，以告知性的（Informational）、指导性的（Instructional）、说服性的（Persuasive）和娱乐性的（Entertaining）各种传播手段，构建虚拟现实，对消费受众实施影响。

必须指出的是，广告话语的能指与所指、合规律性与合目的性不是彼此分开的，是和谐构建的，像一张纸的两面。合规律性是合目的性的合规律性，合目的性是合规律性的合目的性；是无目的的合目的性，无规律的合规律性。广告话语越能体现合规律性，其合目的性诉求越能得到满足；合目的性诉求越能反映合规律性，其消费主张就越能得到受众的承认。

巧妙的广告话语带着对现实的直接描述、情感诉求和论点构建，重塑着消费者的语言、时空感与社会现实，重新构建消费者的虚拟环境。广告主非常重视广告话语的创意，力图创造品牌、打出品牌、维护品牌。这种追求在大众媒体等媒介的作用下，在生活中得到消费者的逐步认同。广告话语是广告主"赋予其社会环境的想当然的和共享的意义"[①]。从作为生产者主体的广告主的组织文化学来看，"组织文化的由社会构建的本质就是——它是由社会构建的"。[②] 这种构建的概念所蕴含的社会意义，就是求得更大的报酬，是一种很明确的市场投向。这种意义被传输给广告主群体的新成员，从而构建出共享的价值观和共享的意义。由此可知：广告话语说到底是广告主的话语。正如帕克德（Vance Packard）在1957年出版的《隐藏说服者》（*The Hidden Persuaders*）中所说："我们中有许多人在日常生活的方式上，正不知不觉地受广告的影响，并受它巧妙的操纵与控制。"这种"影响"与"巧妙的操纵与控制"，正是广告话语合规律性与合目的性构建的结果，也是广告话语影响和控制受众与大众媒体的合法性根基与合法化基础，是广告主一贯追求的公信力。

---

① 〔美〕丹尼斯·K. 姆贝：《组织中的传播和权力：话语、意识形态和统治》，陈德民等译，中国社会科学出版社，2000，第13页。
② 〔美〕丹尼斯·K. 姆贝：《组织中的传播和权力：话语、意识形态和统治》，陈德民等译，中国社会科学出版社，2000，第14页。

四　广告话语权的理论分析框架

广告话语产生权力，是一种交往权力，是在各种社会关系交往过程中产生的权力。话语"是指一套在一定的历史时空规范下相互联系的思想，它嵌在文本、言词和各种践行之中，关涉寻找、生产和证实'真理'的各种程序"。① 话语不仅受广告话语自身符号系统构成规律的影响，而且受话语之外一系列因素诸如经济、政治、社会、历史、文化的影响。"话语并不具有统治功能。话语产生一种交往权力，并不取代管理权力，只是对其施加影响。影响局限于创造和取缔合法性"。② 因此本书不仅探讨广告话语的社会构建，而且还注重研究广告话语外部关系产生的交往权力。

韦伯把权力界定为：在社会关系内，行动者具有可以排除各种抗拒以贯彻其意志的可能性，不论这种可能性基础为何；③ 在另外一篇文章中，韦伯说："（在最一般意义上）权力——亦将个人意志加诸他人之行动的可能性。""权力是某种社会关系中一个行动者将处于不顾反对而贯彻自己意志的地位的概率，不管这种概率所依据的基础是什么。"④ 波朗查斯认为，"权力是一个社会阶级实现其特殊利益的能力"。⑤ 韦伯与波朗查斯认为权力存在冲突性。帕森斯则强调权力的一致性，认同权力的"普遍化"、"合法化"。他认为"当根据义务与集体目标的关系而使义务合法化时，在遇到顽强就理所当然会靠消极情境去强制执行（无论这种强制机构可能是什么）的地方，权力就是一种保证集体行为系统各单位履行相互约束力的义务的普遍化能力"。⑥ 福柯则肯定权力的冲突性，又承认权

---

① 〔英〕胡珀、普拉特：《论述与措辞》，许宝强等译，三联书店，2000，第81页。
② 〔德〕哈贝马斯：《公共领域的结构转型》，曹卫东等译，学林出版社，1999，"1990年版序言"第28页。
③ 〔德〕马克斯·韦伯：《韦伯作品集Ⅱ·经济与历史支配的类型》，康乐等译，广西师范大学出版社，2004，第297页。
④ 〔德〕马克斯·韦伯：《韦伯作品集Ⅱ·支配社会学》，康乐等译，广西师范大学出版社，2004，第3页。
⑤ 〔希腊〕尼科斯·波朗查斯：《政治权力与社会阶级》，叶林、王宏周、马文清译，中国社会科学出版社，1982，第108页。
⑥ 〔美〕T. 帕森斯：《社会行动的结构》，张明德、夏翼南、彭刚译，上海译文出版社，1972，第642页。

力的一致性。他认为权力理论有两个模式："利益冲突"模式和"合法化—权威"模式。前者将权力看做"控制单位影响反应单位行为的能力"，后者则将权力视为"实现集体的协同行动的能力"。① "控制单位"是广告主，"反应单位"是消费者、媒体、广告公司、政府等，"集体协同"包括广告主与广告公司、大众媒体、政府等的协同，还包括广告主与媒体，广告主与广告公司，媒体与广告公司、媒体内部、广告公司内部的协同等。作为生产者主权的主体的广告话语权，其通过话语及话语外的关系而反映的"控制"、"反应"和"协同"行为是一种"交往"，是建立在"交往"基础上认同而产生的具有"合法性"的权力。广告话语权既有广告主的广告话语自身规律的运用，又有广告话语外部规律的运用，如公共关系等，旨在"利益冲突"中构建"合法化—权威"。

"权力有三个历史维度：暴力、财富和知识"。② 话语权作为一种权力，同样具备三个历史维度。如新闻话语，其"话语的连贯产生的作用，建立在媒介与读者长期共享的知识体系之上"。③ 广告话语权同样也如此。但广告话语权的自在表现不同于政权权力的硬性表现，它以暴力软性为内核，以财富追求为根本，以知识构建为基础。财富追求是广告话语权的逻辑起点，暴力软性是其执行工具，知识构建是其力量支点。

福柯的微权力观认为，权力可以分为两种：一种是政权，主要归国家掌握，它通过行政部门、司法部门、警察和军队等实现着对社会的全面管理。另一种是微观权力，有多少社会关系，就有多少权力。工厂、医院、学校、家庭等都存在着"微观权力"。这种权力关系是以微型政权的形式而出现的。它"像是毛细血管进入到人们的肌理，嵌入人们的举动、态度、话语，融入他们最初的学习和每日的生活"，它构成了一种存在于宏观的政治体系之外的"新的毛细血管式的微型政权"。④ 广告话语权作为一种权

① 杨善华：《当代西方社会学理论》，北京大学出版社，1999，第387~338页。
② 〔美〕戴维·阿什德：《传播生态学：控制的文化范式》，邵志择译，华夏出版社，2003，第23页。
③ 喻国明：《当前中国传媒业发展客观趋势解读》，《中国传媒报告》2005年第3期。
④ 林贤智：《福柯集》，上海远东出版社，1999，第239页。

力，一方面，广告主利用计划者主权的政府的相关政策和赋予的权力实施自己的影响和权力，同时受政府等部门的全面管理。另一方面，广告主通过在交往中发展的关系实施自己的"微型政权"存在的自身主权的影响和控制。在实施的过程中力求合理化，追求最大有效性，这都体现在广告话语权的三个历史维度中，也是在"利益冲突"中寻求构建"合法化—权威"。

根据福柯等人的理论与以上分析，本书把广告话语权概念界定为：广告话语权是作为生产者主权主体的广告主（控制单位），通过广告话语的社会构建和交往产生的关系，影响反应单位（消费者、媒体、广告公司、政府等）行为的能力和实现集体（广告主与广告公司、大众媒体、政府等，广告主与媒体，广告主与广告公司，媒体与广告公司、媒体内部、广告公司内部等）的协同行动的能力。

范式是从话语构建及其关系获取，在互动过程中生成和再生成的规则和资源。"从这个意义上说，社会秩序和社会控制依赖传播话语、传播方式及其主体交往过程"。[①] 广告话语权的范式同样如此（见图 1-7）。

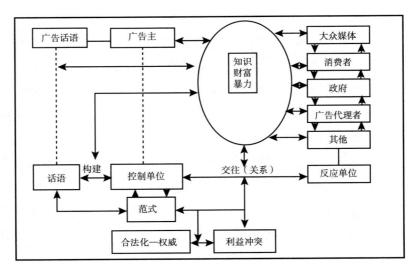

图 1-7 广告话语权的理论构建

---

① 〔美〕戴维·阿什德：《传播生态学：控制的文化范式》，邵志择译，华夏出版社，2003，第 34 页。

第三节　研究框架

一　研究方法

本研究既希望能够从宏观角度探讨广告主实现话语权的范式，又希望能考察其微观的具体行为方式。不仅仅是对现象形而下的客观描述，还对相关具体研究问题进行比较深入的形而上的分析、解释与探讨。

第一，采用叙事学的话语分析。将广告话语与广告话语权贯穿于全书，达到尽可能的理论高度与理论突破。

第二，采用形式民俗学方法（Formal Ethnomethodology）研究。这种方法包括"一组个案研究，集中关注在变化多端的情境下日常事件的社会建构"。①

主要访谈对象和资料来源：

1. 相关广告主或相关公司的公关代表；

2. 熟悉广告运作的公关人员、记者等业内人士；

3. 研究广告的相关学者等；

4. 宣传部门、工商行政部门等党政机关的领导与工作人员；

5. 通过查阅报纸、收看电视、浏览网络等方式获取相关材料和资料。

第三，案例分析法。定性分析和定量分析相结合，文本分析与内容分析相结合。

本书原则上不隐去书中所涉及广告主及其公司、媒体的真实名称与相关人士的姓名，以示事实的真实性与学术的科学性。而本书以某人或字母与符号代替的公司、媒体与相关人士姓名，一是为了保护笔者与直接接触人士的隐私与利益，避免对给予笔者帮助的相关亲友的生活、工作与事业

---

① Beach，W. A.，*Everyday Interaction and its Practical Accomplishment*：*Progressive Developments in Ethnomethodo-logical Research*，Quarterly Journal of Speech，1982，68，pp. 314 – 327.

带来不必要的麻烦。二是为了保护相关公司与人士的利益。三是所涉及公司与人物不会影响本书的意义与价值。

二　研究思路

通过广泛搜集材料、阅读资料、实证调查、深度访谈和认真思考，本书遵循广告话语和广告话语权的内涵脉络与从个体到一般的研究思路。

第一，进行概念界定与理论构建。

进行话语分析与广告话语的要素、规则与功能分析。

根据广告话语权的定义进行分析。广告话语权，是作为控制主体的广告主，利用广告话语等方式拥有影响反应单位行为的能力和实现集体的协同行动的能力的资源。根据案例，对广告主对大众媒体、广告公司（反应单位）的影响与控制的范式与方式如何达到"合法化—权威"（集体的协同行动）进行分析。

第二，探讨广告主、大众媒体和广告公司之间的关系，分析广告主如何获取广告话语权。

第三，探讨广告融资对传播文化的影响，分析资本对广告话语权的影响与控制。

第四，探讨信息技术在知识社会与网络社会语境中对广告话语权的影响与控制。这种影响与控制是对信息技术语境中的知识重构，从而影响与控制广告话语权。

第五，分析美国大广告主如何影响和控制大众媒体，并探讨制度层面的因素。

第六，分析总结，借鉴经验，得出结论。

三　研究的主要问题

第一，什么是话语，广告话语要素、规则与功能是什么，如何表现其内在影响与控制。

第二，广告主是如何对报纸等媒体施加影响与控制的，其范式是什么。

第三，大众媒体是如何被广告主影响与控制的，其范式是什么。

第四，广告主是如何通过广告公司对大众媒体施加影响与控制的。

第五，广告融资是如何影响与控制传播文化发展大势的。

第六，信息技术在知识社会与网络社会语境中是如何影响与控制广告话语权的。

第七，探讨美国广告主是如何影响与控制大众媒体的，对企业形象与国家利益有何影响，与中国现实情况有何异同。

第八，政府在全球化环境中与改革开放中如何发展与完善广告主影响与控制大众媒体的情况、如何有效管理和积极引导广告以达到治理目的。

第二章
广告主对大众媒体"资讯和观念器"的
影响与控制

　　由于社会结构是新闻内容的一项主要影响要素，所以新闻的社会性又与社会学的另一个议题——社会分层（social stratification）——息息相关，社会分层即指社会基本上分割为许多不同的阶层，他们各自拥有不同程度的力量、财富及行为模式。① 广告主作为一个具有生产者权力的主体阶层，自然会通过自己"不同程度的力量、财富及行为模式"对大众媒体产生影响。国外研究的结果表明：广告主"操纵手段固然很多，但是，在各个层面上对资讯和观念器（information and ideational apparatus）的控制，显然最为重要"。② 如何在各个层面对作为"资讯和观念器"的大众媒体进行控制，使大众媒体发挥符合自己需要的主导性作用，在中国经济转型期与社会转型期是一个值得研究的重要课题。

　　本章选取的广告主包括汽车经销商、房地产商、医药保健品商、食品广告商等广告主，主要探讨其对大众媒体的影响与控制。本书所选取的对象有时指投放广告的特定广告主，有时泛指整个行业。

　　选取以上广告主的原因有二：

　　一是这些广告主广告投放额大，处于中国前十位的广告行业投放商，有典型案例，有针对性与代表性，可以以简驭繁，方便研究。

---

① Bernard Roshco：《制作新闻》，姜雪影译，远流出版事业股份有限公司，1994，第14页。
② Herbert I. Schiller：《思想管理者》，王怡红译，远流出版事业股份有限公司，1996，第4页。

如，中国汽车广告主在中国广告行业的发展。随着汽车成为家用必需品，汽车广告投放增长速度在近十年特别快，汽车经销商成为仅次于房地产的第二大广告主。2005 年汽车业广告主为中国第七大广告主，该年汽车广告投资额为 704763 万元，占该年广告经营总额的 4.98%。2006 年汽车业广告主成为中国第六大广告主，该年汽车广告投资额达 966830 万元，临近 100 亿元，占该年广告经营总额的 6.15%，年增长率达到 37.2%。2007 年汽车广告投资额超过 100 亿元，达到 1189981 万元，占该年广告经营总额的 6.84%，汽车业广告主成为中国第四大广告主。2009 年，在国家宏观经济刺激及汽车消费优惠政策的作用下，中国汽车业迅速摆脱全球金融危机的影响，乘用车销量增长 53%，超越 1000 万辆，汽车销量再创新高。汽车业在 2009 年上半年广告投放同比下降 10%；下半年，汽车广告投放快速反弹，同比上升 19%。2009 年下半年，汽车类广告在中央电视台投放同比增长 35%，在湖南卫视投放同比增长 82%。① 2010 年汽车广告投资额达 1773572 万元，占该年广告经营总额的 7.58%，汽车业广告主为中国第三大广告主。2011 年汽车广告投资额达 3083117 万元，首次突破 300 亿元大关，年增长率为 73.84%，占该年广告经营总额的 9.86%，汽车业广告主成为中国第二大广告主。

二是这些广告主从事的行业与人们的衣食住行密切相关，关注度高，有现实性。

本书从不同的角度来阐述广告主对大众媒体的影响。广告主的影响与控制通常不是单方面的，而是与大众媒体具有互为话语性与互文性②的特征。

笔者为获取广告主是如何影响与控制相关媒体的材料，主要研究方法采用深度访谈法。访谈对象或者是相关广告主所在公司的广告部门与广告

---

① 丘雅伦：《出乎意料的一年：回顾 2009 年中国汽车业广告投放》，《实力传播》2010 年 3 月第 45 期，http://www.zenithoptimedia.com.cn/publication/vol45/cn/cover_story_05.html。
② 〔英〕诺曼·费尔克拉夫：《话语与社会变迁》，殷晓蓉译，华夏出版社，2004，第 52 页。

公司的相关人员，或是熟悉这些行业的学界、党政部门人士以及记者与编辑等。

本书同时采用文献法。收集网络、报纸、电视等媒体与学术期刊的相关资料文献作为充实材料。

第一节 公共关系影响与控制大众媒体——以汽车广告主为例

一 访谈分析：公关至上

在对汽车广告投放做研究时，一般能够查阅到具体数字，能够探知广告投放的大致情况。但是，汽车广告主的公共关系费用有多少不得而知，公共关系费用在其广告费中占多少也很难探知。只有通过案例采访，才能窥知一二。为此，笔者对某公关主管进行了专访。

采访对象：郑女士，某汽车销售公司公关主管，某大学中文系毕业，年龄约为 26 岁。

采访经过：2005 年 7 月，笔者一位朋友以笔者想进行广告见习的理由把笔者介绍给某市某都市报广告部主任，该主任把笔者推荐给《汽车××》责编 L 小姐，L 小姐把郑女士介绍给笔者，并认为郑女士是该市汽车广告与公关搞得最成功的一位。她在笔者再三相约下才约在 7 月 28 日上午在其公司见面，郑女士不许录音。访谈方式是一边提问，一边记录。访谈时间是 40 分钟左右，其间郑女士接了两个电话。与研究主题无关的访谈材料被删略。[①]

访谈提纲：

1. 主要选择哪些媒体投放广告？

2. 自己是否有广告部或公关部？一般选择在哪些广告公司进行广告代理？选择该广告公司的理由有哪些？

---

① 参阅附录一：《与某汽车销售公司公关主管访谈纪要》（整理稿）。

3. 是怎样跟媒体的相关人员打交道的？

4. 遇到媒体与贵公司为难时，如报道贵公司的负面新闻等情况时，公司如何处理？

通过采访，结论大致如下。

首先，汽车广告主非常重视调研，力求通过调研为公关和广告投放掌握切实的决策依据。市场调研体现了广告主重视广告投放的科学性、针对性和有效性，通过科学的市场调研可以让广告主以最低的成本获取最有效的公关影响与最大的广告收益。

同时，广告主很注重媒体的市场地位，看重媒体广告能否吸引读者的注意力，以便实现其广告话语影响力的最大化与最优化。

上市一款新车时，一是上市前期会进行调研，对区间、群体、男女、家庭……进行比较全面的调研。

（广告）放在都市报的，是中低档的、大众化的，如雪佛龙；放在晚报、晨报的，是别克……主要看媒体广告登载什么样的车。

不准打1/4广告，如奥迪至少是半版广告；不选择娱乐、体育、社会新闻、财经、专题、特别关注版等版面……投放广告时间选择在星期二与星期五，原因是礼拜天要休息，星期一读者事务多，面对礼拜天与星期一的报纸，许多人只看头条，没有投放效果……

其次，汽车生产商与汽车销售商都非常重视广告话语的媒体环境，注重对媒体的公关，着意构建符合自身广告规律与发展的有利的媒体环境，以影响媒体对广告主的态度。

在选择媒体做广告时，生产商与经销商对媒体各有选择，实现资源共享与互动，构建有利于自己的媒体环境。

经销商一般把广告投放在媒体的广告部。此公关主管之说比较典型，有普遍性。

> 媒体广告部原来是媒体的，无论现在规定怎么样，它可以说还是娘身上的肉。广告代理费给广告公司是这么多，给媒体广告部也是这么多，而媒体在价格上可以给予我们优惠与折扣。我们许多事情需要媒体的配合，给广告公司那些广告商，我们与媒体关系就隔了一层。我是媒体客户，它就会为我服务，在报道方面会给予媒体环境，我们也为产品创造了媒体环境。

由此说明许多媒体自己的广告部，与媒体有着利益共生的关系。笔者问过《汽车××》责编 L 小姐，她认为她们广告部比一般广告公司有竞争力，原因是她们广告部原来是媒体的，与记者和编辑非常熟悉，关系较好，能够为广告主们办一些力所能及的事情。对于广告主来说，它把广告投放到一般广告公司，会对媒体失去影响力；把广告直接投放在媒体广告部，就会对媒体拥有一定话语权。

再次，广告主会邀请大量记者参与造势，并为记者提供具有新闻源的公关稿，以打造品牌。同时以公关稿影响媒体的观点与立场。"打造品牌的是媒体信息。信息越多，信息越有力，品牌就越强大"。①

> 上市前，会利用相关媒体进行大量宣传；上市时开发布会，除做车展与户外广告外，还会邀请全国大大小小的媒体来。发放宣传品与稿件，让媒体用公司提供的稿件加以报道与宣传。

新闻源是一种话语资源。新闻在实际传播过程中，有两类不同的新闻：实事新闻与话语新闻。实事新闻中陈述、再现的事实是客观世界中是实实在在存在的；话语新闻中陈述、再现的事实只是某人说了某些话语，至于描述的事实是否存在，从新闻中无法得知。大多数新闻是两类新闻的混合体。② 汽车公关提供的稿件是一种"匿名"稿，这种匿名新闻源主体

---

① 〔美〕阿尔·里斯、劳拉·里斯：《公关第一，广告第二》，上海人民出版社，2004，第105页。

② 杨保军：《简论新闻话语及其真实性》，《今传媒》2005年第4期。

提供的信息是"话语新闻"①。据笔者与报道汽车类的记者聊天中得知，他们基本上采用汽车公司的公关稿，而且诸多记者对汽车自身质量的理解来自广告商。这种公关稿表明了汽车商的消费意图，其中尽可能掩盖了其产品缺陷。

另外，作为利益共同体，生产商非常重视与经销商构建广告互动，要求经销商在销售时把自己的核心观念引入媒体广告。为此，生产商对经销商的广告与公关人员都进行培训，注重信息的沟通，把品牌等核心的销售理念输入企业文化之中，嫁接在广告话语之中，以便施加更大的影响力，拥有更大的话语权。

同时，广告主重视危机公关。当遇到危机时，广告主会对媒体进行公关，施加影响与压力，通过广告话语权主导媒体话语权。

该汽车经销商几乎没有投放在电视媒体的广告，当电视媒体报道该公司负面影响的新闻时，郑女士必须去调解。笔者特意问过一句"是否要用钱打点？是否以此要求你打广告？"她当时没料到我这样的提问，缓了一下说："一般不要。"她说："我们一般写一个事情原委给相关频道，并积极处理，使其不作后续报道。"

但是她在接一个电话时，笔者发现该公关主管与电视媒体关系较好。其电话内容大致是：一个公司的老总请她策划一个广告，问用5万元钱在哪里做广告合算，问她熟识电视台否。她说，对电视台熟悉，但该广告不要在电视做，在报纸可做三个月……具体情况见面详谈。

因此，笔者从她的语气、从她与媒体的关系和下面她对媒体的精到评价可以看出，她是有能力影响媒体的。

　　用钱摆平媒体，运用各种手段堵住媒体的嘴，这不只是我们汽车行业如此，这些潜规则几乎是所有行业的行规。

另外，她以行内的口气谈到某品牌汽车广告主用8000万元做危机公

---

① 杨保军：《简论新闻源主体》，《国际新闻界》2006年第6期。

关时，笔者很惊讶，特请教是她从哪里得来的信息。当然，她没有把信息来源告诉笔者，只是说"内部透露"，是真的，在行业高层人士已经传开了，早就不是秘密。当然笔者也无法证明她所说的这些"商业秘密"是不是真的，只能存疑而已。但是笔者在网上搜索发现，确实跟此事相关的新闻已经撤下来了。据笔者对相关材料的观察、网上评论以及业内相关人士的评价，确实除发生地的新闻报道外，全国媒体对此事几乎没有反映。后来有的媒体只报道与转载了相关职能部门的鉴定书。笔者在 2006 年 10 月 18 日晚又重新通过百度搜索，发现许多人还在质疑其产品质量与相关职能部门的鉴定，但大多数门户网络媒体基本上没有转载。有网友提供相关门户网络媒体报道的网页，笔者都无法找到该新闻及其网友的网评。发生地的新闻报道一般会挂在直击当地媒体网站上，而笔者在当地媒体网站上也找不到该新闻。但有网友把该新闻事件粘贴在相关论坛与网页上。由此可见，广告主对媒体的影响与控制是存在的，而且相当大。

二　本田雅阁"婚礼门"事件及广本公司的危机公关对媒体的影响与控制

笔者在讨论与分析该事件时，相信广本公司的汽车产品质量可靠，安全性能有保障。本书以公布的相关材料作为分析依据，客观分析其公关手段对大众媒体的影响与控制。其中究竟是怎样公关的，由于条件限制，又属于商业秘密，本书无法完全探究，只就媒体报道的相关材料作分析。本书分析立场是学术性的，如果有不同意见，可以商榷。

2005 年 1 月 9 日，浙江省发生了"杭州婚礼用车撞成两截"的一起严重交通事故。事故中的本田雅阁车 2004 年 11 月购买的，距离交通事故仅两个多月。① 婚庆车队中的该车司机在某收费站，为避让一条狗而撞向高速公路绿化隔离带的水泥护板，车身断裂，造成三死两伤，成为杭州市 2005 年发生的第一起特大交通事故。事后相关媒体尤其是网络媒体以及

---

① 杨杰：《广本"婚礼门"事件广本车主、律师专访》，http：//www. pcauto. com. cn/news/hyxw/0504/278726. html。

几大门户网站的 BBS 论坛展开热烈谈论。本田雅阁车为广本 2004 年生产的新款汽车，是广本大力宣传与推广的新品牌。2004 年广州本田产销超过了 20 万辆，雅阁与飞度在各自的细分市场里销量排名第一。但是相关媒体、网民与消费者认为广本该新款汽车的质量与设计存在缺陷，对相关部门的质量鉴定提出了严重质疑，使广本遭受空前的舆论压力。该事件逐步演变成全国性的热点讨论话题，从产品问题演变成企业危机，最后上升到民族情感的高度，形成 "婚礼门" 事件。

对于该事件，媒体及有关方面认为广本保持沉默，采取公关行为比较被动。在 "鉴定期间，出于尊重车主和鉴定机构的考虑，广本一直未向外界发布任何有关事故的评论"。① 但在该 "出手" 时，广本在采取公关手段方面毫不含糊，引导、影响与控制大众媒体的舆论风向，逐步解除公关危机。

广本对 "婚礼门" 公关危机的处理分为两个阶段与两种手段：

一方面，采取公关手段使除杭州以外的平面媒体、广电媒体报道很少，使大多网络媒体没有后续跟进，并使大多网络媒体删去相关讨论，使媒体造成的眼球关注达到最小限度，平息消费者与媒介受众的关注度。

《东方早报》、《杭州日报》、《钱塘晚报》 与电视台等媒体对 "婚礼门" 事件进行了报道。某门户网站有文质疑与呼吁："如此广本，你还敢买吗"。至 2007 年年初，该文还没有撤掉。上海某电视台报道了广本 "婚礼门" 事件，其中介绍到在给车辆做检测的时候，聘用了很多的广本技术人员（完全不合理、不合法）；还私下与受害者沟通私了。在谈妥私了后，却出尔反尔，拒绝赔偿，并威胁受害者家属。杭州以外的媒体没有大面积地跟风与质疑，大多选择了沉默。② 媒体如此淡化处理，乃至缄口无言，正如《东方早报》记者所说："由于厂家的公关得力，除了杭州之外的国内主要媒体还基本没有出现此事的报道，所以公众和车主知道消息的人也不多。"③

---

① 《广本 "婚礼门" 事件的调查结果》，《法制日报》2005 年 3 月 28 日。
② 《案例八：婚礼门事件》，http://www.cnmanage.com/。
③ 卫京桥：《广本雅阁 "婚礼门" 事件调查》，http://city.dzwww.com/。

《广本"婚礼门"事件的调查结果》是通过具有权威性与影响力的《法制日报》与相关门户网站等相关媒体播发的。播发该报道的相关媒体只是播发调查结果，没有深度报道与分析。媒体对事件过程的一般性报道后来就悄悄地偃旗息鼓了。

另一方面，通过公共关系费用与公共关系事件削弱"婚礼门"事件形成的消极影响，树立富有社会责任感的良好企业形象，消除了消费者"妖魔化"广本的传播影响。

2005年2月底，广本主要领导、全国经销商代表、地方政府领导共同见证了活动主角广本新款奥德赛和05款雅阁的下线。相对于此前其他几款改款车的低调亮相，业内人士种种猜测纷至沓来：厂商高调推出新品，是为了转移媒体和消费者的注意力，最大限度地削弱2005年1月杭州婚礼车祸案带来的负面影响。① 有媒体这样评述：这是一场不惜重金的危机公关。

广本在2005年展开了一系列公共关系活动，以冲淡"婚礼门"事件带来的媒体负面效应。2005年3月，汽车调查机构J. D. Power Asia Pacific公司公布了2004年中国新车质量调研（IQS）报告，广本雅阁、奥德赛、飞度三款车型分别获各细分市场车型新车质量第一。2005年4月，广本被某大学管理案例研究中心和经济观察报评为"中国最受尊敬企业"。2005年10月，广本被中央精神文明建设指导委员会评为"全国文明单位"。2005年12月，国家某部、中华全国总工会、中国企业联合会、中国企业家协会联合授予广本"全国创建和谐劳动关系模范企业"称号。2005年在汽车品牌评比中，广本品牌产品排名靠前。

广本用巨额公关费与一系列公共关系事件渡过危机，通过其积极的一面吸引公众眼球，控制了大众媒体对广本的报道视野，转移了大众媒体的注意力，消除大众传播中的民族对抗意识。

---

① 《广本首次就车祸事件表态》，《京华时报》2005年3月3日，http：//gb. auto. sina. com/news/。

三　政府公关：汽车生产商的企业性质对媒体可能产生的影响与控制

中国汽车行业中的企业主要是中外合资，中外各持50%股份的合资公司，合作时间为25～30年；注册资本在11亿至100亿元人民币之间。这些企业是招商引资的结果，是地方政府的财税来源，对国有大中型企业的转制转型、技术更新与当地经济与社会发展具有很大现实意义，关系到民族企业的顺利发展，关系到国民经济发展健康有序。因此，这些企业的投资与生产、品牌形象与广告销售都具有很大的新闻价值。相关国家汽车品牌影响力大，各持股的外资国家的广告与公关宣传对中国大众媒体会产生重大影响。

合资公司的外资方有丰富成熟的广告与公关运作经验，无论是公开的还是秘密的，合法的甚至是不合法的，都能成熟老到地加以运用。经验是能传授的，加上熟悉本地文化与大众媒体的本地人士和充足的公关费用，更加使广告与公关宣传如鱼得水。随着我国社会经济发展，对汽车的消费量大增，广告与公关宣传对树立品牌与企业形象有更大的作用，对大众媒体产生更大的影响力。这些公司跟其他行业的合资公司一样，在影响与控制媒体方面，主要有三点。

首先，诸多汽车广告主非常重视同政府官员的关系，利用政府官员亲属担任企业相关职务，以便能够更好地处理同政府和媒体的关系。这种关系有利于汽车商施行公共关系，能对政府施加更大的影响，对大众媒体施加更好的控制。比较典型的例子，是原云南省省长李嘉廷儿子李勃被某汽车商聘为云南某汽车总代理。这样，聘请云南省政界 "老大" 的儿子，自然而然客观上有利于汽车商对政府进行公关，又利于操纵媒体。

　　"你们云南省的李公子真不得了，党中央在指挥全国的打击走私行动时，他竟然还从广东走私汽车来云南，幸亏他有个好爸爸……"教授没有把事情讲得更具体，学生们也没有敢追问，但是大家心里都清楚。
　　……据有关人士透露：在李嘉廷被宣布辞职前三四个月，身为×

×汽车云南总代理的儿子已经被有关部门抓捕。①

其次，尽管中外合资利益共享，风险共担，事实上每一笔合作几乎都是招商引资的结果，政府在其中的作用与影响非常大，也是地方政府的重大业绩，客观上是现在发展经济的一种重要手段。汽车行业的合作同其他招商引资一样，外资同样享有国家给予的许多超国民待遇的规定、措施与政策。其中享有的待遇之一是政府提供的媒体环境资源，宣传部门大多极力配合，一般有红头文件规定与电话指示等。2005 年 10 月 20 日晚，笔者遇到一个博士同学和他一个在地市级宣传部门工作的老乡，该宣传部门工作人员告诉笔者，他每年有将近上百万数额的招商引资的任务。由此可知，由于地方政府的压力以及我们国家的宣传体制与政策，诸多大众媒体不得不为相关企业与广告主服务，企业从而能够影响该地区的相关媒体。这样必然会导致企业广告主通过各种关系，对党政部门和宣传管理部门进行公关，对更多的大众媒体施加压力，甚至迫使媒体改变立场，从而达到控制与影响媒体而消除对其企业不利好的信息。

最后，投资方的所在国政府的公关可能影响中国媒体的态度和立场。在中国投资很大的跨国企业，所在国政府非常重视其投资商的利益，注重对中国政府与中国消费者施加有效的公关影响，如德国总理科尔和施罗德先后参观访问过上海大众；法国总统 2006 年 10 月到中国访问时，就去武汉参加有法资投资的汽车厂奠基仪式。

第二节 "观念器"构建与利益关联——以房地产广告主为例

中国自改革开放 30 多年来，经济发展繁荣，房地产业发展势头尤显强劲。房地产广告业发展十分迅速，大量涌现在平面媒体、广电媒体、网络媒体与户外媒体，是房地产业兴旺发达的标志之一，为推动房地产业的

---

① 中华人民共和国监察部网站，http：//www.mos.gov.cn/。

健康发展起了积极作用。2003 年房地产广告经营额为 101.39 亿元，年增长率为 45.93%，占该年广告经营总额的 11.23%，① 房地产业成为首家突破百亿元的广告行业，房地产广告主成为中国第一大广告主。2005 年房地产广告经营额为 127.48 亿元，占该年广告经营总额的 9.00%，房地产广告主成为中国第三大广告主。2006 年房地产广告经营额为 159.95 亿元，占该年广告经营总额的 10.17%，房地产广告业从第三位跃居第一位，成为中国第一大广告主。2007 年房地产广告经营额为 182.65 亿元，占该年广告经营总额的 10.49%。从此，每年房地产广告经营额占每年广告经营总额的 10% 以上，房地产广告业居于广告投放行业的第一位，房地产广告主成为中国第一大广告主。2008 年房地产广告经营额为 234.25 亿元，首次突破 200 亿元，占该年广告经营总额的 12.33%。2011 年房地产广告经营额为 339.33 亿元，首次突破 300 亿元，占该年广告经营总额的 10.86%。

　　但是，广大民众对房产价格不断上涨等意见很大。房地产与教育、医疗三大行业被舆论认为是压在民众身上的新 "三座大山"，是 "民愤" 极大的产业。大众媒体对房地产业的批评很少。媒体只有在中央政策调控下，才对房地产业有所批评或评论。房地产违法广告低于其他广告，远远低于药品、医疗服务、保健品、食品、服务业广告。本书以广告话语和广告话语权的理论探讨大众媒体为什么对房地产商的负面报道少，大众媒体是如何维护房地产商的利益的。

一　广告话语中的 "观念器"

　　房产价格之所以居高不下的原因很多。其中，房地产广告主对大众媒体的影响与控制是一个非常重要的因素。房地产广告主要求公关策划人员通过大众媒体制造看点，公关策划通过大众媒体为广告主提供吸引消费者眼球的亮点。广告话语的喧器构建消费主义环境，首先是 "观念器" (ideational apparatus) 的话语制造。

---

① 丁俊杰、张豪：《2004 年广告行业展望》，《广告研究》2004 年第 1 期。

房市流传的关于美国老太太与中国老太太的"天堂对话"，是一种非常典型的"观念器"制造。

　　天堂里，中国老太太与美国老太太相遇。
　　中国老太太伤心地说："干了一辈子，用一生积蓄买下新房，刚住上没几天，就老死了。我伤心！"
　　美国老太太却一身轻松地说："我年轻时，借了银行的钱买下了大房子，住得很舒服。我死时，终于还清了银行的房贷。我高兴！"

"观点创造对象"，[①] 任何一种话语都是主体对客体"叙事"的结果。中美两个老太太都买了房子，但是两相对比，天壤之别。中国老太太买了新房子，没住上几天就死了，辛辛苦苦一辈子，到头来却无福享受。美国老太太买了房子，死之前还清了房债，舒舒服服住了一辈子。这是中美消费文化的根本差别。通过中美两个老太太的"天堂对话"叙事，消费文化构建的"观念器"不战而胜，贷款买房改变了中国人的消费习惯与生活方式，房地产商制造消费主义的意义情境。

广告话语构建的"观念器"是广告主追求利润的叙事，广告主决定"观念器"构建的意义形态、思维模式与传播范式。房地产某策划人对某开发商面授机宜说，先作势，作到狗屎都香的程度，保准全部卖掉；其实，在消费者像痴迷吃鸡蛋能升天一样痴迷房子的时候，根本不需要去将什么狗屎做香，即便是真的狗屎，照样全部卖掉。[②] 这是广告话语的"观念器"作势，是广告主主体叙事的产物。这种话语作势导致能指与所指脱节、文本符号与情境层面相悖。消费者看房地产广告一切都好，但是一旦买了房产，一旦住进去，实际情况与房地产广告宣传大相径庭，如：存在售房价格"玩猫腻"、售房面积"短斤缺两"、配套承诺遥遥无期、表

① 〔瑞士〕索绪尔：《普通语言学教程》，商务印书馆，1980，第28页。
② 《房地产暴利真相：为什么房子再烂都会有人买》，http://house.sina.com.cn，2005年12月20日。

述闪烁其词①等情况。

　　小品演员郭达、蔡明与王平合作的 2008 年春晚小品《梦幻家园》揭露了房地产的广告问题。尽管该小品中的消费者对房地产商的虚假广告打假胜利，却引起国人的心酸一笑。据《离职售楼小姐 18 句良心话　惊曝楼市黑幕》爆料，上海市某房地产售楼处某内部人士揭穿了房地产广告主的广告及其承诺的黑幕。也许该爆料不一定完全真实，但客观上反映了房地产广告话语及其承诺存在黑幕的事实。

　　1. 大家购房所付的保险费其实是可以打八五折的，不要在售楼处买保单，外面的保险公司都可以为你打折。

　　2. 开盘绝对没有好房子，好的房子全部被保留，然后每个月推出几套，但单价升得很快，要么就是你有关系，我们才给你好的房子。

　　3. 广告没有一个是真的，千万别相信其中的外立面颜色，很多造出来比画的难看多了。

　　4. 售楼员会用许多方法来逼你买房，让你无时无刻不感到紧张，这时你千万要冷静。要自己看中才买。

　　5. 别以为高层中的九到十一楼不错，那你大错了，这些楼层正好是扬灰层，脏空气到这个高度就会停顿，我们是不会告诉你们的。

　　6. 别对景观抱太大希望，树和草是在交房前一个月从外地买来直接插土进去的，所以能多多存活就不错了。

　　7. 别以为面砖的外墙是好的，其实面砖漏水比涂料漏水的概率大多了，在国外都是用的高级涂料，没人用面砖当外墙。

　　8. 别以为实测面积是对的，其实测绘局都被我们买通的，少你一个平方米你也看不出来，但是国家就只承认他的测绘报告。

　　9. 绿化率、容积率大多都是与实际不相符的，千万别相信我们，我们只是听工程部随便说说的，能对八成就不错了。

_____

　　① 　争先、夏千明：《商品房广告，你信不信》，《中国房地产》1999 年第 6 期。

10. 漏水和外立面的材料根本没关系，你们要关心的是桩有多深，因为新房漏水大多是因为房屋沉降过大，造成外墙裂缝才漏水的。

11. 开盘的时候售楼处会有许多四五十岁的人在模型边上说这个房子好，千万别信，这些人大多是公司的领导来捧场的。

12. 注意，有代理公司来代理的楼盘他们通常花样最多，比如排队买号等，但是开发商直接销售就不会搞很多花头，那是因为代理商想赚开发商更多的代理费。

13. 为何上海的所有凸窗看上去很大，但是能通风的只有很小一扇，我们说是为了安全，其实是整个上海的开发商都是为了省钱而内部统一那么做的。

14. 如果报纸广告上的哪个楼盘单独印了一个房型，那你千万不要去买这个房型，不是卖不掉的就是位置有问题，我们叫最后冲刺，你想啊，他干嘛不印其他的呢？

15. 到售楼处后直接问售楼员看一样叫销控的本子，这样你才可以确切地知道哪些房子是真的没了，哪些房子还在，这本东西特别准，只有少数楼盘会做一份假的。

16. 一个好的施工单位关键是看他的工地是否干净，建材堆放是否井井有条。

17. 不要相信物业管理会是广告上的外资单位来管理，通常只买他们的一个名字，然后叫物业顾问，这些外资物业公司通常只为单价在一万以上的楼盘来服务，别的其实都由本地公司来管理。

18. 不要相信建筑设计是什么美国或加拿大的公司，这也是假的，国家规定外资设计单位不能单独参与一个楼盘的建筑设计，而必须是外加一个国内设计公司来共同设计，但是真正做出房型的就是国内公司，弄个外国名字只是满足你们的崇洋媚外的心理。①

---

① http：//house. ifeng. com/wanxiang/detail_ 2012_ 11/01/18728498_ 0. shtml。

为了吸引消费者购买房产，实现房地产商的最大利益，房地产广告主通过广告话语构建了诸多 "观念器"，如："皇家气派"、"精英社区"、"CBD 核心区"、"后现代主义"、"智能化"、"E 化"、"绿色环保"、"加州水郡"、"南加州风情"、"欧洲小镇"、"气质巴黎"、"美国乡村"、"米兰时尚" 等。房地产业是买方市场，其广告话语制造 "观念器" 促进了消费主义盛行，推动了房产价格飙升。

门户网站网易评选了房地产业 "恶俗的广告词" 文案①。"非董事谢绝参观" 广告构建了一个 "谈笑有鸿儒，往来无白丁" 的 "观念器"，"都市牧歌" 广告构建的是一个都市生活环境的 "观念器"，均是都市贵族的住宅广告话语。网易对这两则房地产广告话语进行了批评，客观上指出了该广告话语是房地产广告主希冀的 "观念器" 作势。广告主制造两则广告的 "观念器"，旨在构建高等享受的虚拟消费情境，是抬高房价的话语筹码（见广告一、广告二）。

广告一：

非董事谢绝参观。

物宝天华，自是灵秀之地，名流雅士，大多往来汇集；

书香浸润，自然尊贵儒雅，名流雅士，大抵聚居于此；

书香门第复式单位，尊贵气质非凡呈现；据守超值宝地，出则掌控事业乾坤；

缔造气派雅居，入则调和完美生活。俯仰之间，大气横传！

广告二：

风中有花香，忽浓忽淡，如花叶间悄悄流水的低声吟唱，轻柔，细腻，悠扬……

土地有泥香，香气将果实偷偷酝酿，缠绵，回荡……

---

① 《庸俗的房地产广告知多少》，http：//culture. 163. com/special/00280030/fangdichan. html。

溪边有水香，香气顺着流水轻盈地飘向远方，甘淳，悠长……

园中有书香，古朴的质气，精神的食粮，释然，舒畅……

××花园，海珠天空下的都市牧歌。

"运河岸上的院子"是"中国第一墅"，位于北京市通州区的该处 12 栋墅王房地产价格在 2012 年 7 月每平方米达 20 万元人民币，整体售价在 2800 万元~3 亿元/套不等。该房地产地理位置偏僻、配套严重不足，价格畸高。① 但是，该房地产商做的广告是致力于中国建筑园林文化、人居方式之于当代的发展与传承，同时请文化名人捧场加强人气与影响力传播，媒体与广告的传播互动构建了京城房地产豪宅别墅"大匠营宅"的观念器（见图 2－1）。

2006 年，网易列出"京城房地产十大广告语"，设计了"您觉得下面哪条房地产广告语最恶俗"的投票。广告主构建的这些广告话语的"观念器"传播是"三俗"（"庸俗、低俗、媚俗"的简称）的典型案例。

1. 左，左，向左……当世界向右的时候，向左，左岸工社，少数人的写字楼。

2. 四千多块钱的花园洋房。

3. 告别空调暖气时代！

4. 上上下下的享受，进进出出的舒服。

5. 今天买铺，下月就发钱，见谁我都告诉他。

6. 要革谁的命；伤了谁的心。

7. 运动就在家门口。

8. 文化转动资本。

9. 今天你 SOHO 了吗？

10. 非董事谢绝参观。

---

① 刘垚霞：《每平 20 万"中国第一墅"陷困境　开卖 8 年仍有 1/3 未售完》，《华夏时报》2012 年 11 月 01 日。

图 2 - 1　"运河岸上的院子" 的房地产广告

　　第四条广告语是 "上上下下的享受，进进出出的舒服"，看似是一种居住的生活常态，而该广告是通过一语双关的色情化传播，招徕注意力，

加大传播力，扩大影响力。当楼市牛哄哄之时，老百姓气呼呼之际，房地
产广告主通过汉语谐音或一语双关构建色情化广告话语，迎合娱乐化传
播，实现广告话语"观念器"与媒体娱乐化大潮的合流，以提高其价格
与销售量，扩大其市场份额。这是"一种意义的空虚状态以及不断膨胀
的欲望和消费激情"。①

　　在 2011 年被评为"十大最具争议性地产广告"之一的是湖南省长沙市
i尚国际"两万，干不干！"的房地产广告（见图 2 - 2）。同时，该广告话
语掩盖了房产周围环境的不足，如 i尚国际周边没有大型的配套设施，空气
与环境比较差。

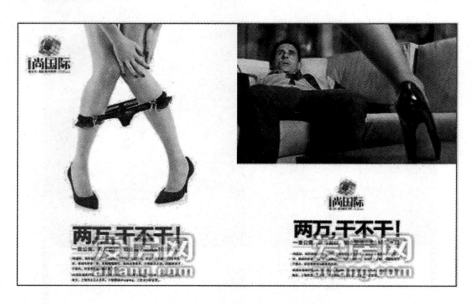

图 2 - 2　i尚国际房地产广告：两万，干不干！

　　深圳一地产商打出一块巨大广告牌："再低　就不可能了"（见图2 -
3）。该句一语双关的醒目广告词旁边是：一个穿着红色低胸裙子与白皙
肌肤的女子，女子坚挺胸部上面撩人的裙子，让人浮想翩翩。地产商急赤
白脸与信誓旦旦的表白，以广告娱乐化的手段回复房价回归理性的舆论诉

———————

　　① 王宁：《消费社会学：一个分析的视角》，社会科学文献出版社，2001，第 145 页。

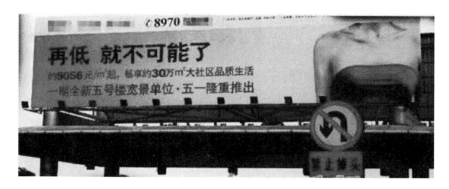

图 2 - 3 深圳市某房地产广告：再低 就不可能了

求。无独有偶，南京市天生桥景区高尔夫别墅的广告却是通过一个成年男性视角，色眯眯地要求广告里的美女，把裙子再拉起一点，再拉高一点。该广告颇为色情，却暗示风景区房产环境好，房屋升值空间高，构建了该处房价飙升的广告传播语境（见图2 -4）。

图 2 - 4 南京市天生桥景区高尔夫别墅广告：要提，还要往上提……

80 后一族适婚成家与立业有成需要安居工程。在一个房价飙升而这一群体大多无能力购买更大面积房子的时代里，一套 80 平方米左右的两居室或小三居室（小三房）成为该群体的生活追求。成都市南延线上某楼盘的广告语："80 后供小三房"（见图 2 -5），就应运而生了。该广告创意在"小三"这个婚外插足者。现实中的"小三"是不道德的,该广告话语用"小三"为噱头,完全落入"三俗"陷阱,也是不道德的。

图 2 - 5 　成都南延线上某楼盘的广告:80 后供小三房

"语不惊人死不休"的色情广告或近乎涉"黄"的广告大多抓住消费主义情绪,通过谐音暗示或话语双关,与时下社会娱乐化思潮结合,引起大众媒体与社会舆论的关注,成为广告主利益的代言者。这是"三俗"的传播表现,是一种观念器的构建。但是,这种广告话语成为广告主最喜欢的创意(见图 2 -6)。

波德里亚指出:"记者和广告商都是神奇的操纵者:他们导演、虚构物品或事件。他们对其进行'重新诠释后才发货',在此范围内,他们毫不客气地对其进行建构。"① 广告话语构建虚假的"观念器",即广告主把平常或者不存在的生活形态进行话语的理想化包装,制造世外桃源似的生活情境,构建一种"乌托邦"式的话语"观念器"。《人民日报》2011 年11 月 1 日第 16 版,用整版篇幅刊登了一则房地产广告主构建的"观念器""广告"。该"广告"从"地段篇"、"规划篇"、"配套篇"三个方面罗列了 25 组开发商爱用且常用的"楼盘宣传语"。这是对当下房地产开

---

① 〔法〕让·波德里亚:《消费社会》,刘成富、全志钢译,南京大学出版社,2000,第136 页。

图 2-6　"三俗"房地产广告

发商爱用的一些"楼盘宣传语"进行的"汇总",本质上是对广告话语"观念器"的一种严肃批评(见图2-7)。

[地段篇]

地段偏僻——告别闹市喧嚣,独享静谧人生

周边嘈杂——坐拥城市繁华,感受摩登时代

荒山秃岭——与大自然亲密接触

刚有规划——轨道交通在即

零星班车——无缝接驳CBD

挨着铁道——便利交通,四通八达

地势很低——私家领地,冬暖夏凉

价格畸高——奢华生活,贵族气息

[规划篇]

规划不好——小资情调,折射后现代生活

户型很烂——个性化设计,稀缺绝版户型

弄个圈顶——巴洛克风情

搞个楼尖——哥特式风格

前后楼快挨上了——邻里亲近,和谐温馨

弄个喷水池——英伦风情,北欧享受

门口有保安——私人管家,尊贵生活

[配套篇]

挨着臭水沟——绝版水岸风光

挖了小池塘——临湖而居,演绎浪漫风情

周围荒草地——超大绿化,无限绿意

旁有小土包——依山而居,享受山里人的清新

有家信用社——坐拥中央商务区

有个居委会——核心地标,紧邻中心政务区

有家小学校——浓郁人文学术氛围,让你的孩子赢在起跑线上

有家小诊所——零距离就医,拥抱健康

有五平方米超市——便利生活,触手可及

有个垃圾站——人性化环境管理

创意共欣赏,疑义相与析。劝君多思量,自解楼中局!

晕

消费者

图2-7 雷人的"楼盘文化"

二　管窥地方利益和官商勾结导致媒体失语

曾在媒体工作过的某媒体人①说："广告是媒体失语的一个极为重要的因素，但还有一个不可忽略的大因素是主管部门和地方政府。主管部门和地方政府与房地产业存在利益关联，甚至官商勾结，使媒体失语。地方政府部门追求政绩，追求 GDP。一方面广告商是媒体的衣食父母，另一方面房地产企业主又有主管部门和地方政府罩着，主管部门和地方政府管我们媒体，管我们的人。谁惹，谁倒霉。如果官员被查了，媒体可以报道官员与相关商人的违法行为，我也不管他是不是我的广告商，因为他们是'死老鼠'。即使我不报道官员非法行为，其他媒体也会报道。这是在中国比较有意思的现象。"他还说："能够做房地产的商人，一般能量挺大的。他水有多深，恐怕是深不可测，也可以说是通天入地。房地产商是媒体的广告老大，媒体巴结还来不及。即使不是我们的广告商，我们报道时也得有所顾及。"

《全国土地利用总体规划纲要（1997～2010）》明确规定，非农业人口 50 万人以上城市的土地使用规划都要经过国务院审批，但是该政策在实际执行中却走了样。据有关部门透露，2005 年离规划年限还有 6 年，但有的地方已经使用了规划用地的 80%，甚至超过 99%，一些地区前 5 年就用了 10 年的指标。② 2006 年 12 月，中国银监会副主席、党委副书记蒋定之在接受《学习时报》采访时指出，房地产对地方经济增长的作用巨大，地方政府和房地产之间存在的利益链条是紧密的，要减弱地方政府对房市利益的追求冲动。③ 地方政府为了 GDP 政绩与地方利益，④ 在土地

---

① 专访，时间：2006 年 7 月 12 日中午。

② 《"圈地"黑洞有多深》，http：//www. gdga. gov. cn。

③ 《银监会副主席称地方政府和房地产利益紧密相连》，http：//news. sohu. com/20061225/n247245177. shtml。

④ 2007 年 4 月 7 日经济学家郎咸平在呼和浩特演讲时抨击道："由于过去一段时间内地以 GDP 的增幅来衡量官员的政绩，令某些地方官员为求表现，大量投资房地产和公路建设。高房价所影响的不是一个简单的城市繁荣的问题，而是一个城市过高的房价所带来的城市衰退问题……"2007 年 4 月 19 日《北京青年报·广厦时代》E3。

政策方面甚至违规操作。地方主管部门是地方媒体的主管部门，地方媒体不能批评地方同级党委政府。中央级媒体知情报道，会受到地方政府或相关人员的干扰。有的地方政府为了地方利益甚至同中央政府房地产宏观调控政策抗衡。地方政府反思较少，地方政府所管理的媒体和所能够影响的相关媒体大多失语。由此可见，即使大众媒体抛除广告因素，地方大众媒体在地方政府利益干预下患有失语症，媒体对房地产业的新闻舆论监督不是讲几句大道理就能够解决的问题！

作为拉动 GDP 增长的房地产业是地方政府税收的主要来源，地方政府为此不但给予房地产商比较优惠的政策，而且把房地产公司列为重点"保护单位"。当地大众媒体为了该地经济发展和城市文明，对房地产公司有保护的责任与义务，必须在新闻舆论上给予大力支持，为地方经济发展保驾护航。《新闻报道对房地产价格影响实证研究》① 证实，媒体在推动房地产业发展与房价攀升方面和地方政府保持高度默契。2003 年上海市市政府担心经济受到 SARS 影响，鼓励房地产业加大市场投资。《新民晚报》为此在头版头条发表《中低价房供应明显增加，上海房地产业凸现经济拉动效应》一文，② 最先发出房地产业繁荣的信号。《SARS 挡不住房价指数继续上升，二手房交易市场依然火爆》③、《私企外企投资活跃，上海楼市供需两旺》④ 等文紧跟其后。7 月份，房价指数增幅飙升了4.3％。《以居住为主的物业将继续走红——观上海楼市下半年度走势》⑤、《中低价房，看中了就别犹豫——九、十两月楼市行情分析》⑥、《"四大利好"推动上海涨起来》⑦ 等火红文章，更是引领了 2003 年上海市下半年房价走势的舆论潮流。

---

① 参阅唐禾《新闻报道对房地产价格影响实证研究——以〈新民晚报〉房产新闻报道为例》。
② 《新民晚报》2003 年 5 月 15 日，头版。
③ 《新民晚报》2003 年 5 月 29 日，第 33 版。
④ 《新民晚报》2003 年 6 月 13 日，第 05 版。
⑤ 《新民晚报》2003 年 6 月 19 日，第 33 版。
⑥ 《新民晚报》2003 年 9 月 11 日，第 33 版。
⑦ 《新民晚报》2003 年 9 月 18 日，第 33 版。

在市场经济不完善和法制不健全的情况下，政府相关部门和某些官员乘机与房地产商勾结，在房地产业中存在严重的谋取私利犯罪违法的情况。房地产业是地方各方力量染指与博弈的利益场，具有官方背景的相关人士组织房地产公司，或采取其他手段，纷纷争夺房地产这块暴利"蛋糕"。房地产商利诱政府官员及其子女亲属以权力构建有利于影响与控制媒体的环境，使大众媒体集体失语。

案例一：政府官员与具有黑社会或走私集团背景的房地产商勾结使大众媒体哑言

震惊中外的"远华大案"，涉案土地多达 200 多万平方米，其中商品房开发用地 110 万平方米，工业及码头用地 16 万平方米，其他用地 100 余万平方米。除了两幢标志性建筑，远华的地产密布厦门的黄金地段。①

赖昌兴以走私发家，房地产只是其产业链的一个子链。他贿赂和腐蚀大量官员，有中央相关部门的干部，有地方各"衙门"的"父母官"。赖昌兴凭借其利益关联构建的关系，大众媒体即使想报道赖氏的违法犯罪行为也无能为力。否则，媒体当事人吃不了兜着走，当事媒体抑或要承担破坏经济发展等"莫须有"的罪名。

案例二：原全国人大副委员长成克杰与情妇从"广西银兴房屋开发公司"获利益分赃

1994 年 3 月 10 日，为了"名正言顺"地赚钱，成克杰利用职权，将广西银兴房屋开发公司……改为直接隶属自治区人民政府办公厅领导和管理。

1994 年年初的一天，李平与周坤在闲聊中谈起西园饭店门口的一块地。周坤说，谁能拿到这块地就能赚大钱，但这块地除成克杰谁也拿不过去。

---

① 《"圈地"黑洞有多深》，http：//www.gdga.gov.cn。

　　李平（供述）说："……多少好处费？周坤说，如果拿到这块地可以给我 1000 万好处费，也可能说的是 800 万，我记不清了。回去后我就把周坤答应拿到土地后可以给 1000 万或 800 万好处费的事告诉了成克杰，是在他家告诉的。成克杰听了后同意把这块地给周坤的公司做了。"

　　在这个过程中，周坤又找到李平说：西园的地价太高，如果通过成克杰把地价压到每亩 70 万以下，还可以增加好处费。

　　私欲膨胀使成克杰丧失了理智。当李平把周坤的要求转告成克杰时，他毫不犹豫地答应了。随后，成克杰指示南宁市政府将该工程 85 亩用地的出让价格，从评估价每亩 96 万余元压到 55 万元。

　　由此，周坤给成克杰、李平的"好处费"增加到 1600 万元。

　　在成克杰的"关照"下，西园停车城（即江南停车购物城）工程顺利开工。当李平向周坤索要事先约定的"好处费"时，周坤又提出了"条件"：目前资金紧张，暂时付不了。你找成克杰帮助搞点贷款，有了资金就可以付"好处费"，而且贷款也不白贷，根据贷款数量可以再付"好处费"。

　　……………

　　通过批项目、压地价和解决贷款，2000 多万元的巨额资金轻而易举落入了成克杰和李平的囊中。至于国家的损失，就不是堂堂自治区主席关心的事了。

　　紧接着的第二笔交易和西园停车城如出一辙。1996 年上半年至 1997 年年底，通过李平得知能获取"好处费"后，成克杰帮助银兴公司承接广西民族宫工程及解决建设资金，成、李获得银兴公司支付的贿赂款人民币 900 万元、港币 804 万元。

　　此后，成克杰一发不可收拾，在犯罪的道路上越走越远。1994 年 7 月至 1997 年年底，成克杰和李平在接受银兴公司请托过程中，还先后收受了该公司负责人周坤送给的人民币、港币、美元以及黄金钻戒、金砖、黄金工艺品、手表等贵重物品，合计人民币 55 万余元。

——《一个高级领导干部的毁灭》，http：//www.
xmdaily. com. cn　厦门日报 2000－09－15

案例三：省部级领导李嘉廷与程维高为房地产商 "服务"，为子女 "火中取栗"

1999 年，耗资数亿的昆明市第一高楼 "佳华酒店广场" 建成后，贷款银行方面的工作人员就不断透露消息说，"佳华" 的香港股东基本上没有投入什么钱，一切都来自昆明的银行贷款，而从中斡旋贷款事务的就是李嘉廷本人，银行自然不能违抗。随后，李嘉廷就经常去 "佳华"，有时是去开会，有时好像不是开会。

——新华网云南频道　2001 - 11 - 01

（原云南省长李嘉廷之子）李勃接受云南俊发房地产股份有限公司董事长李俊（另案处理）请托，李嘉廷先后在开发昆明螺蛳湾商业市场改造项目和昆明世博园园林小区项目上为李俊提供帮助，伙同李勃两次非法收受李俊给予的人民币 950 万元。

——《原云南省长李嘉廷 "贪内助" 从不拒礼》

金羊网 2003 - 07 - 28，广州日报

1995 年夏，郭光允写信向中央及河北省检察院反映程维高的问题。主要内容包括：南京二建为程维高装修住房，有特殊关系，一些工程不搞招投标，直接给了南京二建；纵容自己身边的亲属和工作人员插手建筑工程牟利；一方面处理个别干部住房超标，另一方面在自己住了一层楼的情况下，还扩建了七间房子。……群众反映给中央巡视组的问题，很快牵扯到了程维高的两任秘书吴庆五和李真以及程维高的儿子程慕阳。有人反映说，"程慕阳搞了一个什么公司，程维高出面一下子就借了 5000 万元"。

——《落马高官之 "独断专横" 型——程维高》

北京西城纪检监察网

程维高一次到南三条市场视察时，在原石家庄市长张二辰的引荐下认识了卢鹰，程对卢鹰极为赏识。事后，程通过张二辰约见卢鹰。他把卢鹰

约到一家宾馆，听卢鹰详细介绍如何搞房地产。据卢鹰交代，他把"空手套白狼"的办法讲完后，程当时就连说"好！好！好！"，程还表态说，我让儿子也搞房地产。他还对卢鹰说，以后你要多教教他，多帮帮他。随后，程维高专门安排儿子听卢鹰"讲课"。受到卢鹰启发，程家也开始做起了房地产生意，并在石家庄成立了鑫麟、美麟、华恒三个房地产开发有限公司。

——石家庄市建委干部郭光允《我告程维高》

案例四：司法机关相关领导成为非法房地产商的黑保护伞

2003 年 9 月初，丁（鑫发）接受珠海市颐亨隆贸易有限公司副总裁龙建芳通过丁少华提出的请托，为江西省吉安市恒荣房地产开发公司董事长罗邦明、总经理罗邦平涉嫌受贿案撤案提供帮助。其间，丁少华收受龙所送港币 30 万元，并于事后告诉了丁鑫发。

——《江西省原检察长丁鑫发涉嫌受贿 270 余万元受审》，
http：//www.0937.net 2005 - 12 - 21 4：20：02《财经》杂志

所在地新闻媒体强势报道该地在职官员与房地产商的非法行为几乎没有可能，至今还没有媒体做出先例。担任一方"诸侯"的成克杰、李嘉廷、程维高等在任时，广西自治区、云南省、河北省的地方媒体对各自地方行政主管都是正面报道。从程维高的下列行为来看，我们就可窥知地方行政主管的权力有多大。

在寄出的举报信中，有一封落到程维高的手中，颇为恼火的程维高召开常委会议，表示要动用公安的力量查处这封举报信。

——《落马高官之"独断专横"型——程维高》，
北京西城纪检监察网

2006 年 10 月 24 日，辽宁阜新原市委书记王亚忱一案在丹东市振兴区人民法院一审开庭。庭上 4 名被告翻供。庭外《中国青年报》记者被

60 多人围追。之前，王亚忱曾告《中国青年报》名誉侵权被法院驳回。①
王亚忱因与其子参股的 "华隆房地产开发有限责任公司" 涉及侵占财产
站在被告席上，但时任法院副院长的王亚忱的女儿居然在光天化日之下、
在众目睽睽之下，指使 60 多人对记者围追，给新闻媒体以下马威。这在
中国新闻发展史上是较为恶劣的事件。

地方大众媒体对于房地产的积极面，肯定会积极报道。房地产商与地
方政府官员的非法行为，只有在涉案官员倒台后才会去进行新闻挖掘。程
维高为一封举报信召开常委会议，甚至动用公安的力量进行调查。如果该
地大众媒体与记者参与该事，那等于在天上戳了一窟窿。作为媒体与记者
绝对不会傻到如此境地！

据《21 世纪经济报道》，房地产商利用房地产主管部门等部门营建关
系的 "食物链"。上海市房地产商建立了以土地为审批的庞大利益网，官
员被聘为房地产顾问，年薪达百万。行内人士说："开发商通过聘请这些
人到公司任职，或者结交与房地产有关的各类协会的负责人，打通土地审
批的各个环节，这早已是公开的秘密。"②

由此可知，相关政府部门与相关官员或明或暗，或合法或非法成为房
地产业利益链中的主要一环或重要利益相关者，房地产商就此凭借政府或
官员的权势 "浮云" 构建媒介传播环境，媒体只能获得房地产业的正面
信息或相关政府部门的管制，媒体在房地产业方面根本发挥不了 "环境
监测" 的功能。同时，房地产广告主在大众媒体投放的巨量广告费与公
关费等使媒体对此欲罢不能，大众媒体为此只能充当维护房地产商利益的
工具与号角。

三 大众媒体传播过程中为房地产广告主服务的宣传和信息屏蔽情况分析

有房地产商对大众媒体维护房地产商利益而失语是颇为认同的。房地

---

① 《辽宁阜新原市委书记王亚忱案开审 4 名被告翻供》，《中国青年报》2006 年 10 月 25 日。
② 《官员被聘房产顾问年薪百万》，《北京青年报》2007 年 4 月 19 日，E3。

产大鳄 Soho 董事长潘石屹认为，把房子建好是房地产商的出路，而且对媒体对房地产商利益的无原则维护等无话语权意识的现象给予一针见血的批评。潘石屹说："作为媒体我想就是讲真话，揭露腐败现象，尤其是北京为土地的招拍挂，房地产发展商违法销售这得依靠媒体，这是媒体真正发展的东西。"① 大众媒体对房价飙升、房地产商的偷税漏税、隐瞒房市信息、操纵房屋价格、售后房屋质量问题、欺瞒消费者的情形等，大众媒体很少报道。只有房地产商的违法犯罪被有关职能部门查处以后，媒体才会被动报道。诸多大众媒体通过传播房地产商的广告信息，影响消费者的心理预期，对房价飙升有间接作用，实现了房地产广告主的消费主义目的。

案例一：《新民晚报》新闻报道对房地产报道的主流舆论和报道立场分析

　　《新闻报道对房地产价格影响实证研究》用实证分析方法对 2003、2004 年两年内《新民晚报》房产新闻报道进行考察，对房地产报道的主流舆论和报道立场进行分析。考察对象为 2003 年元旦至 2004 年 12 月 31 日的 731 份《新民晚报》，采集话题是关于"房价"、"楼市"的全部新闻报道样本。该文对样本进行数据处理后，分别从题目内容、新闻源两个角度进行考察，研究发现：223 篇话题关于"房价"、"楼市"的新闻报道对房价做出判断的共 191 篇，认为房价正在上涨或预期上涨的为 166 篇，占 86%；认为房价持平或预期盘整的为 8 篇，占 4%；认为房价预期下跌的为 1 篇，占 2%；认为房价增幅已经减缓或预期减缓的为 16 篇，占 8%，结论是：房价正在上涨或预期上涨的新闻报道是舆论主流，房价指数趋势线与舆论趋势线匹配，呈上升趋势。新闻源为中介、咨询公司的新闻报道为 60 篇，占新闻源为中介、咨询公司的新闻报道总量的 85%。新闻源为学术研究专家的新闻报道为 5 篇，占新闻源为学术研究专家的新闻报道总量的 63%。新闻源为政府或政府相关部门的为 21 篇，占新闻源为政府或政府相关部门的报道总量的 48%。未注明新闻来源，为作者经验判断及个人言论的为 77 篇，占作

---

① 《〈北京地产〉创刊发布会实录　主语传媒杀入北京》，2006 年 09 月 11 日 15：17，焦点房地产网。

者经验判断及个人言论的报道总量的79%。结论是：信息源为中介、咨询公司的报道对房价做出上涨判断的最多，与其立场相符。结合上海市房产市场的真实状况，得出结论：新闻报道间接影响房价。①

媒体为房地产商利益服务的主流舆论和报道立场，是影响房价的一大重要因素。上海市 2000 ~ 2002 年房价增长率分别为 4.18%、8.44%、6.93%，但是 2003 年、2004 年增长率分别为 23.80%、14.40%②。《新民晚报》是上海发行量最大、覆盖面最广、影响力最大的都市报，其符合房地产广告主利益的新闻报道对上海市房价上涨起了重大推动作用。《新民晚报》广告部总经理的话一语中的：《新民晚报》重点发展大客户，兼顾中小客户，并举办了一系列颇具影响的活动，如"《新民晚报》舞动上海市地产"，使《新民晚报》继续保持在上海市的第一竞争力、第一影响力。③

案例二：大众媒体为了房地产广告主的巨额广告费而彻底失语，对房产消费者的合法权益与正当诉求熟视无睹

从媒体伦理及其从业人员素养来看，大众媒体对房地产商与房产消费者之间的各种矛盾应该给予同样大小的版面与同样多的时段予以报道，充分发挥媒体的环境监测功能，以示媒体报道立场的平衡与公正。从该房地产广告主与其业主的纠纷和官司案例来看，大众媒体明显受到房地产广告主的影响和控制，为大众媒体屏蔽了对广告主不利的新闻信息，充分展示了房地产广告主赤裸裸的利益话语与强势话语权。

中国著名的房地产公司万科与广东省深圳市万科金色家园一期的部分业主打官司，原因是：业主认为万科违反了售楼时的承诺，严重影响业主未来的生活环境及生活质量，拉低了金色家园的品位，侵犯了业主的权益；而万科认为，万科没有事先作出相应承诺，其方案更改没有涉及公共

---

① 唐禾：《新闻报道对房地产价格影响实证研究——以〈新民晚报〉房产新闻报道为例》，人民网 - 传媒。
② 望晓东、吴顺辉：《上海市房地产泡沫实证检测》，《中国房地产金融》2006 年第 11 期。
③ 《××：新民晚报社广告部总经理》，《国际广告人》www. ad - ren. com（iader. com），2007 - 02 - 01 11：58。

设施，不必征求业主意见，且方案市规划国土部门已批准。在双方争执不下之际，一个奇观式的场景出现了："在临街的一期 500 多套住宅里，有 300 多户人家在有玻璃的地方贴了四个大字：买房受骗。每一字占了整整一扇窗子，从大街上看去，蔚为壮观，与漂亮的建筑形成了强烈的反差。""买房受骗"的条幅从顶层到底层，挂了整整半年，成了深圳市的一个舆论热点。而万科金色家园与深圳市两大平面主流媒体《深圳特区报》、《深圳商报》只有一街之隔，但这两大媒体很有影响力的主流媒体对那些悬挂了长达半年的"买房受骗"的斗大标语却"视而不见"，也没有两个报社记者对该事件进行新闻采访报道。① 是不是该事件没有新闻价值呢？不是。两大媒体对该事件没有报道的一个重大原因是：房地产广告为平面媒体的支柱广告，万科是两大媒体的大广告主，两大媒体与万科互为重大的利益相关者。"媒体的日趋商业化"，"绝大部分的媒体无论从内容到形式都是追求一个目标：钱。钱正在吞噬公众的话语空间。"② 而与万科没有太多联系或具有新闻专业主义意识的外地媒体，如《21 世纪经济报道》与《南方周末》，保持独立的新闻报道立场，分别以《投诉万科》与《万科告业主，尝到甜头了？》为题作了长篇的报道。

案例三：为媒体工作的一般新闻从业者的权益即使受到房地产商的损害，该媒体也不会为该媒体工作的一般新闻从业者服务而让房地产广告主受到该媒体的舆论监督

曾在媒体从业多年的某记者谈到自己买房上当的经过时，唏嘘不已。③ 该记者自以为他在新闻圈儿里混了半辈子，对新闻策划的各种招数耳熟能详；但在买房这件事上，最后还是中了新闻策划的圈套。他认为，这是一个相当高明的新闻策划的套；最可笑也最可悲的是，中的还是自己

---

① 何鸣：《"呈现"与"遗忘"的策略——传媒与万科的文化生产》，《江淮论坛》2006 年第 2 期。该作者是深圳市两大纸质媒体中某一媒体熟悉内情的记者。
② 李希光：《畸变的媒体》，复旦大学出版社，2003，第 11 页。
③ 对曾在《中国工商时报》工作过的某记者的专访。时间：2006 年 10 月 11 日 10：00 ~ 14：00，地点：北京市佟麟阁路（新华社附近）一川菜酒楼。

报社熟人的圈套。当时是专版刚刚开始，该报有某房地产商的十多篇专稿。他认为该楼盘是好楼盘，通过报社内部写专版的某人，并与房地产商沟通买了房，但他收房时发现自己房产与媒体专版宣传有很大差别时，才知道上当受骗了。当时他很生气，找自己报社同仁请求报道房地产商通过专版行骗时被委婉拒绝，原因为该房地产商是该报社的大广告主，属于保护名单，对该房地产商的批评报道必须经过社长批准。该记者气不过，他为此找遍该城市所有要好朋友与领导所在的报纸、电台和电视台，均被委婉拒绝，根本原因为该房地产商是他们媒体的大广告主，是受到他们媒体保护的对象。

该记者后来只能接受现实，因为他知道：大众媒体不会对自己"衣食父母"（广告主）怎么样的，否则，就是"不孝"！也许该记者的遭遇是一个微不足道的个案，但至少说明了一个问题：即使有一定话语权的个体，也无法撼动一个有财力的大广告主；即使房地产主有违法行为，大众媒体不会为了自己体制内的一个个体而得罪为自己喂奶的"上帝"（广告主）。

大众媒体的房地产专版等为房地产业服务的，大众媒体及其记者成为房地产商负面新闻的"消防队员"，而从事房地产专版的媒体工作者因此享有房地产商给予的利益待遇。一个在媒体的实习生在微博上对媒体各个部门待遇专门作了一个总结。该总结虽不一定客观，但在某种程度上指出了媒体工作者在媒体各个部门的待遇差别，其中从事房地产业等专版服务的媒体从业者享有广告利益与公关利益等，所以待遇最好（见表2-1）。

表2-1 媒体各部门对比分析图

对比项目 \ 部门	新闻部	汽车部	房产部
车	出行主要靠公交车或地铁或登一辆自行车	按揭15万内汽车或厂家提供短期试驾工作车	自购30万以上豪车,或家里有轿车和SUV各一部
房	租房为主,少数靠父母支持购买一套房子	按揭三线楼盘,套二户型,婚后小日子过得拮据	按揭或一次性购买一线精品楼盘大房两套以上
游	偶尔赶车到郊区看看油菜花或到古镇闲逛	蹭厂家出差的机会忙里偷闲到各大城市留影一张	科学合理安排全年出游计划,国内外各种线路均有

续表

对比项目 \ 部门	新闻部	汽车部	房产部
作息时间	起早摸黑全年周末无休、春节还得值班采访	一年四季劳碌奔波各大厂商、送礼、喝酒、陪吃、拉广告	逛别墅游景区、高档会所谈广告、周末假期全部休息
婚姻生活	圈内消化近亲繁殖毫无创意	家里红旗飘外面偷情公关胡乱套	遵守婚姻法而违反计划生育政策
薪水构成	基本工资＋稿费＋好稿奖＋偶尔能出去遇到好人拿个小红包	基本工资＋公关公司额外的稿费（贱卖）＋广告提成或奖励（很少）	工资＋开发商好处费＋代理商好处费＋倒卖房产费＋好盘排号费

　　总结：新闻记者自以为是正义的化身，其实什么都不是，一苦逼新闻民工而已。汽车记者是表面风光内心彷徨，房车按揭，吃喝靠厂家，发财靠公关。房产记者是乌龟有肉在肚内，豪车豪宅一次性购买，吃喝不用自己掏。

　　小结：

　　案例一具有广告主影响与控制大众媒体的整体性特征，案例二与案例三具有大众媒体为广告利益而主观忽略消费者个体合法正当权益诉求的特点。大众媒体充当房地产业的"吹鼓手"，缺乏有力的公共利益话语声音，对消费者利益采取漠视的态度，舆论场造成沉默螺旋的社会生活现实，这正是房地产商所追求的，正如北京市某房地产商所说："我们就是与媒体合谋维护自己的利益，实现自己利益的最大化。"①

　　某房地产商说，房价如同老婆的胸脯，有多大是不可公布的。网络传言房地产商等建言政府，把故宫撤掉可缓解北京市的房源紧张与房价上涨，甚至说故宫占有如此大的面积，是对土地的一种浪费。相关媒体时有引用，但严厉抨击与严肃批评者不多，远远不如义愤填膺的网络评论，有的地方权威媒体隔靴搔痒的报道与评论还不如上海时冰寒先生在其博客上一针见血的反驳。由此可见，大众媒体对房地产等广告主的严重倾向性而忽视消费者对自己合法正当权益的媒体诉求，会导致舆论监督的缺位与媒体对公共利益的失语，正在成为中国的一大社会问题。

---

　　① 电话专访北京市某房地产公司副总。被采访者要求不公布其姓名、公司与采访时间。

第三节　高额广告费的话语控制——以药品、医疗服务与保健品广告主为例

一　虚假与违法的药品、医疗服务与保健品广告话语之构建

随着社会经济的发展，随着人民生活质量的提高，人们越来越注重医疗卫生与保健，为药品、医疗服务与保健品的发展提供了机遇。同时，药品、医疗服务与保健品广告对推广药品、医疗服务与保健品具有重大作用。但是，药品、医疗服务与保健品广告主为了推广产品，为了吸引消费者购买，在做广告的时候常常推出虚假和违法的广告话语。

药品、医疗服务与保健品广告主在构建广告话语推荐产品时，无论是真实或合法的，还是失实或违法的，大多运用如下手段构建广告话语。

1. 该病危险性大，健康第一，患者必须及早治疗，通过各种话语情态制造与构建产品消费的前奏与气氛。

2. 通过对该产品疗效非常好与近乎神效的广告话语构建，制造消费购买的情境氛围。药品、医疗服务与保健品广告中的诸多许诺和疗效带有夸大、失实、虚假之嫌，似乎所有绝症、疑难病症，用广告里的药就可以起死回生，就可以药到病除，天花乱坠，神乎其神，其实是误人不浅的宣传。

浙江省台州市工商局对外公布 2005 年度十大虚假违法广告案件，对 "脑白金" 处罚的理由就是夸大功效。

> 只要每天补充脑白金，重新回到年轻态，服用两天，睡眠加深；三个月后，白发变黑，生病几率大幅下降；长期服用比同年龄老人活得更长久，更健康。全国有 1000 万以上的老年人长达五年坚持服用，在他们身上开始出现奇迹，服用脑白金后，不光睡眠好了，就连新长的头发也都是黑的。①

---

① 《九成医疗保健品广告作假》，www.zjol.com.cn，2006 年 01 月 06 日。

3. 通过名人效应、专家与医生论证与患者说法构建虚拟认同。广告主甚至利用军队医院作为信誉的幌子做广告，引得患者趋之若鹜，以致军方卫生部门不得不出面辟谣。① 名人制造的广告话语自然引起诸多患者的认同，专家与医生的声明与保证是制造疗效的保障，患者说法构建疗效真实的语境。媒体对此各有偏重，电视广告注重名人广告话语，广播广告注重通过节目以医生引导，平面媒体广告注重患者现身说法。

4. 通过科技含量高的广告术语构建消费语境。最新最时髦的科技术语是药品、医疗服务、保健品广告主最喜欢使用的，在药品、医疗服务、保健品广告中最为常见。如"纳米"、"基因"、"能量"、"频谱"等五花八门的术语均是高科技治疗手段，先进医疗仪器都是从欧美等先进国家引进的，目的是让患者把对健康的期待沉浸于广告话语构建的技术语境中，让患者及其亲属心甘情愿为此付出一切费用。

5. 制造产品所获取的广告荣誉话语，构建消费者所希冀的虚拟信誉。该产品在国际国内获得过该领域的诸多奖项与专利，得到过大领导的支持、名专家的肯定与名人的赞美，该医院是获得几级几等的信誉医院，该医生是该领域的名医、权威与大师，医院的影响力和产品的权威性得到过各种权威媒体的全面报道。因此，患者与亲属对产品与医院是绝对可以信任的，患者利益是绝对可以得到保障的。

从国家工商行政部门等机关曝光的严重违法广告来看，虚假与违法的药品、医疗服务与保健品广告话语之构建非常严重。国家工商行政管理总局对 2012 年 6 月份全国部分电视、报纸、互联网等媒体发布的医疗服务、药品、保健品、化妆品及美容服务类广告进行了监测抽查，并于 8 月 28 日对此次监测抽查发现的部分严重违法广告向社会进行了公告。

这批严重违法广告是：

---

① 《解放军总后卫生部公布 59 家假军队医疗机构（名单）》，2007 – 01 – 16 09：09：00 来源：中国新闻网。

——清心沉香八味丸药品广告（生产厂家为阜新蒙药有限公司）。该广告利用专家、患者的名义和形象作证明，含有不科学的表示功效的断言和保证，误导消费者，严重违反广告法律、法规规定。发布媒体：贵州都市报（贵州）。

——蛾贞胶丸药品广告（生产厂家为内蒙古佳合药业有限公司）。该广告利用专家、患者的名义和形象作证明，含有不科学的表示功效的断言和保证，误导消费者，严重违反广告法律、法规规定。发布媒体：丹东新闻综合频道（辽宁）。

——壮方天麻片药品广告（生产厂家为广西千方药业有限公司）。该广告利用专家、患者的名义和形象作证明，含有不科学的表示功效的断言和保证，误导消费者，严重违反广告法律、法规规定。发布媒体：新晚报（黑龙江）。

——龙泰降糖通脉片药品广告（生产厂家为吉林龙泰制药股份有限公司）。该广告利用专家、患者的名义和形象作证明，含有不科学的表示功效的断言和保证，误导消费者，严重违反广告法律、法规规定。发布媒体：青岛晚报（青岛）。

——大唐前列通瘀片药品广告（生产厂家为西安大唐制药集团有限公司）。该广告利用专家、患者的名义和形象作证明，含有不科学的表示功效的断言和保证，误导消费者，严重违反广告法律、法规规定。发布媒体：半岛都市报（青岛）。

——鹿茸洋参片药品广告（生产厂家为吉林省辉南辉发制药股份有限公司）。该广告利用专家、患者的名义和形象作证明，含有不科学的表示功效的断言和保证，保证治愈，误导消费者，严重违反广告法律、法规规定。发布媒体：生活报（黑龙江）。

——补肺丸药品广告（生产厂家为甘肃省西峰制药有限责任公司）。该广告以健康资讯节目形式变相发布药品广告，利用专家、患者的名义和形象作证明，含有不科学的表示功效的断言和保证，误导消费者，严重违反广告法律、法规规定。发布媒体：东莞新闻综合频道（广东）。

——痛风舒胶囊药品广告（生产厂家为青海绿色药业有限公司）。该广告利用专家、患者的名义和形象作证明，含有不科学的表示功效的断言和保证，误导消费者，严重违反广告法律、法规规定。发布网址：http：//saixue.s16.wg8.com/；为其提供链接服务的网站：新浪网；文字链接内容：痛风—尿酸高—科研揭秘。

——藻黄金稳压肽胶囊食品广告。该广告出现与药品相混淆的用语，宣传食品的治疗作用，利用专家、消费者的名义和形象作证明，误导消费者，严重违反广告法律、法规规定。发布网址：http：//www.cnzu95.com/；为其提供链接服务的网站：搜狐网；文字链接内容：高血压—降压科研进展。

——活益康牌益生菌胶囊（黄金菌美）保健食品广告。该广告出现与药品相混淆的用语，宣传食品的治疗作用，利用专家、消费者的名义和形象作证明，误导消费者，严重违反广告法律、法规规定。发布媒体：新疆卫视。

——排毒一粒通保健食品广告（生产厂家为武汉名实生物医药科技有限责任公司）。该广告出现与药品相混淆的用语，宣传食品的治疗作用，利用专家、消费者的名义和形象作证明，误导消费者，严重违反广告法律、法规规定。发布媒体：通化新闻综合频道（吉林）。

——梅山牌减肥神茶保健食品广告（生产厂家为江西省修水神茶集团公司）。该广告利用消费者的名义和形象作证明，含有不科学的表示功效的断言和保证，误导消费者，严重违反广告法律、法规规定。发布媒体：华西都市报（四川）。

——康尔健胶囊（美国360）保健食品广告（生产厂家为西安馨兰贸易有限责任公司）。该广告出现与药品相混淆的用语，宣传食品的治疗作用，利用专家、消费者的名义和形象作证明，误导消费者，严重违反广告法律、法规规定。发布媒体：崇左新闻综合频道（广西）。

——青海公安消防总队医院医疗广告。该广告以医疗资讯节目形式变相发布，利用专家、患者的名义和形象作证明，含有不科学的表示功效的断言和保证，误导消费者，严重违反广告法律、法规规定。发布媒体：西宁新闻频道（青海）。

——西安肛泰医院医疗广告。该广告以医疗资讯栏目形式变相发布，利用专家、患者的名义和形象作证明，宣传诊疗技术，含有不科学的表示功效的断言和保证，误导消费者，严重违反广告法律、法规规定。发布媒体：西安晚报。

工商总局表示，将依法查处上述严重违法广告；同时，加强跟踪监测和日常检查，及时发现并依法查处其他媒体发布的上述严重违法广告。①

二 大众媒体助药品、医疗服务与保健品广告主的虚假广告与违法广告横行

根据国家工商行政总局等行政部门发布的虚假和违法广告材料统计来看，在违法广告类别中，药品、医疗服务、保健品广告的违法率居前三位。历年来，药品、医疗服务与保健品广告一直是政府治理的重点。

我们从 2006 年中央政府管理部门对药品、医疗服务、保健品广告主的虚假广告与违法广告的不完全统计可窥知全豹。国家工商总局曝光十大违法广告多为医疗保健品。② 国家食品药品监督管理局 "2006 年第一期违法医疗器械广告汇总" 和 "2006 年第一期违法保健食品广告汇总" 数字显示：在全国药品监管部门一个季度监测发现的 901 次违法广告中，擅自篡改审批内容的 556 次，占总数的 62%；未经审批擅自发布的 304 次，占 34%；禁止发布的 41 次，占 4%。③ 国家食品药品监督管理局发布的监测结果显示，2006 年前 8 月，全国 250 份报纸刊载的药品广

---

① 《工商总局曝光一批严重违法广告》，2012 年 08 月 28 日 18：43 来源：新华网。
② 南海网 http：//www.hinews.cn，2006－03－03 15：33 来源：中国新闻网。
③ 中华人民共和国食品药品监督管理局网站。

告逾 9 成违法。① "由于虚假医疗广告、误导等方面的原因,我国每年大约有 250 万人吃错药。目前医疗广告违法违规的现状已经到了非治理不可的地步。"②

药品、医疗服务与保健品广告主的虚假广告与违法广告费用数额巨大。据湖南省工商部门 2005 年发布的信息,药品、医疗服务与保健品虚假广告与违法广告费用达 2 亿元之巨。

> "虚假广告一度占据医疗类广告市场的 60% 甚至 90%。"湖南省工商局商标广告处白迪新介绍,2004 年全省广告经营额达 20 亿元。与去年相比,今年该省医疗、保健品食品、药品广告经营额将减少 70%,减少的广告额达 2 个亿。减少的广告额主要来自虚假违法医疗、药品、保健品食品广告的发布。③

平面媒体的药品、医疗服务与保健品虚假广告与违法广告多,比较严重。2012 年 8 月,《京华时报》记者从北京市药监局获悉:

> 2012 年 6 月,北京市共有 86 个药品品种广告涉及违规,均为平面媒体发布。其中标示名称为"生命优 K"、"汉源耳聋片"、"环智健脑胶囊"等 16 种药品发布违规广告情节严重。
>
> 北京市药监局介绍,药监部门对本市 27 个电视频道、32 份报纸类媒体及 10 个电台频道 6 月发布的药品广告进行了监测,共监测到"严重违规行为"的药品广告 228 条,均为平面媒体发布。违规广告涉及药品品种 86 个,存在未经审查发布和擅自篡改广告审批内容的行为。据了解,这些药品的违规行为主要表现在任意夸大适应症、功能主治或含有不科学地表示功效的断言、保证;部分有利用医药科研单位、学术、医疗机构或专家、医生、患者等名义和形象

① 中华人民共和国食品药品监督管理局网站。

② 孙瑞灼:《虚假广告当治罪》,《人民日报》2012 年 07 月 09 日,海外版。

③ 慧聪网 2005 年 10 月 12 日 9 时 23 分,信息来源:红网。

作证明的内容。①

　　笔者在湖南省某地级市电视台的调研发现，地市级、县市级的大众媒体对药品、医疗服务与保健品广告依赖非常大。该电视台的某主编告诉笔者："据我所知，我省地市级和县市级电视台的广告主要是药品、医疗服务与保健品广告，性病广告特别多。其中违法的与虚假的广告确实比较多。主要原因是我们这些媒体对药品、医疗服务与保健品广告的依赖太大。"

　　某些地市级、县市级电视台的药品、医疗服务与保健品广告达到了极为疯狂的境地，完全丧失了大众媒体的伦理底线与职业操守，如安徽省灵璧县某电视台通过老人吃性药后"老夫聊发少年狂"的发春效果的画面做性药广告（见图2－8）。

　　药品、医疗服务与保健品广告主与大众媒体相互配合，采取各种手段规避政府管理部门的管理，以致政府整治药品、医疗服务与保健品广告的效果不理想，似乎落入了"道高一尺，魔高一丈"的窠臼。2006年新闻出版总署与国家工商总局发布紧急通知：11月1日起，所有报刊一律不得发布包含性病、癌症、人工流产等12类内容的医疗广告或格调低下广告，并提出禁止刊载含有淫秽、迷信、色情内容广告等7项禁止性规定。据《新京报》11月2日报道："禁刊"首日，一些"无痛流产"的广告却悄然变脸，成了"意外怀孕"、"终止妊娠"。广告主与媒体玩起文字游戏。对此，工商部门表示，这类广告是否属于禁止范围还无法界定。②

　　某些媒体为了自己的广告利益，对政府管理部门的法律、法规与政策熟视无睹。2006年国家广电总局和国家工商总局要求：从8月1日起，所有广播电视播出机构暂停播出药品、丰胸、减肥等五类产品电视购物节目。尽管禁令早已下达，但到了禁播日，药品、医疗服务与保健品违法广

---

　　① 李秋萌：《86种药品忽悠广告曝光》，http：//www.jinghua.cn，2012－08－07 来源：京华时报。
　　② 《违禁人流广告变成终止妊娠　文字游戏难倒工商》，《新京报》2006年11月2日。

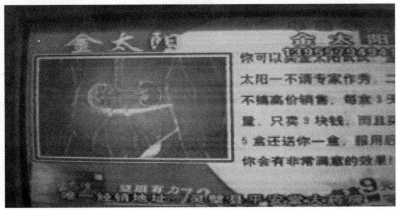

图 2 - 8　安徽省灵璧县某电视台的性药广告

告照播不误。据《新京报》报道，禁播令第一天，有 12 家省级卫视违规播放广告，各类甩脂机、丰胸等禁播节目疯狂依旧，国家广电总局电令责成相关卫视整改和撤下明令禁止的违法广告。① 《中国青年报》 称之为："照播不误：且听广告禁播令一声叹息。"②

某些大广告主的广告因为虚假或违法而遭到查禁，新闻界和广告界的媒体人士就指点这些大广告主钻法律与管理的空子，为他们的广告再次播放开绿灯。黄金搭档广告词是 "孩子个子长高不感冒！老人腰好腿好精神好！女人面色红润有光泽！黄金搭档补足钙铁锌硒维生素！" 该广告带有明显的误导和夸大的功效性被相关部门查处，央视和各地媒体不得不封杀其广告。黄金搭档在广告词前面加上 "祝您" 两个字后，央视等各种媒体日夜不停地加以播放。脑白金广告被有关管理部门查了若干次，被相关媒体曝光了若干次，在新闻界和广告界等行内相关人士指点下封了又播，风光依旧。

虚假与违法的药品、医疗服务与保健品广告传播影响恶劣，严重侵害了消费者的合法权益，已成社会公害。据中国消费者协会公布的广告公信度调查报告显示，超过 2/3 的网民曾受虚假违法广告的伤害。③虚假与违法的药品、医疗服务与保健品广告主在大众媒体似乎制造了一种虚拟的社会镜像：全国人民绝大部分不健康，大部分在患性病、肝癌、肥胖、性功能等疾病，这是法治社会与文明社会所不能容忍的。

三　药品、医疗服务与保健品广告主对大众媒体的影响与控制源于高额诱人的广告费

药品、医疗服务与保健品三大广告主的广告经营总额占中国广告业的最大份额。2005 年三者广告经营总额为该年广告经营总额的

---

① 《12 家省级卫视违规播放减肥丰胸广告被警告》，《新京报》2006 年 8 月 2 日。
② 《照播不误：且听广告禁播令一声叹息》，《中国青年报》2006 年 8 月 3 日。
③ 《中消协调查称超过 2/3 网民曾受虚假违法广告伤害》，2006 年 09 月 04 日 17：12 来源：中国新闻网。

18.9%，2006 年为该年广告经营总额的近 20%（19.77%），2007 年为 17.8%，2008 年为 17.88%，2010 年为 15.77%、2011 年为 15.63%。

药品、医疗服务与保健品三大行业的广告主都是中国广告行业的十大广告主之一。至 2011 年，三者均是超过 100 亿元广告投放额的大广告主，其中药品广告近 200 亿元（195.03 亿元）。

2005 年药品广告经营额为 141.09 亿元，占该年广告经营总额的 9.96%，是该年广告投资行业的第一大广告主。2006～2008 年，药品广告主一直盘踞在中国第二大广告主的宝座，2009 年为中国第三大广告主，2010 年为中国第五大广告主。2011 年，广告经营总额近 200 亿元，退出广告主前五名的行列，为中国第六大广告主。

2005 年医疗服务业广告经营额为 76.37 亿元，为该年广告经营总额的 5.39%，为中国第四大广告主。2006 年广告经营总额近 100 亿元（98.22 亿元），为中国第五大广告主。2007 年为第七大广告主，退出广告主的前五名行列。2008 年广告经营总额为 107.13 亿元，突破 100 亿广告投放大关。2011 年广告经营总额为 151.89 亿元，是中国第七大广告主。

2005 年保健品广告经营额为 51.61 亿元，占该年广告经营总额的 3.64%，为中国广告行业的第八大广告主。2006 年为 63.91 亿元，为该年广告经营总额的 4.06%，仍是中国第八大广告主。2008 年广告经营额为 86.77 亿元，占该年广告经营总额的 4.56%，为中国第九大广告主。2010 年近 100 亿元（98.81 亿元），占该年广告经营总额的 4.22%，仍为中国第九大广告主。2011 年广告经营额达到 141.70 亿元，年增长率为 43.40%，首次突破 100 亿元大关，为中国广告行业的第八大广告主。

大众媒体、广告主和广告公司本应严格按照《中华人民共和国广告法》等法律法规来履行自己的权利和义务，但面对药品、医疗服务与保健品广告主数额巨大广告费用的利诱，大众媒体等"反应单位"对广告主产生了"话语"依赖，从而"协同"广告主行动，置相关法律法规于不顾，因此受到社会舆论指责。这种新闻业与广告业的行业自律缺失，使得政府对药品、医疗服务与保健品的虚假广告和违法广告不得不采取治理行动。2006 年 "8·1" 禁播令与 "11·1" 禁刊令等硬性制止电视与纸媒刊播药品、医疗服务与保健品虚假广告和违法广告的行政命令是政府迫不得已的治理行动。

当新闻出版总署和国家工商总局发布 2006 年 "11·1" 禁刊令的紧急通知时，《新京报》率先报道了这一消息，并及时跟踪报道。《新京报》强调社会责任与媒体公信力，从创刊以来就决定拒绝刊登医疗、声讯、征婚、发财致富广告。据《新京报》报社内部统计：每年因拒绝刊登这些广告，大约会损失数千万元的广告收入。① 相对《新京报》的高调，其他媒体表现得比较平淡。"11·1" 禁刊令的治理行动对大众媒体的广告额影响很大，使报纸失去 10%～20% 的广告费用。中国人民大学喻国明教授认为这样做 "不利于媒介发展"、"不利于社会的和谐"。② 北京娱乐信报社长毕昆认为 "对报社的经营而言，肯定是个巨大的冲击"，"对信报等北京地区其他都市类报纸，有很大的冲击"。③ 据《新京报》报道，广电总局 2006 年 "8·1" 禁播令要求电视台禁播减肥丰胸等广告，电视台收入或减六成。④ 据笔者在湖南省某地级市电视台的调研，该省大部分地县级电视台药品、医疗服务与保健品广告远远超过了 6 成，甚至达 9 成多。

事实上，广告主与大众媒体并没有完全把政府的治理行动当作一回事，政府禁令你下你的，违法广告还是出现在媒体上。我们可以从下面记者就 2006 年 "11·1" 禁刊令的采访情况看出端倪。

---

① 《新京报：恪守责任 每年拒刊数千万元违规广告》，2006 年 10 月 24 日 16：10 来源：中国网。
② 《喻国明：整治广告要有针对性 否则不利社会和谐》，2006 年 10 月 25 日 8：17 来源：四川新闻网。
③ 《北京娱乐信报社长毕昆：对报社经营是巨大冲击》，2006 年 10 月 24 日 10：23 来源：四川新闻网。
④ 《广电总局禁播减肥丰胸广告 电视台收入或减六成》，《新京报》2006 年 8 月 3 日。

　采访对象：一销售肝病新药的刘姓负责人

　记者：11 月后，乙肝类医疗广告就要被禁止在报纸刊登了，对你们是否有影响？

　刘：是吗，要禁止了。没关系，很早前就在禁止，现在不是还在登嘛。你看电视，这种广告现在还是很多。①

　药品、医疗服务与保健品广告主对大众媒体的影响与控制使大众媒体丧失话语权与主体地位，媒体的公信力与社会责任受到舆论的严重质疑，中华灵芝宝（后改名为"双灵固本散"）广告主做的广告就是一个典型案例。

　上海绿谷集团的中华灵芝宝产品在媒体和宣传材料中对该产品疗效描述为："对人体肺癌细胞株的抑杀率为 100%，对胃癌细胞株的抑杀率为 98.4%，对肝癌细胞株的抑杀率为 93.6%……临床总有效率达 97%"；"2005 年，美国 FDA 将双灵固本散列入临床许可范围，获准进入美国医院开展大面积临床观察"。② 自 1996 年以来，中华灵芝宝的虚假广告与违法广告先后被北京、上海、江西、福建、长沙等地工商行政部门查处，国家药监局和各地药监部门也多次将中华灵芝宝广告宣传批文强令收回。③ 由此可见，中华灵芝宝劣迹斑斑。

　中华灵芝宝广告为此惹上官司，但山东刘某是与中华灵芝宝打官司的唯一获胜者。在诉讼前后，刘某找过的多家媒体对打官司事件都未作报道，而大众媒体对该保健品宣传为药品的广告却变本加厉。2001 年 2 月，法院一审判决中华灵芝宝是中药保健药品，不能等同于一般的药品，绿谷公司将其宣传为"抗癌新药"，足以对消费者产生误导，认为中华灵芝宝即为药品，而非中药保健品，系经营中的欺诈行为，根据《中华人民共

① 《刊登医疗广告者：早就在禁止　现在还是照登》，2006 年 10 月 24 日 16：15 来源：四川新闻网。
② 《"双灵固本散"还在造假　5 年违法 800 多次》，http：//health.sohu.com/20070109/n247509759.shtml。
③ 《中华灵芝宝，是神话还是骗局》，《中华工商时报》2002 年 10 月 11 日。

和国消费者权益保护法》第 49 条，应承担购药价款的双倍的赔偿责任；被告山东省《××晚报》应知这是虚假广告仍予发布，应承担连带责任。刘某原本希望通过这场官司，可以引起社会各界对中华灵芝宝虚假宣传问题的重视，但令刘某尤感失望的是 "官司胜诉后，报纸、电视上还有类似的广告"。[①] 据新华社报道："3 年被罚近 70 次，抗癌神药双灵固本散还骗人。" 据国家药监局 2005 年第 1 期《违法药品公告汇总》（总第 25期）抽查公示：该产品违法（"禁止在大众媒体发布广告"）达 33 次，涉及 15 省市的 19 家纸质媒体。[②] 2004 年 9 月 "人民网" 有 "绿谷足迹——双灵固本散（原中华灵芝宝）大事记"[③] 的专题介绍，强调该药品是"联合国选定第一个抗癌中药"（见图 2 – 9）。2006 年 9 月 "绿谷生命"在中央电视台做 "绿谷生命形象" 主题的广告宣传④（见表 2 – 2）。

图 2 – 9　绿谷足迹——双灵固本散（原中华灵芝宝）大事记

---

① 《揭穿 "中华灵芝宝" 四大骗招》，2002 年 05 月 30 日《南方周末》（社会版）第 955 期。
② 中华人民共和国食品药品监督管理局网站。
③ http：//www. people. cn/GB/14739/22109/37630/37634/2782795. html。
④ 资料来源：上海绿谷集团网站。

表 2 - 2   "绿谷生命"中央电视台广告投放预播单（060918 - 060930）

播出媒体:中国中央电视台	送播单位:北京中视天晴阳光广告有限公司
广告主题:绿谷生命形象篇	日期:2006 年 9 月 18 ~ 30 日
频道:中央 2、3、10 套	播放周期:第二十五、二十六周

日　　期	星期	频　　道	时间段	栏　　目	长度
2006 - 09 - 18	一	中央 2 套经济频道	09:30 ~ 09:40	《2006 激情夏日美味中国》	15 秒
2006 - 09 - 18		中央 2 套经济频道	14:30 ~ 14:40	《经济半小时》	15 秒
2006 - 09 - 18		中央 2 套经济频道	15:20 ~ 15:30	《为您服务》	15 秒
2006 - 09 - 19	二	中央 2 套经济频道	01:10 ~ 01:20	《经济信息联播》	15 秒
2006 - 09 - 19		中央 2 套经济频道	01:55 ~ 02:00	《中国财经报道》	15 秒
2006 - 09 - 19		中央 2 套经济频道	10:50 ~ 11:05	《欢乐家庭》	15 秒
2006 - 09 - 19		中央 2 套经济频道	11:40 ~ 11:50	《全球资讯榜》	15 秒
2006 - 09 - 20	三	中央 2 套经济频道	10:40 ~ 11:00	《健康之路》	15 秒
2006 - 09 - 21	四	中央 10 套科教频道	16:15 ~ 16:30	《健康之路》	15 秒
2006 - 09 - 25	一	中央 3 套综艺频道	19:20 ~ 19:30	《国际艺苑》	15 秒
2006 - 09 - 26	二	中央 3 套综艺频道	06:50 ~ 07:00	《快乐驿站》	15 秒
2006 - 09 - 26		中央 3 套综艺频道	16:30 ~ 16:40	《电视剧》	15 秒
2006 - 09 - 26		中央 3 套综艺频道	19:20 ~ 19:30	《神州大舞台》	15 秒
2006 - 09 - 27	三	中央 3 套综艺频道	06:50 ~ 07:30	《快乐驿站》	15 秒
2006 - 09 - 27		中央 3 套综艺频道	16:30 ~ 16:40	《电视剧》	15 秒
2006 - 09 - 27		中央 3 套综艺频道	19:20 ~ 19:30	《新视听》	15 秒
2006 - 09 - 28	四	中央 3 套综艺频道	07:20 ~ 07:30	《电视剧》	15 秒
2006 - 09 - 28		中央 3 套综艺频道	16:30 ~ 16:40	《电视剧》	15 秒
2006 - 09 - 28		中央 3 套综艺频道	19:20 ~ 19:30	《演艺竞技场》	15 秒
2006 - 09 - 29	五	中央 3 套综艺频道	07:20 ~ 07:30	《电视剧》	15 秒
2006 - 09 - 29		中央 3 套综艺频道	16:30 ~ 16:40	《电视剧》	15 秒
2006 - 09 - 29		中央 3 套综艺频道	19:20 ~ 19:30	《同一首歌》	15 秒
2006 - 09 - 30	六	中央 3 套综艺频道	06:50 ~ 07:00	《文化访谈录》	15 秒
2006 - 09 - 30		中央 3 套综艺频道	16:30 ~ 16:40	《电视剧》	15 秒
2006 - 09 - 30		中央 3 套综艺频道	19:20 ~ 19:30	《星光大道》	15 秒

中央电视台 CCTV——2、3、10 套　总播出 25 次

备注	遇央视调整栏目及时间,按调整后执行; 从 9 月 4 日起 CCTV——3 部分栏目及时间将改版,因此原计划的播出时间有所微调; 详细播出时间以《中国电视报》为准。

目前集团在央视广告播出主要有两种形式。

一、随固定栏目播出。

《朝闻天下》,中央 1 套 7:00;

《经济半小时》,中央 2 套 21:30;

《今晚》,每周一至周四晚间 22:25 首播,次日凌晨 1:00、下午 16:15 重播两次;周五晚 23:35 首播。

二、非固定时间的广告套餐。这个由代理公司每周提前 2 天左右给我们一周的预播单。

一些主流强势媒体我行我素地为广告主利益做对舆论不认可的违法广告，"珍奥核酸"广告就是一个典型的案例。

> 2005 年年初的春节晚会播出了"珍奥核酸"的广告。核酸在几年以前已经被定性了，是没有滋补效果的。核糖营养在美国曾经四次被诉诸法庭，但四次的结果都是一样，这是商业欺诈。20 世纪 90 年代在中国出现，被批驳，后来没有了，但今年又出来了。恐怕这个广告给了中央台不少钱。更具讽刺意味的是，这个广告竟然在"3·15"晚会上也出现了。而且是"3·15"的标志产品。①

核糖营养品在"20 世纪 90 年代在中国出现，被批驳，后来没有了"。"珍奥核酸"在 2001 年左右的新闻皆为负面报道，有关媒体进行了充分揭露。② 2004 ~ 2005 年"珍奥核酸"在全国性大媒体上大做广告，媒体对"珍奥核酸"的报道是正面报道。在中央电视台春节晚会的一个小品中，演员拿着写着"珍奥核酸"四个大字的纸袋上场。在元宵晚会上，中央电视台举办"珍奥核酸杯我最喜爱的演员和节目"的评选。"珍奥核酸"广告主成了中央电视台 2005 年"3·15"打假晚会的赞助商，"珍奥核酸"成为当年"3·15"的标志产品。"珍奥核酸"取得了很好的传播效应与广告效果。

据笔者在对熟悉业界情况的陈刚教授采访时，③ 陈刚教授坦言："珍奥核酸这个广告主给了中央台不少钱，这是肯定的。市场经济条件下的商业广告不会有义务宣传，中央电视台也是如此。""这种情形在媒体可能普遍存在"。他还提到 2006 年某洋品牌的问题，他认为"该洋品牌在某电视台投放了大量广告，在该洋品牌危难之际，某电视台提供很大帮助，

---

① 李彬等：《清华新闻传播学前沿讲座录》，清华大学出版社，2006，第 47 页。
② 《珍奥核酸：招摇行骗九年揭密》，中国医药企业网，更新时间：2006 - 8 - 22 13：44：42。
③ 笔者对北京大学新闻与传播学院副院长陈刚教授的采访，时间：2006 年 10 月 1 日下午，地点：北京大学新闻与传播学院陈刚教授办公室。

免遭了像保洁 SK – Ⅱ、雀巢等一样的灭顶之灾"。他认为"如果广告主没有在某媒体投放广告，某媒体一般情况下保持比较中立的立场报道，甚至跟风。如果是他的广告客户，该媒体在一般情况下，尽量沉默，避免报道该广告客户"。由此可见，广告主享有在其做广告的媒体上不被曝光的特权。

第四节 企业广告主借助政府力量影响与控制大众媒体

一 政府成为广告主依托力量的原因：对某地宣传部干部访谈的话语分析

广告主影响和控制大众媒体的手段与方式多种多样，既有公共关系、广告等直接方式，也包括借助其他力量如政府的力量来影响和控制大众媒体。政府对企业或传媒来说存在三种模式：权威主义型政府、关系依存型政府与规则依存型政府。三种模式各有优劣长短。① 权威主义型政府对企业或传媒有极大的管理权，有很强的宏观掌控与资源分配的能力。关系依存型政府在企业或媒体中有非常重要的利益关联，相互依存度较高。规则依存型政府与企业或传媒之间相互独立性较强，企业或传媒有较多的能力与政府博弈。当今中国的政府角色和职能正处在一个转型期，政府与企业、政府与传媒的关系相对比较复杂。政府与企业的相互依存关系随着计划经济解体，权威主义型政府应该退出历史舞台。现在的政府在相互关系中应该是依存型政府与规则依存型政府，在社会主义市场经济发展和完善过程中，在中国特有的人情社会里关系依存型政府模式占主导地位。从媒体与政府关系来看，政府与传媒的关系是权威主义型和关系依存型两种模式并存，也就是说，政府对传媒既有较强的管理能力，又与媒体有很强的利益关联。这三者之间的关系模式为广告主（企业）借助政府影响和控制媒体提供了非常大的操作空间。

---

① 刘年辉：《中国报业集团核心竞争力研究》，清华大学博士后研究报告，2006 年 10 月。

下面是笔者跟某地宣传部某同志聊天的交谈纪要。①

　　我们地方政府要求所属的各级党政部门每年完成多少招商引资的任务，这是（考核的）硬指标。而且是根据各部门的地位强势程度分摊招商引资的任务。即使我们管理新闻媒体的党的宣传部门同样如此。我们部每年就有上千万的任务。

　　（当笔者问道如果完不成，怎么办？他笑着说）完成了有奖金，完不成没提升。完成，一是通过各种关系，还有通过领导自身能量，许多部门一般情况下还是能够完成的，但也够头痛。因此对企业的保护，也是自己利益的最大体现，也是对经济发展的一大贡献。所以诸多政府部门给企业挂牌保护，授予什么重要"保护单位"。每个招商引资者都比较注意自己的一亩三分地，每个部门都能为自己一亩三分地提供一些力所能及的支持或保护。

　　（当笔者问道，在媒体做过广告，媒体对企业可能碍情面，但其他媒体，尤其是中央级媒体、海外媒体未必买账）他认为很多企业有一定问题，我们必须依法管理企业，规范企业行为。至于企业做广告，有利于推销自己，但仅仅做广告不能解决问题。企业，尤其是国有企业对自己的宣传不如借助政府出面，提高自己的产业地位。企业遇到麻烦，依托政府或政府出面解决，会比企业自己出面解决问题好得多。我们作了一个产业名城发布会。这是提升我们城市品位的一个举措。我们政府各个部门都广泛参与。而且邀请中央、香港、地方的相关媒体参加了。邀请媒体主要是联络感情，建立关系，为经济发展提供一个较好的舆论环境。由于他们权威，其时段或版面未必都对我们加以报道，也未必能够报道什么。我们基本上都准备了稿子，改改就行了。以后不要报道我们的负面新闻就是了，尤其是内参之类的。在省内报道我们的负面新闻，我们摆平没有问题，政府相关部门出面就行了。在中央级相关媒体，我们这个产业投放了不少广告。如果有

_____

①　专访，时间：2006 年 6 月，地点：湖南省某市某酒店。笔者根据谈话内容整理。

问题，我们可以通过上一级部门或驻京办等关系加以沟通，尽量协商解决。人都是生活在关系之中，谁也离不开关系。我想，媒体也是一样；只要有关键的关系，媒体会理顺关系的。何况媒体是党和政府的，我们的国有企业难道就不是党和政府的?!

（笔者问，关系是不是很重要）他说，马克思说过，"人是一切社会关系的总和"。在中国这样一个国家必须把握好马克思这句话的精髓，尤其在中国内地，处理和利用好同乡、同学、朋友、亲戚、上下级等关系极为重要，关系在某种程度上是生产力。作企业也是如此，作为政府发展经济同样应该处理好、利用好各种关系。

在市场经济条件下，政府与企业关系的理想模式是规则依存型模式，也就是说，政府为企业的发展提供了一个完善的政策法规系统，引导市场建立良性发展的竞争法则，规范企业的不良行为。然而，我们的现实如上述访谈所透露的信息，政府处于自身利益的考量，如 GDP 综合征，为了追求地方经济发展，主要官员追求政绩，搞形象工程，以致对企业的运作介入较深，必然为企业提供种种便利，如相关职能部门给企业挂"保护"牌。为了吸引投资，地方政府给所属职能部门下达招商引资任务指标，而所属职能部门为了完成招商引资任务，不得不承诺给企业诸多照顾。作为行政任务和业绩考核，地方政府相关部门或相关公务员引资必须要"筑巢引凤"，合法的可以做，非法的也存在，客观上会产生维护企业的政府行为。如上述直接管理媒体的党委宣传部门，如果它招商引资的企业出现负面事件的时候，当地媒体报道根本就不可能报道。该宣传部人士对招商引资的说法在当今中国可能是一种普遍的现象。这从侧面说明了在以经济建设为中心与市场经济不完善的环境下，政府承担了不该有的职能，有的甚至成为企业"保姆"，这恰是权威主义型政府的表现。

地方政府可以影响和控制该地的媒体，但是对驻在地方的中央级媒体和海外媒体等，地方政府只能间接影响，无法直接控制。为此政府出面通过寻求上级政府的支持或官员私人交往形成的关系解决。

二　政府压力下的媒体失语：对中国中央电视台停播报道某地 H 肠质量问题的案例评析

食品广告主是中国十大广告主之一。2005 年食品广告经营额为 136.97 亿元，为该年广告经营总额的 9.67%，是中国第二大广告主。2006 年食品广告经营额为 135.81 亿元，为该年广告经营总额的 8.63%，是中国第三大广告主。2007 年、2008 年仍是中国第三大广告主。2010 年食品广告经营额为 205.63 亿元，首次突破 200 亿元的大关，是中国第二大广告主。

食品虚假广告与违法广告仅次于药品、医疗服务与保健品的广告，如奶粉广告问题。同时，政府对食品业问题干预较多。本节通过典型案例描述违法食品商在政府的保护下导致强势媒体失语的情形。中央电视台《每周质量报告》栏目计划对某地 H 肠质量问题报道的被迫停播是该情形的一个典型案例。

某地 H 肠是某省的一个名牌产品，在全国都享有一定声誉，是该省对外创汇的一个重要商品，政府在 2007 年计划把它列入 "非物质遗产" 申请名录。

中央电视台《每周质量报告》栏目组通过调查发现某地 H 肠存在严重的质量问题，计划予以曝光。但是某地 H 肠产地的当地政府、宣传、企业等相关人士在确认该情况后，组织了一个强大的 "公关团"，当晚乘飞机进驻北京。该 "公关团" 运用了各种关系进行公关运作，对中央电视台与相关管理部门进行公关游说，说了撤掉该期《每周质量报告》的诸多理由，如媒体应该给予企业的整改机会，否则多年的形象就毁了；该品牌的质量问题如果报道，将会影响该产品的出口；媒体不能以一部分产品有质量问题而否定全部产品；创汇是一件不容易的事情，如果曝光会损害国家利益，多年积攒下来的创汇机遇会毁之一旦，等等。由于公关动员的各种力量对中央电视台施加影响，中央电视台被迫撤掉该期节目。该期节目停播引起了国内外舆论的关注，正如展江谈道："事情发展到了停播的程度，整个节目没有了，确实引起了海内外的关注。比如说台湾的媒体、香港的媒体，还有海外的一些媒体都报道了这件事情。大家都在猜是什么原因。"① 由于该节目停播，引起了境外一些媒体的无端猜测。该栏目为此向领导专门写了一个报告，希望以后适当处理类似事件，以免破坏党和国家的形象，以免损坏传媒公信力。该栏目尽管继续播出，但其舆论监督的锋芒有所削弱②，该节目品牌影响力有一定程度的下降。

中央电视台《每周质量报告》是一档非常有名的品牌栏目。该节目自 2003 年开播以来，比较受老百姓的追捧和观众的欢迎，是一档质量较高的电视品牌节目，展江称"《每周质量报告》是中国人嘴巴的守护神"。③ 该栏目某制片人在一个会议上曾开玩笑地说，该栏目一周播放一次，就毁灭中国一个品牌。如金华火腿等传统品牌，该节目曝光其产品质量问题后，在媒体构建的强大舆论压力之下，百年老字号的良好口碑遭遇空前的消费信任危机。

品牌是企业的生命，如 W. Ronald Lane 与 J. Thomas Russell 说："依靠品牌观念的形成，有效的广告……使厂方获得了新的控制方式"。④ 品牌在消费者、媒体、政府和社会具有"合法化—权威"地位。如果大众媒体报道其品牌的负面新闻等，在消费者群体中会失去合法性的认同，会使广告主失去话语权，使企业和地方利益受损。某地在处理 H 肠质量问题的危机中，在地方政府和企业的运作下，把《每周质量报告》对某地 H 肠负面新闻节目屏蔽，保住了该企业品牌。在地方的一个企业、一个产品与一个品牌，其所创造的价值不仅仅是媒体的广告收入，它可能是一个地方的创税大户，抑或是地方的经济增长点，或是官员的一项政绩。地方政

---

① 展江：《中国传媒舆论环境和舆论监督》，www. people. com. cn/GB/14677/35928/36353/3061815. html。

② 展江：《中国传媒舆论环境和舆论监督》，www. people. com. cn/GB/14677/35928/36353/3061815. html。

③ 展江：《中国传媒舆论环境和舆论监督》，www. people. com. cn/GB/14677/35928/36353/3061815. html。

④ W. Ronald Lane, J. Thomas Russell：《广告学》，宋学宝、翟艳玲译，清华大学出版社，2003，第 2 页。

府对某地 H 肠的保护是地方政府处于自身利益考量而不得已的行为，中央电视台停播某地 H 肠质量问题的事件是政府宏观权力场与潜规则这种微型权力相结合的一种产物。

一方面，地方政府为了发展地方经济或维护地方利益，过度重视 GDP 及其经济效益，在很大程度上只注重利用政府权力来保护企业利益，而忽视其他主体的权益。广告界与学术界的一位权威专家聊到此事时，他说："像你说的中央电视台停播某地 H 肠质量问题的事件与事例太多了，在中国实在是太多了。" 2008 年国家公布的涉及毒奶粉事件的企业明明是 22 家，而 9 月 17 日山东《烟台晚报》上公布的却只有 20 家。读者比较后发现，漏网的两家奶粉企业 "澳美多" 与 "磊磊"，正是烟台本地的企业。①

另一方面，地方政府使中央电视台停播某地 H 肠质量问题的事件是有效的公共关系，在不完善的市场经济语境下对地方产业品牌的保护在某种程度上是无可厚非的。但是，这种停播情形是一定生产关系衍生的一种特殊产物，也是中国暂时特有的一种政府管理企业的方式，客观上造成了法律法规的缺位与政府管理的错位，从长远来看是有害的，是不利于市场经济的发展与完善的。三鹿奶粉就是这样一个典型。

2007 年 12 月至 2008 年 8 月大半年时间中，三鹿集团公司收到中毒案例报告，但被隐瞒而未上报，当地政府对此视而不见。三鹿奶粉一方面在中央电视台等强势媒体与主流媒体上做广告新闻，《每周质量报告》栏目将三鹿奶粉作为 "中国制造" 的第一个强力宣传的品牌。另一方面受益于政府及其政策的保护。因此，地方政府承担责任，地方主要领导下台，企业破产被收购。

政府对市场中流通产品的质量检验方面做了大量工作，如不断进行什么评比与创优，"质量万里行"、"百城无假货" 等活动，"创" 中国名牌，实行名牌产品 "免检" 制等。但政府监管不力，在市场监管方面存在形式主义倾向，以致出现了诸多食品问题。2004 年，发生了震惊全国

---

① 马浩亮：《莫让媒体成为企业傀儡》，《大公报》2008 年 9 月 22 日。

的 "大头娃娃" 奶粉事件。其后，陆续曝光了南山奶粉、双汇火腿肠、金龙鱼油、福临门油等商品的各种质量问题，而且许多是 "中国名牌"、"国家免检产品"。温家宝总理 2008 年 9 月 30 日在答美国《科学》杂志主编布鲁斯·艾伯茨关于三鹿奶粉问题时深感痛心："问题出在企业，而政府负有责任。"①

第五节　利益相关者的利益分配是广告主影响和控制大众媒体的范式

广告主对广告话语权的构建是追求合法性的过程。合法性是一个政治学概念，指政治统治者依据传统或公认的准则而得到人民的认同与支持。合法性作为政治利益的表述，标志着它所证明的政治体制尽可能是正义的，人民大众是接受的。广告话语合法化过程是被消费者接受与认同的过程，而不是被媒体解构的结果。广告主在合法性的实现过程中，利益的分配与争夺自始至终是一个最重要的因素。因此，广告主必须与其他利益相关者充分形成利益关联，实现与利益相关者彼此的利益互动，才能保障实现广告主期待的消费认同与合法性。

中国大众媒体在改革开放过程中融入市场经济而成为独立法人，生存发展与竞争压力越来越大，而广告主的广告费是媒体生存和发展的资本。广告话语是广告主叙事的结果，而广告主的叙事是一种经济行为，广告主对反应单位的交往行为本质上是一种构建消费主义语境的市场行为。

Aaker David A.，Rajeev Batra，John G. Myers 认为，广告主是整个广告活动范畴的中心机构，他们的支付决定整个行业的规模。② "广告主作为市场经济中的一个主体角色" "处在广告流程行为中的原动地位并起决

---

① 《从深层次吸取三鹿奶粉事件的教训》，http：//www. leaders – re. com. cn/news. aspx？id = 2567&2008 – 10 – 31。

② Aaker David A.，Rajeev Batra，John G. Myers，*Advertising Management*. Printice Hall, Englewood Cliffs，New Jersey. 1996.

定性影响"。① 广告主作为媒体的主要客户是中介方（广告公司）和发布方（大众媒体）的"奶牛"，保证了媒体的发展和经济的繁荣，实现了政府、官员与广告公司等利益相关者的期待。

政府在改革开放过程中发展经济与解决民生问题必须靠财政税收，而财政税收依赖于生产者生产，消费者消费，政府成为企业与企业广告主的重大利益相关者。政府加强媒体管理与舆论引导，目的是使媒体与舆论为中国经济发展的大局服务。大众媒体是社会大环境社会化的主要组成部分，必然受到政府及其政策的影响，必然成为促进财政税收与为企业及其广告主服务的一颗"螺丝钉"。

在中国社会主义市场经济发展不完善和法制不健全的条件下，尤其在中国特有的人情社会里，生产者利用政府、官员及其亲属等权力资本为己谋私，中饱私囊，在中国已经不再是少有的现象。在披露的大案件中，凡是广告额比较高的行业与落马官员都有某种必然的联系。房地产业和医药业广告额经营额大，两大产业也成为政府官员违法犯罪的高发区，沈阳市"慕、马大案"、前上海市委书记陈良宇、前青岛市委书记杜世成均卷入了房地产业的违法犯罪，而前药监局长郑筱萸等卷入医药文号批准的违法犯罪。

企业广告主、媒体、政府、官员等变量相互成为彼此的利益相关者，形成利益的分配与争夺，都在不同程度地影响与控制大众媒体的态度与立场，使大众媒体为广告主广告话语的合法性构建作出合作态度，表现出屏蔽不利于广告主利益的新闻报道的舆论姿态。由此可见，大众媒体在采编和播放发行时不可避免地来自广告主尤其是大广告主所能够影响和控制的利益相关者的影响和控制（见图 2 - 10）。

一般来说，媒体的新闻报道出现利益相关者的利益干扰，必须经过中介变量"生存和发展"等重要因素的把关，所以形成了"利益相关者干扰下的中介变量影响自变量大众媒体的态度"的传播模式（见图 2 - 11）。

---

① 　傅石林：《广告主及其组织的地位和作用》，《中国广告》2000 年第 2 期。

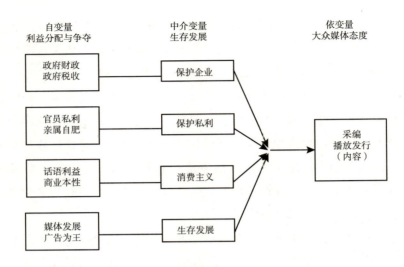

**图 2－10　利益的分配与争夺（自变量）是广告主影响和
控制大众媒体的范式**

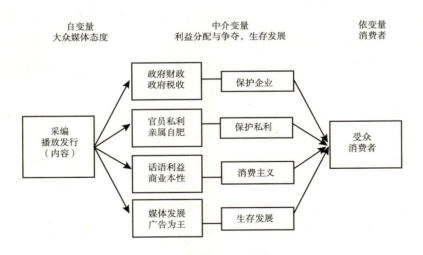

**图 2－11　利益相关者干扰下的中介变量影响
自变量大众媒体的态度**

第三章
大众媒体为广告主实现广告话语权

　　"每个体制的根本合理性，是由可使全体社会达成妥协的、精心设计的媒介加以确定的"。① 大众媒体的新闻报道已成为我们生活的一部分，"它不是一种奢侈品，也不是一种消遣，而是人类意识的一种无限延伸和扩充"。② 大众媒体如何使体制具有"根本合理性"，如何使"全体社会达成妥协"，如何"精心设计"，如何实现"人类意识的一种无限延伸和扩充"，主要在于多种因素影响大众媒体的新闻报道。根据 Shoemaker 和 Reese 对美国多种因素对大众媒体影响的情况研究，③ 得出影响大众媒体报道内容的因素有五种情形的结论：

　　1. 来自媒介工作者个人的影响，如新闻工作者的背景和人口特征；个人态度、价值观和信仰；职业角色；媒介工作者处理信息的认知偏差；媒介组织、新闻来源、社会结构、社会文化和工作常规等的制约；

　　2. 来自媒介常规的影响，如受众因素、媒介组织因素、信息来源因素；

　　3. 来自媒介机构的影响，如媒介组织目标、媒介组织结构对媒介内

---

① Herbert I. Schiller：《思想管理者》，王怡红译，远流出版事业股份有限公司，1996，第 12 页。

② Bernard Roshco：《制作新闻》，姜雪影译，远流出版事业股份有限公司，1994（民 83），第 6 页。

③ Shoemaker P. J. & Reese S. D., *Mediating the Message*：*Theories of Influences on Mass MediaContent*, Sencond Edition, Longman Pubishers USA, 1996。参见刘晓红、卜卫：《大众传播心理研究》，中国广播电视出版社，2001，第 31～62 页。

容的影响；

4. 来自媒介机构以外因素的影响，如信息来源（个人及官方、特殊利益集团等）、利润来源（广告商和受众）以及其他机构（政府控制、市场、经济环境、技术）等；

5. 意识形态和文化的影响。

五个因素是微观至宏观的层次构建，其中 4 和 5 对大众媒体的新闻报道内容有较大的影响。① 本章试运用 Shoemaker 和 Reese 的研究结论来分析、阐释与解读自改革开放以来的中国大众媒体是如何为广告主实现广告话语权的。

第一节　大众媒体“意识形态和文化”的角色转变

自新中国成立以来，中国共产党领导下的新中国的国家性质与意识形态决定了大众媒体在社会中的地位与角色，影响和决定了媒体结构和媒体工作者行为模式，决定了媒体工作的常规和程式。

新中国成立伊始，政府为了缓解财政支出的沉重压力，新闻出版总署决定报纸实现企业化经营的方针，中宣部发布的《关于报纸实行企业化经营情况通报》肯定报纸企业化经营的成效。报纸积极推行企业化经营，并取得一定成绩。② 同时，报纸刊物和通讯社等大众媒体是阶级斗争的工具的观念定性抑制了大众媒体的经济属性，私营媒体在新的历史条件下从业务与经营管理面临难以适用的困难。到 1951 年 8 月，原有的 55 家私营报纸只剩下 25 家，到 1953 年年初全部实现了公私合营。1952 年，全国34 家私营广播电台的社会主义改造全部完成，全部实现公营。③ 大众媒体构成发生显著变化，党报、工会和共青团等国营报纸与国有媒体为大众媒

---

① Shoemaker P. J. & Reese S. D. , *Mediating the Message*：*Theories of Influences on Mass Media Content*, Sencond Edition, Longman Pubishers USA，第 60 页。

② 唐绪军：《报业经济与报业经营》，新华出版社，1999，第 108 ~ 109 页。

③ 方汉奇、张之奇：《中国新闻事业简史》，中国人民大学出版社，1995，第 389 ~ 390 页。

体的主体。1957 年毛泽东主席说："在社会主义国家，报纸是社会主义经济即公有制基础上的计划经济通过新闻手段的反映。"① 大众媒体都属于国家所有，没有私营与公私合营的大众媒体，媒体工作者都是国家工作人员，拿国家发的工资，大众媒体的日常开支由国家财政拨付，"公款办报，公款订报"发行模式逐步形成，大众媒体的商品属性逐渐萎缩。反"右"、大跃进与"文化大革命"，一方面广大媒体充当了政治的号角与传声筒，另一方面大众媒体数量大降。1967 年中国大陆约有 700 家报纸，到 1970 年，全国报纸仅剩 42 家。各种杂志绝大部分停刊。这正如梁衡在《新中国新闻事业 50 年》一书中所评："这个时期，报纸已失去了个性，几乎只剩下了政治属性（而且也是片面的）；从功能上讲，只剩下了政治宣传功能，并且这种功能也被极端化了。报纸成了林彪、'四人帮'集团对人民实现专政的工具，被少数人操纵和利用，失去了广大读者。"② 大众媒体纯粹成了意识形态的工具，几乎所有的广告业务都被看成"资本主义的生意经"而被明令禁止，被扫进"历史的垃圾堆"。商业广告在"宁要社会主义的草，不要资本主义的苗"的大环境中，在政治高于一切的大气候下，来自媒介机构以外因素的影响已经消失。在社会主义计划经济体制下，媒体的生产与消费全部在计划之中，报纸多为派购、公费订阅，对大众媒体的消费基本上无自费市场，广告失去了存在的价值。这正如黄升民教授在《中国广告业的消失和复兴——中国广告产业的重要转折》一文中说："广告市场的消失，不单由于政治运动的冲击和批判，更主要的应该归因于中国的经济体制。"③

新的历史条件的变革、意识形态的松绑与社会经济的逐步转型为大众媒体指明了发展方向，为新闻业与广告业的发展与繁荣提供了新源泉与新动力。十一届三中全会拨乱反正预示一个新的历史时代来临。十一届六中全会通过《关于建国以来党的若干历史问题的决议》，全会决议指出：

---

① 丁柏铨：《中国当代理论新闻学》，复旦大学出版社，2002，第 55 页。
② 中国社会科学院新闻与传播研究所：《中国新闻年鉴》（2000 年），中国新闻年鉴社，2000。
③ 陈韬文、朱立、潘忠党主编《大众传播与市场经济》，炉峰学会，1997，第 352 页。

"必须在公有制基础上实行计划经济，同时发挥市场调节的辅助作用。"
1982 年 9 月，党的十二大通过了"计划经济为主，市场调节为辅"的原
则。1984 年 10 月，十二届三中全会提出"有计划的商品经济"，《中共中
央关于经济体制改革的决定》指出：改革是当前中国形势发展的迫切需
要，改革是为了建立有生机的社会主义经济体制，经济体制改革的中心环
节是增强企业活力；强调建立自觉运用价值规律的计划体制，发展社会主
义商品经济，建立合理的价格体系，充分重视经济杠杆的作用。1987 年
10 月，党的十三大提出"国家调节市场，市场引导企业的机制"。1992
年邓小平南方谈话为社会主义市场经济建设确立了发展方针与前进方向。

改革开放的国策、实事求是的理念、解放思想的立场与市场经济的确
立为大众媒体角色的转型提供了历史机遇。新闻媒体是纯意识形态的观念
和社会舆论斗争机器逐步转到为社会主义经济建设服务的轨道上。1992
年 6 月，中共中央、国务院发布《关于加强第三产业的决定》。《决定》
指出，"随着经济的发展与收入的提高，人民群众不仅在衣、食、住、
行、通讯、卫生和生活环境等物质的各个方面提出了更多、更高的要求，
而且在文化娱乐、广播影视、图书出版、体育康复、旅游等精神方面也提
出了更多、更高的要求。只有加快发展第三产业，才能适应人民群众日益
增长的物质和文化生活的需要，促进社会主义物质文明和精神文明建
设"。《决定》认为，大众媒体是精神文明建设的一部分，是传播精神产
品的载体，与文化娱乐、体育康复、旅游等一样，是占有十分重要地位的
一种产业，是属于第三产业。同年国务院办公厅出版的《重大战略决策
——加快发展第三产业》明确使用"文化产业"的说法，是政府主管部
门第一次使用"文化产业"概念。1999 年文化产业第一次纳入国家发展
的政策视野。报纸与广播电视等大众媒体是属于文化产业中的信息产业。

"在我们这样一个特定的制度环境中，文化产业除了具有一般产业属
性以外，还具有某些特殊的社会和意识形态属性"。① 我国第一本《文化

---

① 江蓝生、谢绳武：《2001～2002 年：中国文化产业发展报告》（文化蓝皮书），社会科学
文献出版社，2002，第 2 页。

蓝皮书》根据文化产业的内涵与外延，把新闻出版、广播影视、网络等看做文化行业的主体或核心行业，把广告业和咨询业等看做是文化产业成功开拓的边境。[①] 传媒业与广告业在"意识形态和文化"要素中逐步获得了合法性的产业"执照"。十七届六中全会明确指出，"加快发展文化产业、推动文化产业成为国民经济支柱性产业"，传媒业与广告业作为文化产业的重要组成部分，已成为国家重点支持与发展的产业。"十二五"现代服务业发展规划提出广告业发展的目标、任务、重大工程以及保护措施。国家发改委第9号令施行的《产业结构调整指导目录》（2011年6月1日实施），把"广告创意、广告策划、广告设计、广告制作"列为鼓励类产业。这是广告业第一次享受国家鼓励类政策，为中国广告业发展提供了政策支持与进一步的发展空间。国家工商总局在北京、上海、长沙等地确立十个全国性的国家级广告产业示范区。地方政府也积极推进广告产业发展。如上海市提出：力争2015年把上海建设成为亚太地区的广告创意设计中心、广告资源交易中心、广告人才培养中心、广告科技创新基地与跨国广告企业总部基地。

第二节　媒体机构角色的结构转型

"媒体机构"是指在改革开放新时期的大众媒体，主要是报纸、杂志、电视和互联网等大众媒体。本节主要从历时性的角度阐释我国大众媒体角色结构转型，大众媒体的卖方市场转变为买方市场，而广告市场由买方市场变为卖方市场，主导大众媒体的话语权主体由此发生转变。

一　大众媒体的卖方市场时期（1978~1991年），媒体主导传媒话语权

1978年年底，《人民日报》等7家首都报纸，经财政部批准实行"行政事业单位，企业化经营管理"。从此，"事业单位、企业化管理"的办

[①] 江蓝生、谢绳武：《2001~2002年：中国文化产业发展报告》（文化蓝皮书），社会科学文献出版社，2002，第3页。

报模式开始取代传统的机关报办报模式，报业逐步走上了"独立核算、盈余留用"的企业经营道路，是报业等大众媒体开始走向市场化的标志。媒体"自主经营、自负盈亏、照章纳税"的商业原则使大众媒体成为市场中的独立法人，大众媒体企业化逐步走向成熟，中国媒体数量与发行剧增。1978 年全国有 186 家报纸。1984 年 1014 家，突破 1000 家。1985 年 1445 家，印数达 202.81 亿份，突破 200 亿。1991 年 1514 家，印数达 213.06 亿份。①

　　1979 年 1 月 14 日，上海《文汇报》第二版"杂谈"发表丁允朋的《为广告正名》一文，提出了"社会主义的报刊，不应成为刊登工商广告的禁区"的观点，重申了 1959 年 9 月《人民日报》一篇短评《提高广告的思想性和艺术性》的立场。②《为广告正名》一文认为，"有必要把广告当作促进内、外贸易，改善经营管理的一门学问对待"；"我们应该运用广告给人们以知识和方便，沟通和密切群众与产销部门之间的关系"；"广告也是一门具有广泛群众性的艺术，优秀的广告可以美化人民的城市，令人赏心悦目"。该文第一次为新时期的广告的合法性进行辩护，扭转了以前人们认为广告是"摆噱头、吹牛皮，资本主义生意经"的观点，引导人们重新认识广告在市场中的地位和作用，拉开了大众媒体改革与广告大发展的序幕。春江水暖鸭先知，天津、上海、北京等地区的媒体与企业最先领悟到改革开放的春天气息，于是商业广告如东方风来满眼春。1979 年 1 月 4 日，《天津日报》刊登了天津蓝天牌牙膏广告，是中国大陆广告沉寂十几年以来的第一条广告。1 月 28 日，上海《解放日报》刊登两条通栏广告。4 月 17 日，《人民日报》开始登广告。1 月 28 日下午上海电视台播出"上海电视台即日受理广告业务"的中国首条电视广告，还播发了我国电视台的第一条电视广告"参桂补酒"。11 月，中宣部批准新闻单位可以承办广告。12 月中央电视台分别在两套节目中播出广告，每天 5 分钟。同年，第一家广告公司——北京广告艺术公司成立。

---

① 中国社会科学院新闻与传播研究所：《中国新闻年鉴》（2005 年），中国新闻年鉴社，2005。
② 《人民日报》1959 年 9 月 7 日，第 3 版。

　　意识形态和文化的变化对媒体机构产生影响，媒体机构以外的因素对媒介机构产生了变化与促进作用。生产力与生产关系的解放使广告主尝到了做广告的甜头而大做广告，以致平面媒体版面与广播电视时段存在严重不足的情况。1986 年，上海《新民晚报》为了缓解报纸广告版面供不应求的局面，率先扩至四开八版。1987 ~ 1988 年，《广州日报》、《天津日报》、《解放日报》由对开四版扩成八版。1987 年新闻出版总署发文规定："各类报纸一律不要增版扩版、缩短刊期。" 1989 年严令 "各省、自治区、直辖市省会城市、计划单列城市……的党委机关报，原开版可不变……其他报纸不得超过四开四版"。20 世纪 80 年代至 90 年代初期，媒体仍然是卖方市场，广告市场是买方市场。客户要在公信力强的主流媒体与强势媒体如《新民晚报》、《北京晚报》、中央电视台上登广告，往往要排队等上几个月。20 世纪 90 年代初，中央电视台广告部主任一个礼拜可以收到一叠要求播放广告时段的批条，而那些写批条的人没有一个是得罪得起的。甚至到 1994 年春天，一官员给中央电视台台长杨伟光一张批条，要他播出某企业 5 秒钟的广告。杨台长阅后给原中央电视台广告部主任谭希松批示道："看来这一时段的招标是势在必行了，否则，我们很难处理各种关系。"① 中央电视台的广告招标就是在媒体资源非常稀缺的条件下才鸣锣开张的。

　　"忽如一夜春风来，千树万树梨花开"。随着政治气候的好转，广告政策的进一步放开，广告法律法规的完善，广告产业突飞猛进发展。自 1979 年以来，广告业以 40% 以上递增率持续增长。② 千金散尽还复来，广告主通过在媒体做广告尝到了甜头。大多数国人虽然对作为新生事物的广告有某种天然性排斥，但是对大众媒体的信任度极高，以致视广告如同媒体新闻一样给予信任。学界业界为此进行了讨论，一部分人认同广告新闻。《"广告新闻化" 好》③ 与《"新闻广告化" 不好》④ 等文章认为，在广告版面不足、广告时段少而媒体无法满足广告蓬勃发展的情况下，新闻

---

① 寇非：《广告・中国 （1979 ~ 2003）》，中国工商出版社，2003，第 125 页。
② 方汉奇、张之奇：《中国新闻事业简史》，中国人民大学出版社，1995，第 496 页。
③ 《新闻战线》1983 年第 9 期。
④ 《新闻战线》1983 年第 11 期。

广告或广告新闻被我国一些新闻工作者作为一种创新的新闻文体提出，其特点是广告可以通过新闻报道来实现，"新闻广告"或"广告新闻"是新闻的一种表现形式；"新闻广告"或"广告新闻"一般都收费，收费标准与广告收费标准相比或高或低，是有偿新闻。"所谓新闻广告化，即是搞广告性的新闻节目。""所谓广告新闻化，指的是有的企业不愿花钱做广告，通过记者和把关人用新闻的形式去做宣传，达到一定的广告效应。"① 这种现象 1984 年下半年在《辽宁日报》、《人民日报》等媒体蔓延开来。邢世良《广告新闻要肯定，社会主义方向不能偏》认为：随着商品流通加大，新闻与广告满足不了社会需要，"因此，近半年来一些报纸在新闻改革中创出了以新闻形式宣传广告内容的'广告新闻'。这种具有新闻和广告的双重优点的信息传播新手段一经出现，就引起了新闻界同行们的注意，虽然反映不一，但从客观效果及其发展趋势看，对广告新闻这一新的传播信息手段是应予肯定的"。② 康洪《广告新闻之我见》③ 认为：广告新闻是商品生产兴盛的必然产物；广告新闻促进生产；广告新闻是一种新的新闻文体，因此强调"生怕登载广告新闻会改变社会主义办报方向"是无稽之谈。王风《应为广告新闻正位》认为：广告是"社会主义新闻事业的一部分"；广告新闻具有新闻的基本要素；广告新闻的基本属性仍是广告，不能纳入新闻范畴，只要标有"广告新闻"，所占比例适当，位置合适，就可以解决面临当时广告新闻存在的合法性问题。④ 80 年代后期在学界业界对广告新闻还在进行讨论。⑤

　　企业通过硬广告与软广告获得了经济效益与社会效益，树立了品牌，扩大了影响力。涪陵药厂在 20 世纪 80 年代中期几近倒闭，厂长白礼西经过深思熟虑后，在重庆电视台为其产品补肾防喘片播放了一个现在看起来

---

① 马育明：《新闻广告化和广告新闻化可以休矣》，《中国广播电视学刊》1996 年第 12 期。
② 《新闻学刊》1985 年第 1 期。
③ 《新闻学刊》1985 年第 1 期。
④ 《新闻学刊》1985 年第 2 期。
⑤ 小溪：《新闻乎？广告乎？》，《当代传播》1987 年第 5 期；杜小明：《广告与新闻关系试析》，《当代传播》1988 年第 5 期；卢根祥：《新闻、广告差异性简析》，《当代传播》1989 年第 6 期；钱绍昌：《新闻与广告》，《新闻记者》1989 年第 1 期。

非常简陋的广告。从此补肾防喘片声名大起，产品供不应求。1986 年该产品收入达 117 万，濒临破产的药厂终于起死回生。① 1989 年 3 月 7 日上海市第一百货商店租用《解放日报》一个整版，将自己店庆图形以广告的形式首次亮相，并同版预告了次日妇女节的展销服务项目，广告效果非常好。3 月 8 日，该店零售额创下了日销 378 万元的行业历史最高纪录。从这天起，该店在各种报纸上发布企业广告、公关广告、销售广告，该店在消费疲软的 1989 年创下了全年销售 7 亿元的全国新纪录。②

　　媒介机构在确立媒体的卖方市场上功不可没。一方面，媒体是广告的载体，实现了产品与消费者的沟通。另一方面，媒体在中国社会转型期充当了解放思想的号角，客观上为广告发展解除了思想域限。前者一般人都能理解与明白，而后者可以说是在中国社会转型期的一个特色，抑或是中国社会发展的一个必然过程，也是媒体自身发展的必然体现。1984 年 3 月 24 日《福建日报》发表来信《五十五名厂长经理呼吁：请给我们"松绑"》，1987 年六七月间，《经济日报》组织的"关广梅现象"的讨论，都起了解放思想的重大作用，客观上如润滑剂般促进了广告发展。大众媒体获得发展动力，广告在市场经济发展中获得活力。

　　消费者在市场语境中对媒体具有高信任度与高认同感，大众媒体利用自己的资源优势，在"利益冲突"范式中形成卖方市场，具有影响行为单位即广告主与广告公司的能力，成为影响广告主行为方式的主要决定者，形成了大众媒体的"合法化—权威"。因此，广告主很难充当市场行为控制者的角色，大众媒体牢牢把握媒介话语权。

二　广告主的卖方市场：社会主义市场经济下大众媒体的角色转变（1992 年至今）

　　邓小平南方谈话如春风吹拂神州大地，解放思想与改革开放成为时代

---

① 田文生：《白礼西：三峡雄鹰飞出的轨迹叫奇迹》，《中国青年报》2005 年 12 月 20 日，第 9 版。
② 耿默：《公关意识与 CI 理论的结合——上海市第一百货商店店庆宣传策划实践的体会》，《中国广告》1991 年第 1 期。

发展的主旋律。1993 年 11 月，中共十四大出台《中共中央关于建立社会主义市场经济体制若干问题的决定》，确立在中国全面建立社会主义市场经济的制度，媒体获得大发展的机遇。在社会主义计划经济向社会主义市场经济转型期间，媒体数量有很大增加。据统计，1978～1996 年 18 年间几乎平均每 3 天就诞生一张新的报纸，品种也日趋丰富多样。① 1993 年全国广播电台达 500 座，是 1978 年的 5 倍。电视台 614 座，是 1978 年的 19.2 倍。② 报纸种类、印张数目大有增长。1992 年有 1666 家，总印数为 264.29 亿份。1994 年有 1935 家，总印数达 310.75 亿份，突破 300 亿份。1998 年有 2038 家，突破 2000 家。2004 年有 1922 家，总印数达 402.40 亿份，突破 400 亿份。③

20 世纪 90 年代初晚报热兴起，90 年代中后期都市报异军突起，各类报纸根据受众要求纷纷面世，可谓百花齐放，百舸争流。为了更好地适用社会主义市场经济的发展，满足广大广告主的要求，推出"周末版"、不断进行"扩版"、"改版"，报纸由此掀起了自 1949 年以来第一次以提高广告收入为目标的全国性的增长扩版热。1992 年全国共有 128 家报纸扩版，小报改大报，4 版扩 8 版、12 版。1992 年元旦，《广州日报》率先拉开扩版热潮的序幕，破天荒地扩为每天 12 版，成为当时版面最多的日报，12 月，扩为每天 16 版。1995 年《广州日报》又扩为 20 版至 24 版。《经济日报》每周三、周六开始设置增版。1993 年《解放日报》、《深圳特区报》扩为对开 12 版。1994 年，全国 150 多家报纸扩版增刊，仅北京就有 46 家。1995 年，《人民日报》扩为 12 版，华东版为 16 版。90 年代中后期，又出现报纸"扩版潮"。《北京青年报》从每周 96 版扩至 132 版，《精品购物指南》1992 年 12 月创版时只有 8 版，从 1998 年 9 月起，每周三扩至 88 版，周五扩至 100 版。《南方都市报》1997 年创刊时为 16 版，1998 年扩至 24 版，1999 年扩至 32 版，2000 年扩至 48～72 版。21 世纪

---

① 唐绪军：《报业经济与报业经营》，新华出版社，1999，第 172 页。
② 方汉奇、张之奇：《中国新闻事业简史》，中国人民大学出版社，1995，第 388～389 页。
③ 中国社会科学院新闻与传播研究所：《中国新闻年鉴》（1993、1995、1999、2005），中国新闻年鉴社，1993、1995、1999、2005。

初报纸"扩版潮"再一次爆发。2005 年 9 月 25 日，《计算机世界》推出纪念该刊 20 周年的纪念特刊，整整出了 550 版，其中 70% 是广告版面，当期广告营业额达到 1000 余万元人民币。[①] 2003 年《羊城晚报》集团的主报《羊城晚报》最高一天营业额 1652 万元，营业额最高的一天可收到广告款 3000 多万。[②]

1995 年 11 月，秦池酒业以 6666 万获得中央电视台新闻联播后 5 秒钟黄金标版，成为第二届标王。1996 年秦池的销售额从 1995 年的 2.3 亿元猛增至 9.5 亿元，利税 2.2 亿元，增长 5 ~ 6 倍，被评为中国明星企业。用姬长孔的话说："1995 年，我们每天向中央电视台开进一辆桑塔纳，开出的是一辆豪华奥迪。"

媒体数量的增加，版面与时段不再是稀缺资源，广告主的卖方市场确立。媒体为吸纳更多的优质广告资源，出现了重复建设、资源浪费与竞争混乱的局面，政府主管部门进行整顿。1996 年中央办公厅颁发《中共中央办公厅、国务院办公厅关于加强新闻出版广播电视业管理的通知》，各地区、各部门根据《通知》对广播电视进行改革，广电频道资源越来越多，节目越来越丰富，必须加强管理。1999 年中办颁发《中共中央办公厅、国务院办公厅关于调整中央国家机关和省、自治区、直辖市厅局报刊结构的通知》。该《通知》认为，报刊的整理未达到预期要求，公费订报与行政摊派严重；厅局办报刊与市场脱节，结构重复，消费公款，引起摊派而加重群众负担，损害政府形象；为适用建立社会主义市场经济体制和政府职能转变，要求中央部委机关和省市厅局压缩行业报刊，逐步取消省市行业报刊。

网络媒体的兴起使报纸、杂志和电视等媒体之间的竞争更加激烈（见表 3 - 1）。手机、楼宇电视等借助新技术与网络迅速崛起与发展，改变了媒体生态格局，分流了受众资源，切割了广告市场。报纸等大众媒体进一步成为弱势的买方市场，而广告主成为强势的卖方市场。大众媒体话

---

① 寇非：《广告·中国（1979~2003）》，中国工商出版社，2003。
② 新闻出版总署报纸期刊出版管理司：《中国报业发展报告》（2005：案例卷），商务印书馆，第 77 页。

语权衰弱，为广告主尤其是大广告主影响和控制大众媒体提供了土壤与气候。

表 3 - 1　　2005～2011 年中国媒体广告经营额

单位：亿元（人民币）

媒体经营额	2005 年	2006 年	2007 年	2008 年	2009 年	2010 年	2011 年
报　纸	256.1	312.6	322.2	342.7	370.5	439.0	491.68
期　刊	24.9	24.1	26.5	31.0	30.4	30.8	35.51
广　播	38.9	57.2	62.8	68.3	71.9	96.3	125.38
电　视	355.3	404.2	442.9	501.5	536.2	616.6	702.31
网　络	41.0	61.0	106.0	169.9	207.4	321.2	511.90

说明：2005～2010 年中国媒体广告经营额数据来源：崔保国主编《2011 年：中国传媒产业发展报告》，社会科学文献出版社，2011 年第 1 版。2011 年数据是在 2010 年数据上依据昌荣传播市场与媒体研究中心《2011 年中国广告市场与媒体回顾》的媒体广告比例推算出的数据。2005～2010 年网络广告数据不包括搜索引擎广告。

第三节　媒体机构组织目标与组织结构的影响

"事业单位、企业化管理"、社会效益与经济效益"两个轮子一起转"以及"三驾马车"（采访编辑、广告经营和出版发行）并驾齐驱是媒体经营的组织目标，有利于大众媒体的发展与繁荣。大众媒体根据组织目标实行社长或台长领导下的总编辑与总经理负责制的组织结构，这有利于各司其职，有利于调动各方面的积极性和创造性。其中带来的最大变化是媒体普遍进行广告业务，把广告作为自身生存、发展与繁荣的要务。广播电视频道增多，报纸扩版的高潮，各类报纸如春起之草，报业集团和广电集团出现与壮大，都是媒介机构与组织结构根据组织目标在新的历史条件下酝酿与产生的结果。

大众媒体走向市场，主要靠广告维持其生存、发展和繁荣。我国报业集团收入主要靠广告与发行，其中广告收入独占鳌头。我国绝大多数报纸的赢利模式是以广告收入弥补低价发行的亏损而获取利润，以致诸多报纸在激烈竞争中使广告收入成为报纸最主要乃至唯一的利润来源。《解放日报》2002 年纯收入 1.1 亿元，而 87.5% 的纯收入来自广告收入。2002 年各报业集团提供的数据显示，其广告收入、发行收入和其他收入所占比例分别是 63%、21% 和 16%。① 媒体机构的组织目标与组织机构不得不把广告主作为自己的"衣食父母"，任何一家媒体都会重视广告主的利益。中国社会科学院某研究员谈到他在广州市某日报考察时跟该报社长兼总编辑（两人为某大学校友）进行了一场对话，说明了媒体机构的组织目标与组织机构在某种程度上为广告主服务是一种必然，充分揭示了广告主尤其是大广告主对媒体存在影响与控制。

　　某研究员问："在你们报社做广告最多的是哪些广告商？大概占多少比例？"

　　某社长兼总编辑答："最大的房地产广告商，大约为 36.4%。"

　　某研究员问："如果你们报社遇到对大广告主意见大的负面新闻，消费者意见大，群众意见大，现实要求你们报道时，例如对房地产商，你们该怎么办，你是否报道？"

　　某社长兼总编辑（犹豫一会）答道："一般不会。"

　　某研究员问："那你们怎么处理？"

　　某社长兼总编辑答："如果要报道，采用负面新闻正面报道等方式。"

　　广州市是中国报业发达地区，是国内报业市场发展水平最高与媒体经营最好的城市之一。作为知名党报被广告主影响与控制的情形有多大，恐怕也无法说清楚。这是在中国社会主义市场经济发展过程中任何一个媒体老总都会遇到又难以解决的"双刃剑"问题。媒体老总们面对不同媒体之间的利益和资源的争夺，不能不考虑自己媒体的利

---

① 唐绪军：《从统计数字看报业集团》，《新闻知识》2004 年第 11 期。

益与生存发展，这是由大众媒体在市场经济中的组织目标与组织机构
所决定的。

由于大众媒体在市场经济中的组织目标与组织机构的趋同性，大
众媒体在 20 世纪 90 年代通过大量扩版与开办广电频道，打起了"广
告争夺战"。随着单纯依靠广告版面的被动销售与用价格战"跑马圈
地"经过一段历史时期后，各种媒体已难以适应长期竞争的市场态
势。进入 21 世纪后，广告主越来越倾向于与媒体共同分担营销成本，
有意识地按照销售增长来理性投放，广告主的组织目标与组织机构嵌
入了大众媒体的组织目标与组织机构。广告主的组织导致媒体利润下
降，因此大众媒体只有以客户为导向，通过提供增殖服务提高利润
率，才能保障报业等媒体的生存与发展。这一方面反映广告主的理性
和成熟，而另一方面由于广告主越来越倾向于和媒体共同分担营销成
本而导致媒体利润下降，媒体为留住广告主与降低成本风险等，不得
不满足广告主尤其是大广告主的各种要求。其中，有合情合理合法
的，有不合情不合理不合法的，甚至违法犯罪的。下面上海某报的案
例说明了广告主的组织目标与组织机构嵌入了大众媒体的组织目标与
组织机构。

　　　　上海某报为在该报纸做广告的大广告主专辟一间办公室，大广告
　　主派驻在该报社办公室的"常驻代表"或"特派员"以协调协商的
　　名义，与报社相关人员进行预先沟通，进行新闻策划与广告策划；对
　　版面的内容进行审查，有权要求撤掉和处理对该广告主不利与有害的
　　新闻与评论，有权使用优先使用版面，甚至改变版面；还可以参加编
　　委会，提出意见和看法，影响编委会的立场。

广告主向媒体派驻"常驻代表"或"特派员"的这种组织嵌入，不
仅仅是广告主控制媒体版面与新闻内容，炮制软新闻，影响与控制编辑与
记者们的态度与看法，更重要的是广告主与大众媒体的组织目标与组织机
构合二为一了，并形成行内公开的一种潜规则。

有媒体提出了与广告主组织目标与组织机构合二为一的经营理念，某种程度上使广告主对大众传媒的影响与控制合法化。

　　某报业集团某社长明确提出，"采编人员必须要有经营报纸的观念，并落实到行动之中；经营人员必须懂得新闻的基本规律"。建立采编和经营部门的联席会议制度，对各部门的信息充分沟通，互相反馈信息。要求双边提前制定年度计划，再将经营部门的营销计划和新闻策划进行对接，形成初步的整合营销框架，奠定了联动、互动的良好基础。

　　某报业集团认为，宣传与经营"两分开"需要建设"中间地带"。为此采取五个措施和五个实施阶段。

　　（一）结成利益共同体

　　（宣传、经营双方）必须在"双赢"原理指导下的利益机制，结成利益共同体，调动双方的积极性……

　　（二）设立经营协调小组

　　"两分开"后，各媒体和相关经营公司共同设立协调小组。作为宣传和经营的"对接口"，协调小组是双方联席会议形式的中介组织人员来自双方，一般为兼职，负责签订合同，沟通情况，交换意见，协调动作，保证宣传、经营协调运转……

　　（三）作为党委的执行机构，集团社委会在执行党委决议过程中，主要研究、协调、办理那些采编、经营以及党群系统独自难以办成的事项，调动集团职能部门和相关人员，解决带综合性、行政性、事务性的重要问题，站在集团全局的高度协调宣传、经营各方面关系……

　　实行"两分开"的实施阶段……

　　为规范"两分开"后报业经济运营，加强了财务统一管理，物品统一采购、审计监督等工作的力度。

　　……

在我们的媒体改革与发展过程中，采编与报道跟经营方面由于在竞争激烈的利益共生的情况，这种存在密切的关系在媒体迈向企业化的过程中，自然而然或有意无意的给予广告主干涉、影响和控制媒体采编与报道的机会，使广告主尤其是大广告主掌握话语权。

第四节　媒体组织结构中的领导层对"两分开"的把关态势

一　"把关人"分析

"媒介既反应又塑造我们的文化，为我们进行选择并作出解释，它们还为我们提供一个理解事物的框架和创造对现实的感觉"。① 这种理解框架和现实感觉是"媒介工作者"把关的产物。"媒介工作者"是指新闻工作者，主要是指新闻从业人员，包括新闻采访人员与编辑人员、总编辑与社长等决策者。库尔特·卢因认为"把关人"的把关"或者根据公正无私的规定，或者根据个人意见，就信息是否可以被允许进入个人意见，就信息是否进入渠道，或连续在渠道里流动作出决定"。② 施拉姆认为"大众传播的每个组成部分事实上都在起着这个单一的传播者的某个部分的作用，因此，他们都对产品施加影响。有关内容的业务人员——作家、编辑、演员、节目监制人等所起的作用当然是最基本的"。③ "媒介工作者"处于信息的中心，在新闻传播中是至关重要的"把关人"，决定信息的采编、过滤和传播，决定传播的内容、形式、渠道和时间，对传播过程进行监控和制约。记者是新闻信息源的直接接触者，是对信息的采访、收集、选择和整合，是最先对"真实事实"进行取舍的人，是第一层"把关人"。编辑是对记者采访、收集和整合的新闻进行过滤、取舍与修改，

---

① 〔加〕玛丽·崴庞德：《传媒的历史与分析——大众传媒在加拿大》，郭镇之译，北京广播学院出版社，2003，第 103 页。

② 库尔特·卢因：《群体生活的传播渠道》，《人际关系》第 2 期，第 45 页。转引自程曼丽：《媒体人在公关活动中的角色》，《中国人民大学学报》1997 年第 3 期。

③ 施拉姆：《传播学概论》，新华出版社，1984，第 164 页。

是第二层"把关人"。以总编辑为核心的编委会对编辑与记者构建的新闻作品进行最后的"把关",总编辑最后决定该新闻是否上版或播出。在整个社会系统中,新闻工作者是新闻的"把关人"、信息的"过滤器"与社会的"安全阀","影响信息过滤的则是媒体的新闻价值观和各种社会制约力量,特别是'把关人'自身的价值观,对信息有生杀予夺的影响"。①

《中国新闻工作者职业道德准则》规定:为人民服务是社会主义道德建设的核心,是社会主义道德的集中体现,也是我国新闻工作者的根本宗旨。我们的媒体是党的喉舌、国家的喉舌和人民的喉舌的统一体,坚持社会效益和经济效益的统一,贴近生活、贴近实际和贴近群众。新闻工作者必须站在政治意识、大局意识和责任意识的基础上自觉遵守新闻规律,为党和国家服务、为人民服务和为社会服务。但是在现实生活中,作为"各种社会制约力量"之一的广告主,通过广告构建的社会环境对"媒体的新闻价值观"进行干扰与影响,并严重影响"把关人"自身的价值观,进而直接或间接影响媒体和控制舆论导向,使其为自己的利益服务。

限于篇幅,也为便于论述媒体为广告主实现广告话语权,本节先论述媒体领导者在竞争态势的取舍态度,在第五节再阐释和解读媒体为广告主谋话语权的集体行为,在第六节论述记者的影响。

二　媒体领导层——社长、总编辑、总经理等对"两分开"的态度

诸多新闻学书籍和学界业界的诸多报告与研究从理论上在谈论编辑和经营必须"两分开"。事实上媒体在现实操作中很难做到"两分开","两分开"只是书本上的理论话语。

《中国妇女报》总编辑在清华大学作《媒体的盈利模式与改革探索》②的演讲说:"因为当了总编辑,现在的媒体竞争十分激烈,每天面临的是生存、死亡、强大、发展的问题……我更多的时候不能发挥我记者的长项,更多的时候要考虑经营……"

---

① 姚福申:《新时期中国新闻传播评述》,复旦大学出版社,2002,第339页。
② 李彬等编《清华新闻传播学前沿讲座录》,清华大学出版社,2006,第102页。

　　某党报某副总编辑表现出与《中国妇女报》总编辑一样的心情与态度。① 他在谈到开编委会时说，编委会必须把媒体生存放在第一位，"编委会要保证广告版面，当新闻与广告两者有版面冲突时，优先广告版面，压缩新闻版面，让位于广告版面"。他在某报任总编辑时就大胆改革，用该报纸头版做全版广告。

　　作为报社领导首先考虑的问题是媒体的生存问题，担任过某报业集团的某社长② 为此说了一番经验之谈："我们报纸的广告与发行，谁能够挣到钱，就用谁……搞采编与经营两分开，分不了。原因是采编部门有意见，他们没有广告部门的利益那么大。如果采编部门消极对待，会使报纸形象受消极影响，最终影响集团的经营和发展。两者必须统一协调。"一熟知内情的某学者告诉我，该老总对下面怎么作，他不大管，他在乎下面部门为报纸创造了多少利润，是一个在乎经济效益而不在乎过程的报业领导者。

　　大众媒体在会议上与文件上会不厌其烦的谈自己媒体是如何搞好"两分开"的，由于媒体目标决定媒体领导为考虑媒体的生存与发展，"两分开"在现实操作中很难彼此分开。行内人士谁都在做，谁都知道，谁都心照不宣。这是行内的规则。即使有时公开化和合法化，也会受到限制，如某报总编辑用报纸头版做全版广告，只进行了一次就停止了。相当多的媒体为了自身生存与更大发展，利用市场经济的转型和政策法规的空子打"擦边球"。这正如担任过某报业集团的某社长所说："许多事情我们首先是悄悄的搞，偷偷的搞。事实证明能够搞的，我们走在前面；不能搞的，不搞就是了。"媒体领导对下属不搞"两分开"、做广告新闻等"擦边球"的做法，主观上存在默认趋向与支持态度。

　　媒体领导对媒体自己的记者与编辑有绝对话语权，媒体内部的记者与编辑不能触及媒体广告主的负面新闻。我在采访湖南的一个房地产广告主时问道："某总，如果记者不买你的账，你该怎么办？"他哈哈大

---

　　① 专访，时间：2006 年 11 月 20 日下午，地点：某报社宿舍楼某副总编辑家里。

　　② 专访，时间：2007 年 01 月 21 日下午，地点：某杂志在北京职工之家主办的创新年会年会场外。

笑："记者一般会买账，我会让他买账。如果不买账，找他的领导就行了。"他低过头来诡秘地笑了笑说："记者一定会买领导的账。"一位记者朋友向我讲述这样一个情况：他刚当上记者不久，在某地采访时就暗地采访到了某厂商的负面新闻，当他兴冲冲地把稿子交上去后，马上就受到领导的训斥，责备他不该去采访，原因是该厂商为该媒体的广告赞助商。

三　媒体领导层建立以广告主为核心的私人关系圈

组织结构理论认为，组织是靠等级制维持正常运转，内部结构是呈金字塔形状，塔尖是组织的最高领导者，领导者的指令通过从上而下得以贯彻实现。总编辑领导下的编委会管采编，总经理领导下的经营部门管发行与广告经营，是社长/台长领导下的"两驾马车"。广告主主动接近媒体高层，媒体领导者为媒体生存与发展愿意接近广告主，两者利益的一致性会使私人关系更加紧密。利益关联使广告主对媒体领导层有施加影响与压力的可能性，媒体领导通过编委会或以领导身份对采编部门打招呼，下属听从上一级，按照上级指令从事。

某企业在北京市开张需要广告宣传，企业人员带着若干万人民币直接送给该地有名的某媒体领导，明确要求该报张罗其报道事项。该领导指示记者与编辑对其进行了全面报道。该企业通过直接行贿使媒体领导达到了比做广告还好的宣传目的。后来该媒体与该企业建立了良好的广告关系。熟悉内情的某人士说："这既不显山，又不露水。媒体相关领导得到大头，其他跑腿的下属也有红包。对于企业来说，省了广告费，赢得了新闻时间和版面。而且两者建立了良好的关系，实现了利益的互补。"[①] 对于这种情况是否普遍存在，笔者不得而知。但媒体相关人士指出，这应该不是少数。

相关企业邀请媒体领导参加相关典礼等活动，媒体领导指定该媒体采编部门为相关企业作新闻报道。相关人士指出，这种通过加强媒体领导与

---

① 内部知情人士提供。

广告主感情的做法是为了企业做广告宣传。据业内人士透露，企业与媒体签订广告合同，企业要求媒体对其进行相关新闻报道有次数规定；媒体领导出席企业的活动只是其中一项的规定。约定可以写在合同上，但大多是口头协定。

媒体领导自己把握了相当多的核心广告资源，某些广告主是媒体领导的核心人脉，他人是不能染指的。因此媒体领导不可避免地受到广告主的影响或控制，尤其在中国这样的人情社会媒体领导不能不给广告主面子。

中部某省某都市报某社长在三四年时间内把一张报纸在该省会城市做大做强，发行数量和广告收入进入同类报纸前列。该社长拥有核心行业的广告量投放大的广告主，这笔资源是他本人牢牢把控的，别人是插不上手的。① 2000 年他在筹办该媒体时，据他私下透露，该媒体还没有开张，他个人为该媒体筹到了广告费 3000 万多元。

当笔者采访他，问道："广告主对大众媒体是否有要求？报纸的新闻报道是否受到其影响和控制？"他回答道："肯定会有要求。但不存在控制报纸的新闻报道等问题。作为报纸的广告大户，也不能不适当照顾，力所能及地满足其相关要求。无论广告客户广告额多大，他是绝对控制不了媒体的。"笔者认为广告主虽不能控制媒体，但具有影响大众媒体的内容与立场的能力，该社长对此不持异议。

第五节　广告话语使记者编辑"异化"

一　地方政府与企业广告主：记者"猛如虎"

批评报道是舆论监督的一种工具，是维护社会和谐的理性声音。正因为如此，批评报道引起的连锁反应能够引起社会的广泛关注，引起政府相

---

① 专访，时间：2007 年 01 月 20 日上午，地点：某杂志在北京职工之家主办的创新年会会场外。

关部门的重视。对于发展不完善的中国市场经济更加需要舆论监督，以维护社会的和谐发展、保持市场经济的发展公平与保障广大人民群众的合法权益。

据一位宣传部的人士透露，如果某个地方政府因为某个事件被媒体尤其是主流强势媒体作了批评报道或负面新闻，与批评报道和负面新闻相关的该地主管部门领导十有八九会受到同级或上级领导机关的批评与处分乃至党纪国法的处置。媒体报道与关注的新闻事件与事件的新闻价值密切相关，和企业与地方政府没有必然的联系，但跟政府平时监管不力与企业平时自律不严有关，原因是政府是全能型的政府，什么都要管；企业在不完善的市场经济体制中唯利是图而出现问题，所以地方政府管辖地出了负面新闻被媒体报道，不只是一个企业的事情，政府相关部门也会受到连带责任的追究。其中，河北三鹿奶粉事件就是这样一个典型案例。

一方面，政府与企业希望媒体的正面报道，以树立其良好的政府形象，以构建其品牌效应。但是，诸多地方政府部门和企业走向了一个极端，以金钱、物品与广告等手段影响媒体及其记者，让新闻报道朝自己有利的方向发展。1993 年沈太福长城机电科技产业公司非法集资案中，仅在北京就有 22 家新闻单位为其非法集资作过宣传。沈自称光宣传费就花了上千万元，其中有相当部分是用来收买新闻记者，其中个人收受贿赂吹捧沈太福的编辑记者就有 8 人。2006 年 12 月，某报刊登某记者吹捧某县委书记的报道，称赞其是值得焦裕禄学习的榜样，被网友评为"最肉麻的报道"。正是因为类似情况的存在，以致民间舆论把"名记"调侃为"名妓"。

另一方面，企业非常害怕其负面报道影响企业形象，地方政府怕批评报道影响其地方经济发展，损害其地方形象，危及官员前程。企业与政府认为记者和媒体爆料"猛如虎"，所以政府采取"防火、防盗、防记者"的措施。秦池酒"死"于批评报道。在中央电视台 1996 年 11 月 8 日的第三届广告招标会上，秦池以 3.2 亿元的天价夺得标王，相当于 1996 年秦池全年利润的 6.4 倍，比竞标的第二位高出 1 亿元。正当秦池酒陶醉之际，1997 年 1 月，北京《经济参考报》一则关于"秦池白酒使用川酒勾兑"的系列报道被国内无数家报刊转载。该年秦池的销售额下滑至 6.5 亿元，"秦池"神话迅速破灭。2006 年河南郑州大学城非法征地的新闻报道使诸多官员处分、丢职与入狱。正因为如此，地方政府与相关企业把"焦点访谈"称为"姓'焦'的来了，不是好事"。正因为如此，企业与政府对相关媒体尤其是带"国"字头的记者，敬若神明，防"记"甚如防"虎"，以致坊间有"防火、防盗、防记者"的调侃传闻。

> 2007 年 1 月 10 日，《中国贸易报》山西站记者兰成长在大同市浑源县采访一无证黑煤矿时被不明身份暴徒打成重伤不治身亡，在此事被媒体密切关注并由警方侦查的节骨眼上，大同市新闻出版局报刊图书科科长刘东越公开表示，受害人兰成长没有新闻出版行政管理部门颁发的《记者证》，所以是假记者。无独有偶，浑源县新闻中心一位官员则表示，记者去煤矿采访如果"不通过我们，我们没法保障他们的人身安全"。[1]

《中国贸易报》山西站记者兰成长 2007 年被煤矿主派人殴打致死，引起了社会的广泛关注与主管部门的高度重视。兰成长是一社两制下一名受聘于地方记者站的广告经营人员，其主要工作就是创收。这些人被外界视为记者，报社内部视为广告员；他们拉到广告时，往往可以堂而皇之地署名"本报记者"。媒体所说的兰成长一年的"创收任务"是 18 万元，[2]《中国贸易报》坚决不承认。在社会舆论压力之下，兰成长之死的真相才大白于天下。

中国处于社会转型变革期，大众媒体发挥"监测环境"的功能自然会对平时监管不力的政府与平时自律不严的企业产生威慑作用，而在社会

---

① 《"兰成长案"引发的思考》，http：//media．people．com．cn/GB/22114/42328/80142/5520868．html。

② 余欣耕：《兰成长之死应成为报业改革之契机》（中国青年报），金羊网 2007－01－26 11：13：59。

主义市场经济不完善的语境中的政府与企业防"记"甚如防"虎"可能也是一种无法回避的无奈现实。

同样，中国的媒体处于转型变革期，生存压力是第一位的媒体及其从业人员，为媒体谋取广告利益而自动放弃把关人的角色可能也是一种无法避免的无奈选择。

学术界通过调查发现，记者、编辑等新闻从业人员为媒体谋取广告利益而自动放弃把关人的角色和丢失话语权的情况非常严重，非常明显。1995 年全国"当代新闻职业道德现状调查"、1996 年北京地区民意调查、1997 年中国新闻工作者职业意识和职业道德调查、2002 年南京地区调查、2002 年上海市新闻从业人员调查、2003 年陈绚和郑保卫对媒体从业人员的调查等，无一例外地表明新闻从业人员被广告主影响的程度比较大，新闻伦理道德成为一个普遍存在的社会问题，纠正新闻领域不正之风的形势较为严峻。

从以下调查的事实①可以窥知一二。

1997 年喻国明的调查，2002 年陆晔在上海的调查，设定指数 1 是绝对不能接受拉广告，指数 5 是绝对可以接受，指数 2.5 是可以接受。结论是：记者倾向于为自己媒体版面或节目拉赞助，1997 年调查结果为 3.09，2002 年为 3.05；记者倾向于为自己媒体拉广告，1997 年调查结果为 2.98，2002 年为 2.83。

2003 年陈绚、郑保卫对全国 50 多家媒体的调查发现：有 18% 的从业人员明确表示同意拉广告，近 3/4 的记者实际上倾向于同意；近 4/5 的从业人员赞成给自己媒体栏目拉赞助。2/3 的记者承认主动淡化不利于广告客户的新闻。5/6 的记者承认接受被采访方用餐的邀请无所谓，近 2/3 的人表示可以接受免费旅游，近 1/2 记者可以接受现金馈赠。

以上均为媒体从业者的现实情况，根据笔者对相关记者朋友的采访，他们都承认自己有过以上的行为，并认为现在一个最大的变化是媒体的编辑与广告等相关部门联合起来，或者几个媒体联合起来以合法的形式，通

---

① 李彬等编《清华新闻传播学前沿讲座录》，清华大学出版社，2006，第 36 页。

过集体行为主动或积极地为广告主谋取话语权，更大地实现自己的利益
（在下面章节另行分析）。

二 "孟怀虎现象"的个案分析

对中国媒体社会责任的质疑与对媒体公信力的批评之声首先来自海
外，1993 年 4 月 23 日，美国纽约华文报纸《世界时报》刊登《大陆记者
生财有道》；5 月 10 日，香港《联合报》发表《记者不耐清贫，金元新
闻风行大陆》。同时，国内公众舆论对传媒道德水准的下降表示极大的关
注。5 月下旬 10 名老记者愤然"上书中央"，警告"新闻界正在滑向拜金
主义泥沼"。中央政府尽管经过了近 20 年的整顿，情况仍不容乐观。在
日益激烈的竞争中，有的记者打着舆论监督的幌子，媒体放弃舆论监督的
权力，让位于广告利益，趁此获取私利。

"孟怀虎现象"是记者以"批评报道"和负面新闻挟迫企业在自己媒
体上做广告而从中获利与主动放弃媒介话语权的违法犯罪现象，是媒体与
记者走向巧取豪夺、放弃媒体社会责任与公信力的伦理底线、使经济效益
屏蔽社会效益的典型案例。

2006 年 10 月，原《中华工商时报》浙江记者站站长孟，怀虎由于涉
嫌敲诈勒索与强迫交易而被杭州市上城区检察院依法提起公诉。

根据中宣部和国家新闻出版总署的规定：记者和记者站都不允许从事
广告和创收业务。《中国新闻工作者职业道德准则》规定：保持清正廉洁
的作风。具体规定有四条，主要是反对有偿新闻，不得谋取私利，新闻报
道和经营活动严格分开等。但是从这个案例来看，中国相关媒体的记者与
记者站都或明或暗的还在从事广告与创收行为，使法律法规和行业规范置
于"空调"。

为了规避法律法规与相关政策的制约，孟怀虎在 2000 年成立了《中
华工商时报》浙江新闻中心。《中华工商时报》新闻中心有发行任务与广
告任务，该报属下的孟怀虎浙江新闻中心有合理合法的通行证，当时孟怀
虎拉广告在体制内是合法的。但起诉书认为，"该新闻中心……违法从事
广告业务而成立，名义上为自收自支的事业法人，实际上组成人员，只有

孟怀虎一人。"

> 调查人员发现，《中华工商时报》浙江记者站与新闻中心是一套班子两块牌子，新闻中心是自收自支的事业法人单位，不受任何人监管，记者站和新闻中心各有一个银行账号，但是两个帐号却是混乱使用的。
>
> （公诉人）田涛："取得的钱财，经过记者站账户迂回进入孟怀虎个人的口袋，或进了《中华工商时报》，浙江新闻中心的账户，任其个人支配。"[①]

从以上材料可窥知，《中华工商时报》存在管理混乱的情形。《中华工商时报》之所以没对两块牌子孟怀虎一人使用财权之事加以整顿，是因为广告的原因。"2003 年《中华工商时报》与孟怀虎签订了一份广告经营承包协议，从中记者看到，孟怀虎的承包指标是 40 万元"。由此可知，只要孟怀虎能够完成广告承包指标，《中华工商时报》就把该报在浙江的新闻报道大权等完全交给孟怀虎处置，更没有对孟怀虎财务进行完全监督与科学管理。

> 上城区公安分局刑侦大队预审民警冯浙苏："完成了以后，只要剩下的，全部都是他的，'都是你孟怀虎个人的'，报社给他这么一个工作指标。"
>
> 孟怀虎在法庭上还供认，给报社拉到的单笔广告超过一定数额，就可以拿到 45% 的提成，以格兰仕公司 300 万元的广告为例，如果能够谈成，孟怀虎个人就可以拿到 135 万元，这也就不难理解，孟怀虎为什么以批评报道相要挟而与格兰仕签订广告合同的初衷了。

---

① 2006 年 10 月 26 日，中央电视台《经济半小时》："《中华工商时报》记者以批评报道勒索企业近百万"。http://www.sina.com.cn 2006 年 10 月 27 日 01：23，书中关于孟怀虎的新闻材料均来自该网站网页。

其次，是记者以批评报道的方式迫使企业成为自己媒体的广告主，从而主动把"把关人"角色放弃，以致经济效益屏蔽社会效益。

2003年5月，孟怀虎以浙江康达公司经销进口汽车有部分税款未交为由，写成一篇批评稿件，交给康达公司总经理审稿，康达公司希望不要曝光，双方交涉时，孟怀虎提出康达公司要在《中华工商时报》上做100万元的广告，才能免除媒体的曝光，最后康达公司不得不与孟怀虎签订了15万元的广告合同。

2003年6月，孟怀虎前往浙江奔腾建设工程公司，指出奔腾公司所做的市政工程比较多，质量必定存在问题，要进行跟踪报道和采访，奔腾公司迫于压力，央求孟怀虎不要曝光，孟怀虎提出要奔腾公司支付80万元的宣传费，经过双方讨价还价，奔腾公司答应支付30万元宣传费，之后签订了广告合同。

2003年7月，孟怀虎就消费者的宝马汽车，在杭金衢高速公路诸暨服务区加油站加油后发生故障的事件，写成一篇题为《中石化浙江加油站油中有水?》的批评稿件，向中石化浙江石油总公司索要90万元，经过双方多次交涉，石油公司最终迫于无奈，答应并支付给孟怀虎35万元人民币。

记者一般不在乎企业给予的红包与吃喝玩乐，而是要求企业在其所在的媒体上做广告。记者吃吃喝喝不算什么，但收取大红包风险比较大，除非数目小或者与企业主关系特好。记者通过"批评报道"迫使企业半推半就地在其所在媒体上做广告，一方面自己在体制内可以合法得到广告提成，另一方面给自己媒体创收，得到领导的认同与支持。由于媒体给予记者拉来的广告提成量较高，有的记者乐此不疲，在对企业的批评报道上很难让步，最后企业就只得以做广告的形式，将自己的"难言之隐"让自己的广告在记者们所在的媒体中"一'洗'了之"。这是行内的普遍共识。

我与某记者谈到孟怀虎这条新闻时，他谈到了他的诸多看法与观点：

他（拿孟怀虎之事）开玩笑说："记者拉广告通过自己媒体给予提成而合法化，这是最好的办法，媒体与记者编辑是'你好，我也好'，实现了利益的双赢；但是说句特别难听的话，这种合法化就是一种'洗钱'罢了"。而且他认为，如果孟怀虎把广告费用交给了报社而提成，而没有将"康达公司"、"浙江奔腾建设工程公司"45万广告款中饱私囊的话，如果把中石化浙江石油总公司的35万元以广告费上交报社，并为其做广告，还写点软文什么的，这80万元肯定是没有问题的；坏就坏在孟怀虎太贪，以致失去单位的保护。而且在企业拉广告与赞助要把握一个度，既能够拿到广告，或使企业半推半就地在自己媒体做广告，但又要能为企业消灾，能和企业交上朋友，让企业乐于接受。孟怀虎这家伙太露，好处得到太多，久而久之就把行业潜规则置于脑后。他这是"硬着陆"，不是"软着陆"。至于后来孟怀虎所谓的忏悔："记者的武器，就是手中的笔，但这个武器绝不可以成为我们满足单位追求经济指标，搞创收的经营工具。"这是中国特有的贪官式忏悔。当然，记者与编辑不能搞创收，不论从理论上说，还是从宣传角度看，或从法律与行规来看，都是合理的。但是行内潜规则是"手中的笔是可以满足单位追求经济指标，搞创收的经营工具"。无论总编、编委会、编辑和记者都心知肚明，只是行内人士心照不宣罢了。有许多记者与编辑完全靠此而生存，而发财。总编等领导级干部开会时理所当然按照上面的要求喊，文件、汇报和报告上也是如是说。但是除了影响极坏的，情节相当恶劣的，民愤比较大的，企业后台硬的，引起主管部门严厉干涉的等被处理外，媒体里其他人谁也不愿意插手这回事，以损害自己媒体形象和大家的既得利益。尽管采编分开，编辑与经营分开，无论怎样分，都还是一个左脸与右脸、左手与右手的利益攸关的共同体。右手打自己左脸，左手打自己右脸，谁傻呀。当然一方面的癌化可能导致整个有机体的癌化。所以有病还是要治的，因而总是有几个不"软着陆"的被"治疗"。

该记者是笔者非常要好的博士同学，他在电台与报纸等媒体从事记

者、编辑等十多年，还担任过部门负责人。他尽管知道笔者研究广告主是
如何通过话语权影响与控制大众媒体的问题，但是他对笔者没有刻意回
避，事实陈述清晰，逻辑思维缜密，问题要害一语中的。后来笔者在与几
家记者聊天时，他们承认拉过广告，其提成不等。可见，在中国大陆社会
转型期，在社会利益重新分配过程中，媒体与记者自动放弃"把关人"
角色，在媒体自身利益的诱惑下和保护下，记者利用为自己媒体谋生存与
发展的高尚旗号而堕落为中饱私囊的工具。

笔者研究发现记者在拉广告、发软文/软闻方面的发展有三个阶段，
特归纳为："信封主义的初级阶段"、"广告'奴隶'的工具阶段"、"狼
披羊皮的共产阶段"。孟怀虎属于已经跨越第二个阶段成功正在进入第三
个阶段的人士。

"信封主义的初级阶段"，行内人士戏称是：赶场拿信封，回社（台）
发软文（闻）。这些记者大多赶场拿到公关稿与信封后，就算是捧场了。
这些人中刚刚入门的人比较多，有些首先还不好意思，时间长了，视为正
常。有的记者一天赶若干场，拿了公关稿与信封就跑。据某通讯社某记者
说，该社内部规定 200 块以内的"信封"是可以接受的，不在追究之内。
同样，诸多媒体对此"信封"不作"红包"处理。尽管"信封"分量不
一，但一般数额不大。许多企业、机关与学校等活动要求媒体参加报道时
基本按照该游戏规则。主事单位不同，"信封"分量可能就不同。例如北
京市一些机关单位在邀请新闻界相关人士到场时，同样不免俗气地至少以
200 元的信封充当媒体记者的车马劳顿费和误餐费。有人认为，北京市太
大车挤人挤，相关企业与单位给记者 200 元的信封，是人性化，具有人文
关怀精神。有人不认同，认为信封无论大小，都会败坏社会风气，有损新
闻公正。然而无论你怎样看，也不管你怎么想，社会一直在执行该规则，
软文（闻）在媒体不停闪现。因此，本书戏谑为"信封主义的初级阶
段"。

"广告'奴隶'的工具阶段"是指相关媒体与记者利用相关广告主对
自己媒体的迫切需求或弱点，为其策划和发布相关新闻，或诱使广告主做
广告，使媒体和新闻从业人员成为广告的"奴隶"。媒体内部不成文规

定，"不管你是黑猫，还是白猫，能拉到广告就是好猫。"媒体有广告任务，给记者很高提成。于是诸多记者和编辑发掘相关企业主等的负面新闻，迫使企业做广告来改换后续报道；或是利用企业主希望在相关媒体发表新闻的心理，进行策划；或充当企业的新闻与广告策划顾问等形式，与企业建立良好的私人关系……一言以蔽之，记者充当了媒体的广告"打工仔"，充当了企业的广告"掮客"。这种"皮条客"的工具行为比较隐蔽，能够受到自己所在媒体的保护，在体制内使自己的提成合法化，也实现了广告主的利益，与广告主互为利益相关者。

　　"狼披羊皮的共产阶段"是指媒体领导与记者等从业人员混淆媒体利益与自身利益的概念，利用自己在媒体的地位与影响，把公共利益、媒体广告利益等同于记者或编辑个人利益，实现我即媒体，媒体即我的目标。记者与编辑凭借多年打造的过硬品牌身份与媒体圈内的关系，利用媒体给予的权力，披着媒体的合法外衣，打着媒体监督的幌子，一心一意为自己谋私利。看起来所作所为似为所在媒体"共产"而奋斗，本质上就是个人。媒体公利是"羊皮"，个人私利是"狼"。孟怀虎的账号设置等猫腻动作，看似明为媒体谋利益，其实暗为自己打算盘，孟氏所作所为就是达到这种境界的"狼"。孟氏利用从事媒体新闻和宣传工作有 20 多年的资历与口碑，披着"国"字号媒体的行头，充分利用媒体的体制缺陷，运用批评报道迫使企业做广告等，行着欺诈之实，有时甚至干脆明码敲诈。由于是暗箱操作具有很强的隐蔽性，加上广告主不愿说，一般难以发现。孟氏 2002 年买了价值 256 万元的别墅，其装饰材料全部来自美国。以下材料可以作很好的注脚。

　　2003 年 5 月，孟怀虎利用平安保险杭州分公司非典保险宣传资料上的漏洞，到该公司进行了采访，之后在网站上发表了相关的批评报道，在平安公司与他商谈后续的报道时，孟怀虎提出要到平安公司做兼职的品牌宣传顾问。

　　（公诉人）田涛："以发表批评报道相要挟，以要求雇佣其作为平安公司品牌宣传顾问的形式，向该公司索要 10 万元人民币，但该公司并未支付，并向公安机关报了案。"

　　孟怀虎从康达公司和奔腾公司分别索取的 15 万元和 30 万元钱款，都进入了新闻中心的账户，孟怀虎自己承认，这两笔钱款并没有上缴给报社，而是被他截留使用，而浙江石油公司的 35 万元，也从记者站的账户直接转到了他妻子的个人账户上。

　　（中石化浙江公司）张洋："第一次接触，他（孟怀虎）就直截了当开出了数额高达 100 万元的，索要钱款的数字。"……

　　迫于企业可能造成的损害，中石化浙江公司开始与孟怀虎讨价还价。

　　张洋："我们跟他讨价还价，最后讨到 35 万元，他认为是底线了，再低就免谈了，……"

　　最终中石化浙江公司迫于无奈，答应支付给孟怀虎 35 万元，孟怀虎则草拟了一份委托合同书给中石化浙江公司，要求中石化浙江公司授权委托他，处理与宝马车主的纠纷，企图掩盖他非法索要钱财的行为，7 月 23 日，中石化浙江公司将钱打到了记者站的账户上。

　　（公诉人）田涛："该新闻中心，由孟怀虎 2000 年为规避相关行政规章，违法从事广告业务而成立，名义上为自收自支的事业法人，实际上组成人员，只有孟怀虎一人。"

　　……

　　田涛："取得的钱财，经过记者站账户迂回进入孟怀虎个人的口袋，或进了《中华工商时报》浙江新闻中心的账户，任其个人支配。"

　　……

　　田涛："起诉书所指控的罪行，只是孟怀虎所作所为的冰山一角，因为取证调查难度，许多涉案事实最终难以指控。"

三　小结

1. "孟怀虎现象"是市场竞争中传媒组织的立场与方针发生偏离的表现

　　大众传媒的"把关"是一个多环节、有组织的过程，其中记者、编辑个人的活动在媒介组织内部控制机制下，个人因素所起的作用是有限的。因为把关过程及其结果，在总体上是传媒组织的立场和方针的体现。① 媒介市场的激烈竞争（情况/强度），大众媒体的组织结构与经营目标（组织因素）使得记者个人操守与道德（个体因素/个人价值与道德）受到挤压，从而使得记者、编辑等作出道德与非道德、守法与违法的决定（见图 3－1）。记者、编辑在信息选择过程中受到和媒体利益与自身利益相符合的利益诉求影响，进而对信息进行有目的取舍与加工，因而使得记者、编辑偏离了并不纯粹的"客观中立性"，使媒体沦为挣钱的工具与编辑、记者捞取个人利益的手段，记者、编辑等在广告主广告的制约下成为精神劳动者的"异化"者，这是一种社会病态现象。

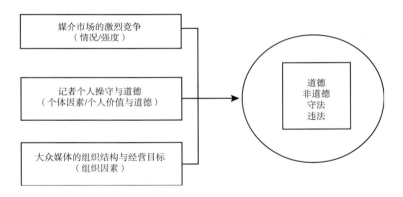

**图 3－1　媒介市场的激烈竞争和媒体组织机构与
经营目标影响记者"把关"**

2. 涉嫌"孟怀虎现象"的大众媒体与企业广告主会遭到公信力损害与社会责任信誉损失

第一，只要媒体记者与编辑或明或暗地有拉广告或接受公关费用的嫌疑，就会有损媒体的社会责任信誉与公信力，不利于涉事企业的自身定位与市场发展。

2011 年 7 月 10 日，中央电视台《每周质量报告》播出《达芬奇天价

---

① 郭庆光：《传播学教程》，中国人民大学出版社，2001，第 165 页。

家居"洋品牌"身份被指造假》，指出达芬奇家居名为洋品牌，实为作坊货。达芬奇家居为此花费 2000 万元公关费来解决该新闻造成的负面效果，以平息该新闻事件引起的舆论风潮。但是，没有成功。11 月 24 日凌晨，达芬奇家居发布声明，称遭到媒体以"虚假新闻"诬陷，表示正在配合有关部门进行调查。12 月 31 日，达芬奇家居突然以受害者身份向央视反戈一击，为财新《新世纪》提供大量信息，揭央视诱导式采访的内容不实，且央视《每周质量报告》记者收取公关费涉嫌敲诈勒索。达芬奇家居称，文化中国传播集团总裁崔斌与达芬奇家居股份有限公司签下 300 万元公关服务合同，而且通过崔斌给予央视《每周质量报告》记者、《达芬奇"密码"》节目调查记者收取 15.52 万美元（约 100 万元人民币），帮助达芬奇解决问题。达芬奇家居持有崔斌与达芬奇总经理关于此事的通话录音。同时，让所有人感到意外的是，《新世纪》披露了央视披露达芬奇造假新闻之后的内幕公关交易（见图 3-2）。《新世纪》重磅报道引起舆论广泛关注。崔斌于 2012 年 1 月 6 日被免去《京华时报》总经理职务，1 月 8 日他辞去文化中国传播集团总裁职务。

国家新闻出版总署专门为此成立联合调查组对该事件进行调查，这在中国新闻发展史上是极为罕见的。虽然国家新闻出版总署公布的调查结论对央视新闻报道给予肯定，但是中央电视台等媒体已经遭到了公信力的损害与社会责任信誉的损失。

新闻出版总署日前通报中央电视台《达芬奇"密码"》报道调查情况。

2011 年 7 月 10 日、7 月 17 日，中央电视台《每周质量报告》栏目先后播出报道《达芬奇"密码"》、《达芬奇"密码"2》，此后达芬奇家居股份有限公司（以下简称"达芬奇公司"）举报节目内容失实、栏目组编导李文学利用报道索取钱款。对此，新闻出版总署成立联合调查组进行了核查。

调查组认为，根据现有调查证据，中央电视台的报道内容基本属实，达芬奇公司销售的部分家居存在质量不合格等问题；部分产品原

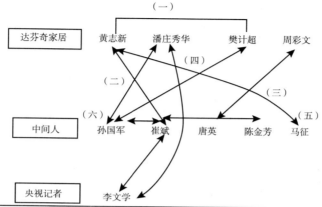

关键人物介绍：黄志新—达芬奇董事长 潘庄秀华—达芬奇总经理 樊计超—上海门店小股东
周彩文—黄志新老婆 孙国军—北京某地产公司副总经理 崔斌—香港某上市公司总裁
唐英：达芬奇家居消费者 李文学：央视暗访记者 马征：赫立传媒总经理 陈金芳：传媒中国网副总裁

（一）黄志新经樊计超介绍找到了孙国军，在孙国军的介绍下见了崔斌，由崔斌为中介见到了暗
访记者李文学

（二）2011年7月14日，黄见过崔之后，当即签署一份合同（乙文代表陈金芳），并支付120万元
并在8月18日下午打出第二笔120万元

（三）7月19日下午，周彩文给唐英账户打款450万元

（四）7月19日晚，潘庄秀华见到了李文学，25日潘被告知需支付100万元给李

（五）7月28日，黄接到短信，并按照要求汇给马征15.52万美元

（六）达芬奇家居病急乱投医支付孙国军550万元人民币及800万元港币

图3-2 "达芬奇"家居陷2000万公关陷阱六部曲*

《达芬奇事件现戏剧性颠覆 央视被质疑造假敲诈》，http：//home.163.com/11/
1231/15/7MK49C1D00104IUR.html。

产地为中国，并非100%原装进口；卡布丽缇牌家具雕花部分系树脂
材料，而非采用意大利特有的木材"白杨荆棘根"。根据现有调查证
据，调查组尚未发现李文学索取或收受钱物。达芬奇公司举报的100
万元"公关"费用打入其聘请的公关公司股东个人账号，后转回该
公关公司账上。该公关项目负责人也表示，此钱款系公关公司的公关
服务费，与李文学无关。

但是，在《达芬奇"密码"》报道中也存在个别采访对象的身份
未经核实、结论不够严谨等问题，报道用达芬奇公司代理的好莱坞牌
家具部分在中国境内生产的问题来证明卡布丽缇牌家具原产地造假，

从而得出卡布丽缇牌家具"根本就不是商家宣称的意大利制造的而是国内生产"的结论。李文学不是持证的新闻记者，违规独立从事新闻采访，且节目播出后多次私下会见达芬奇公司负责人，这些都要认真吸取教训。希望有关单位认真落实国家的采访规定，严肃采访纪律，加强记者管理，完善采编程序，进一步提高新闻的公信力。①

第二，媒体记者与编辑为媒体利益而利用职权中饱私囊，损害了新闻媒体的社会功能、社会效益与社会责任，使媒体话语权恶化、毒化与癌化，危害了新闻的公正客观平衡原则。

某中央级经济大报驻广西记者站 2003 年成立，总部没有经费，还有6000 份报纸发行任务。该记者站副站长李万等人，利用广西某些地市县粮食局的"粮食直补"问题，以"揭黑"相威胁说"你们问题很严重，我们可能汇报到国务院"，索贿 22 万元而被判刑。②

第三，新闻从业者为广告利益而主动使媒体话语权弱化与丧失会导致社会的不公正、不公平与不和谐。

第四，新闻从业者把舆论监督等属于自身日常的功能作为一种牟利的手段，会导致诸多假记者去坑蒙拐骗企业与政府，不利于企业发展与舆论监督，不利于媒体发展与广告繁荣。新闻从业者与假记者、招聘人员利用记者身份与媒体招牌，招摇撞骗，严重危害媒体形象，危害社会秩序，使人民群众对记者与媒体产生消极的看法，会最终损害广告主的利益。

第五，作为"把关人"的记者与编辑主观上使媒体话语权弱化，会危害国家利益与损害国家安全。

西安两家报纸的两个记者为了给报社拿广告以获取回扣，居然相信冒充中美合资某药品公司行销专员的台湾间谍，唯利是图地充当间谍工具而导致出卖大陆军事情报。③

———————————

① 《新闻出版总署通报"达芬奇"报道问题调查结果》，来源：新闻出版总署网站新闻资讯。
② 《报刊文摘》2007 年 3 月 5 日。
③ 宁国安、白蒲：《1997 年金陵间谍大案　报社记者为虎作伥窃取情报》，《生活报》1998年 1 月 11 日。

第六节 媒体为广告主话语权服务的组织行为

一 媒体内部与媒体之间对广告事件的集体策划

以下为《广州日报》2006年9月18日的内部通报：

　　7月末，我们接到了一个不寻常的电话，电话来自《广州日报》广告最大客户之一——广东移动。当我们应此电话之约，踏进广东移动总部全球通大厦会议室之际，端坐在会议室的移动市场部老总给我们带来的信息是：移动公司下半年媒体投放大项目"感谢广东"已是箭在弦上，一触即发；基于之前积累下来的紧密合作关系，广东移动将本报纳入核心合作媒体圈。

　　《广州日报》，是一块金字招牌

　　广州日报与移动公司的合作，已经有相当长时间。用移动公司人员的话来说，就是"强强联合"，一个是电讯业龙头，一个是报业翘楚，多年的磨合已使双方在合作上达成默契。

　　而《广州日报》也的确没有令移动失望过，早在2002年，为了配合移动的宣传需求，本报就为移动度身定做了系列专刊、专题型广告，开创了移动专题广告的先河，自此之后，移动与《广州日报》的专题型广告合作几乎从不间断。2005年3月至7月间，移动全球通品牌与本报、广州电视台合办"创广州传说，我能"活动，引起社会的广泛关注，该项目作为"样板工程"在全省推广，大大增强了移动公司对我报的信赖。长期良好的合作关系，为本报与移动在本次"感谢广东"项目的再度携手奠定了基石。客户几乎毫不犹豫地向我们说：本次项目，本报是移动的核心战略合作伙伴。《广州日报》4字，有如一块金字招牌，象征着优质的出品，给客户带来了信心。

　　厉兵秣马，打一场漂亮仗

　　参与本次项目的核心合作媒体有6家，报纸3家（《广州日报》、

《信息时报》、《南方日报》），电视台 2 家，网站 1 家。这意味着在这场媒体大战中，《广州日报》一定要做到最好，争取移动最多的投入，而据我们估计，此次项目的投放金额也将是空前的，一定会刷新"创广州传说，我能"的单项投放纪录。

"感谢广东"项目，得到了报社领导和各部门的大力支持。社长、总编辑亲自部署成立项目组，召开会议，调动社内资源；品牌市场部主任、广告处处长带领项目组，亲自与客户沟通，策划修改方案；夜编、经济、专刊、政文各部积极参与，出点子出人；项目小组成员发挥各自特长，为项目的顺利实施付出巨大努力。

号角，才刚刚吹响

目前，"感谢广东"项目在《广州日报》的广告宣传已经正式启动：8 月 22 日，投放一元购机跨全版专题；8 月 25 日，投放"八大套餐"半版专题；8 月 31 日，连投四个全版专题；9 月 11 日，投放"EDGE 信息包"专题……

看到已见报的专题，移动公司表示很满意，对于移动来说，《广州日报》优秀的稿件和良好的服务质量就是值得信赖的保证。有人说，媒体之间的竞争就是一场没有硝烟的战争。现实中，在广州这个残酷的媒体战场上，《广州日报》已经享誉多年。我们知道，领先的原因是：《广州日报》听见的，只有战争的号角，因为《广州日报》一直在全力向前冲。

（广告处客服中心品牌一部）

1. 内部通告的背景

按照企业投放广告的常识，广东移动公司 2006 年下半年广告量投放大的"感谢广东"项目应该在 2005 年年底，最迟在 2006 年上半年就已经确定预算计划与广告投放媒体。该项目"已是箭在弦上，一触即发似乎不同寻常"说明广东移动早有计划与预算。尽管《广州日报》与广东移动有"长期良好的合作关系"，"广东移动是《广州日报》广告最大客户之一"，而"磨合多年"说明两者关系是在矛盾中发展的，这可能是该报一直没有成为广东移动核心合作媒体的原因之一。"不寻常的电话"对《广州日报》非同寻常，广东移动在7月底突然把该项目给了《广州日报》，并把《广州日报》纳入"移动公司核心合作媒体圈"。这确实有点蹊跷。据熟悉内情人士透露，广州市《羊城晚报》报业集团在广告上与广东移动原有比较好的合作关系，是广东移动的核心合作媒体。《羊城晚报》报业集团所属的《羊城晚报》报道了广东移动的负面新闻而《广州日报》等媒体没有报道，广东移动为此撤出了所有投放在《羊城晚报》报业集团的广告，把原有广告全部投给到《广州日报》、《信息时报》、《南方日报》等媒体。在广告市场竞争中，大众媒体如果得罪广告主尤其是大广告主，广告主就会以撤出广告相威胁。这对媒体来说是撒手铜。"不寻常的电话"暗示了该客户专门召见《广州日报》广告部的真正原因，熟悉内情的人提供存在的事实是"不寻常的电话"发生的原因所在。"广东移动总部全球通大厦"在内部通报中的出现，暗示了作为大广告主的广东移动对该广告活动的重视，广东移动广告投放的媒体更换快，动作大。"广东移动将本报纳入核心合作媒体圈"一方面显示了《广州日报》的影响力和公信力，另一方面该广东移动把"感谢广东"项目广告投放到《广州日报》的真正原因传递给该报领导层。

2. 该广告项目得到了报社领导和各部门的大力支持

社长、总编辑亲自部署成立项目组，召开会议，调动社内资源；品牌市场部主任、广告处处长带领项目组，亲自与客户沟通，策划修改方案；夜编、经济、专刊、政文各部积极参与，出点子出人；项目小组成员发挥各自特长，为项目的顺利实施付出巨大努力。社长和总编辑亲自出面，媒体采取集体行为，这说明广告主投放广告费用"空前"，广告竞争压力大，客观上也陈述了新闻采编与经营两分开在媒体已经变得很难了。

笔者查阅《广州日报》，该报以"专题"的形式对该广告主活动进行了刊登。该报8月22日全版专题（A10），8月25日半版专题（A9），8月31日，四个全版专题（T1、T2、T3、T4），9月11日"EDGE信息包"专题。行内人士把"专题"称为"专题新闻"，本质上是一种软广告。该广告报道采用博客、网络回答、采访和通讯方式报道，涉及的人有该企业领导与员工、各种消费者、大学教授、新闻界业界人士、政府官员、受帮助的人士等，一个共同的特点是都交口称赞该企业主的产品优点与报效社会的善行。这正是广告主所要追求的。

内部通报的采编与经营部门通力合作令广告主比较满意的事实，不但客观上说明采编与经营两分开在广告主利益面前难以分开的情况属实，而且从媒体的组织目标和组织结构来看，大众媒体在激烈竞争的市场环境下为防止利益失衡与资源争夺失利，存在着对广告主严重的依赖性，存在着采编与经营刻意构建为广告主服务的新闻倾向性问题，而媒体内部采编与经营部门的集体策划有利于规避责任与被追究。

在市场经济发展过程中，企业广告主靠给媒体工作者发红包播发新闻的情况越来越少，而媒体通过内部体制的集体行为为广告主服务的情况越来越多。一方面广告主尤其大广告主通过各种促销活动来引起媒体的关注是一种公共关系行为，另一方面暗地通过在媒体做广告使媒体通过体制内集体行为的采编与经营相配合来为广告主服务，不但提高媒体自身的公信力与广告效益，广告主和媒体规避了法律法规而实现了个体的经济效益与社会效益。

3. 根据内部通报与笔者查阅相关媒体报道发现，广告主以广告费等手段使不同媒体为其广告促销活动作"客观性"报道，使广告活动如同新闻报道，实现了广告主希望的消费主义的媒体造势

不同媒体之间的集体行为构建的虚拟环境为受众提供一个理解事实的框架和创造对现实的感觉，媒体客观上制造了被广告主影响与控制的媒介现实与消费主义的虚拟环境。这种虚拟消费的社会现实虽"不能完全强化与控制消费者的意识与无意识"，而"广告宣传的胜利意味着消费者即使能识破它们，也不得不去购买与使用他们的产品"。①

某电视台以该企业的"感谢广东"的大型营销系列活动加以报道。相关网站对该广告主的广告活动加以转载报道。

2006 年 11 月 15 日，南方报业传媒集团主办、《南方日报》、《南方都

---

① Theodor W. Adordo, *The cuture Industry：Selected Essays on Mass Cuture*, London：Routledge, 1991. p. 157.

市报》承办"'感谢广东'与和谐社会构建理论研讨会"。研讨会内容是广东移动公司的一个广告内容：

> 2006年8月底，中国移动广东公司面向广东地区推出"感谢广东"大型活动，自觉从企业、产业和社会三个层面，针对政府、客户、合作伙伴、员工、同业者、媒体等利益相关者，推出六大系列、十大工程和百大项目，以实际行动回馈客户、推进信息产业发展，助力构建公平和谐信息社会。这种以"感恩感谢"为主题的系列活动，对企业参与和谐社会建设起到了示范作用，正逐步在社会上引发"感恩感谢"的风潮，形成"感谢广东"现象。

《南方日报》11月16日 A03要闻版对"'感谢广东'与和谐社会构建理论研讨会"的报道是一篇质量较好的新闻报道，但该报道被一些网友视为"互相肉麻吹捧"之作。[①]

广告宣传与新闻报道媒体之间对广告主的广告活动的互动，把广告主的活动推向高潮。不熟悉内情的消费者群体肯定广告主的义举，认同媒体的报道。本则内部通告清楚地表明，该广告主的广告活动或者营销活动是否具有新闻影响力与传播价值，不在于其事件的新闻价值，主要在于新闻媒体与广告主的事先策划。

二　媒体体制内集体行为对广告专题与新闻版面的编辑构建

作为与媒体利益攸关的广告主，靠一个广告救活一个企业的时代已经过去了。在市场经济的激烈竞争中，媒体的利益与广告主的利益关联越来越紧密。广告新闻在媒体版面与时段稀少时曾大放异彩。独立于广告版面的专题类与特刊等版面应运而生，至今仍然焕发特有的广告功能，是媒体创造广告效益的一种重要手段。这是媒体以集体行为所构建的一种特有的"软文"形式与独特的广告景观。

---

① 天涯社区某论坛。

特刊、专题等为媒体创造了很大的广告利润，如《广州日报》在
2006 年"时尚标"季节性特刊的版面标价（见表 3－2）。

表 3－2 "时尚标"季节性特刊版面标价

特刊时间	特刊名称	版数	占版率(%)	广告收入
×月 7 日	春季魅影	5 版	67	30
×月 6 日	轻松一夏	6 版	63	20
×月 28 日	秋风送美	5 版	67	26
×月 28 日	冬季绚彩	4 版	58	25

集体行为的新闻策划以隐形版面出现。报纸作为一个信息载体，既通
过版面传播显性信息，也传播隐性信息。显性信息是由版面的文字与图像
呈现的信息，隐性信息是通过版面的编排设计传递的信息。隐性信息按其
功能划分，主要有评价性信息、情感性信息和启示性信息。[1] 报纸版面设
计主要考虑的要素是版式、标题、图片，这三者如何安排，其依据是编辑
对整版稿件的编排与处理，同时遵从于整个报纸的统一风格。版面作为一
种报纸编辑的语言与符号，反映出社会构建意识。

《广州日报》食品线在 2006 年不同版面开展的系列合作创造高广告
效益，广告增收近 350 万（3478612）元。广告形式是通过隐形版面，在
相关版面结合产品广告诉求，突出与广告相呼应的元素，为广告客户提供
增值服务，以求扩大社会影响，开拓版面合作的新空间，推动其他同类型
广告客户的广告投放，使广告效果最大化。

该报通过对百事可乐疯狂足球与体育新闻内容构建情感性信息创收 15 万
元。狂欢是广告主促销的主题。标题为"尤文在阴影下狂欢"，图片是尤文图
斯队在操控裁判丑闻中在客场以 2:0 获胜，第 29 次举起该国甲级冠军奖杯。
"版面元素，诸如活字、线条、色彩等，不是单纯的印刷符号，由于人们生活
感受的泛化，它们也被赋予一定的感情色彩。"[2] 新闻要素与广告诉求的消
费活动与情感主题合拍，这是版面隐性信息的情感性信息（见图 3－3）。

---

① 张子让：《版面的隐性信息》，《新闻记者》2000 年第 12 期。
② 张子让：《版面的隐性信息》，《新闻记者》2000 年第 12 期。

图 3 – 3 　《广州日报》版面隐性信息的情感性信息构建

　　该报通过对佳得乐与体育版篮球新闻内容构建版面隐性信息的评价性信息创收 327220 元。《惨败！中国男篮净负 47 分!》，是中国队与西班牙队的差距，不是与美国队的差距。"美国国家篮球队指定运动饮料"的广告似乎与该标题无关，但暗示西班牙队不是美国队的对手，暗示该运动饮料助美国队未来夺冠。广告在版面的顶栏非常炫目，左中角有一幅广告图片恰到好处，广告与大字新闻报道和新闻图片相得益彰，既突出显眼，又不喧宾夺主，显示广告冲击力（见图 3 - 4）。

　　该报通过与青岛啤酒深度合作构建版面隐性信息的启示性信息创收818405 元。公关第一，广告第二，如今广告主不只是停留在硬广告的基础上，而是通过公共关系来实现自己的消费目的。在激烈的市场竞争中，消费者消费意识逐步提高，广告主在媒体版面的要求越来越高，媒体在广告主要求下在版面中越来越融入了广告主的利益要求和广告的消费诉求。"启示性信息不仅可能在组合编排中产生，也可能产生于连续编排之中"。① 版面中的新闻与广告展示广告主公共关系所起的作用与影响。"青岛啤酒·我是冠军"大型奥运挑战活动是该报举行的一次活动。《参赛之"最"令人醉》是一条图文并茂的新闻，与置下的广告完全糅合在一起（见图 3 - 5）。

　　据《现代广告》杂志调查结果显示，57.5% 的媒体"与客户组织推广活动的目的在于加强与广告主的直接联系，形成热点效应，突出板块优势。"② 《广州日报》三个例子基本上突出了板块优势，形成热点效应。这种版面构建是一种广告创意，广告主似乎没有影响新闻报道内容与控制版面或时段，而事实上刻意制作的标题等版面元素已经深深地被打上了广告话语的烙印。广告与新闻在版面行为中的组合构建新的表述与新的意义，这种新的叙事方式本质上是广告主的话语权展示，是通过媒体利用版面设置影响情境，构建符合消费诉求的版面，把广告主的消费意图转给设定的角色。"媒介既反映又塑造我们的文化，为我们进行选择并作出解释，它们还为我们提供一个理解事物的框架和创造对现实的感觉"，③ "媒介在时间与空间上对社会组织产生决定性的影响"。④

----

① 张子让：《版面的隐性信息》，《新闻记者》2000 年第 12 期。
② 黄利会、彭光芒：《广告对社会的控制形式》，《当代传播》2005 年第 2 期。
③ 〔加〕玛丽·崴庞德：《传媒的历史与分析——大众传媒在加拿大》，郭镇之译，北京广播学院出版社，2003，第 103 页。
④ 〔加〕哈罗德·伊尼斯：《传播的偏向》，何道宽译，中国人民大学出版社，2003，序言第Ⅴ页。

图 3 - 4 　《广州日报》版面隐性信息的评价性信息构建

图 3 – 5 《广州日报》版面隐性信息的启示性信息构建

第七节　"吾丧我"：媒介者主权的碎片化导致话语危机

　　"社会权力很少存在于个人之中而更多地隐藏在传播的过程和逻辑之中"，① 同样道理，广告主影响与控制中国大众媒体"更多地隐藏在传播的过程和逻辑之中"。广告主作为媒体的重要客户，是中介方（广告公司）和发布方（大众媒体）的"奶牛"，保证了媒体的发展和繁荣。中国绝大多数大众媒体靠政府财政哺育的时代一去不复返，因此对广告的依赖性很大。据《现代广告》杂志报道的调查，我国 2003 年广告主直接投放在中小媒体的广告经营额均超过 50%，投放在大型媒体（2002 年经营额1 亿元以上）的广告经营额也达到了 34.2%。② "广告对报纸的支持是一种复杂的恩赐。报纸对广告的依赖可能使报纸出版者偏袒企业商人的道德准则和利益"。③ 诚如施拉姆所言："新闻事业是一种双重性格的事业。站在为公众提供普及教育的立场来说，大众传播是一个学校，但是，站在为投资者赚钱的目的而言，大众传播是一个企业。任何传播媒介的负责人，受这种双重性格的影响，一方面要尽校长之职，另一方面要尽经理之职，这两种职务有很多时候是互相矛盾的。"④ 中国媒体正处在巨大的社会转型期，媒体的双重性质和功能导致新闻生产中宣传导向与市场效益之间的矛盾突出，新闻价值标准模糊不清，编辑部的运作规则缺少制度化保障，新闻从业者个体与新闻媒介组织的身份认同涣散。⑤ 以庄子之语一言以蔽之："吾丧我！"⑥

　　"吾丧我"本质上是米德所谓的"主我"（I）即"吾"与"客我"

---

① 〔美〕戴维·阿什德：《传播生态学：控制的文化范式》，邵志择译，华夏出版社，2003，序言。

② 黄利会、彭光芒：《广告对社会的控制形式》，《当代传播》2005 年第 2 期。

③ 〔美〕梅尔文·L. 德弗勒等：《大众传播通论》，华夏出版社，1989，第 74 页。

④ 转引自陈石安《新闻编辑学》，三民书局，1981，第 48 页。

⑤ 陆晔：《权力与新闻生产过程》，www.cngdsz.net。

⑥ 《庄子·齐物论》。

(me) 即"我"的矛盾对立问题。米德的"主我与客我"论①是从传播心理与"社会交流"层面来描述与论述主我与客我的各自特征和互动情状的。米德把自我（self）分成主我（主观我）和客我（客观我）。主我是指自己感到是自己，是思考者、行动者的主体。客我是社会的我，一是自我的关于他人对自我形象的心理表象，二是自我对他人对自我的期望的内在化。主我是有机体对其他人的态度做出的反应；客我则是按照有意义的他人和整个共同体的观点来设想和认识自我，它反映了法律、道德及共同体的组织规范和期望。

在广告主和大众媒体的关系中，作为媒体的"客我"表现是价值理性的新闻本性。新闻媒体的传播具有环境监视、解释与规定等的社会化功能，通过对记者的报道并作出价值评判，并唤起普遍的社会关注，构建具有价值判断的舆论环境，体现对公共利益与新闻价值的肯定与认同。作为媒体的"主我"表现是工具理性的商业属性。广告主提供的广告为媒体的发展提供了巨大的经济支持，媒体商业运作的结果是自身成为巨大的产业。

从媒体的历时性发展看，媒体在官报、党报与商业报刊三个阶段②是媒体"主我"、"客我"相悖的历史。以报纸为代表的纸质媒体首先是以政府为代表的官方就力图控制媒体，媒体主要是主我的表征，是官报阶段，是以专制政府为代表的计划者主权的话语权，作为媒介者主权的大众媒体臣服于以专制政府为代表的计划者主权。进入党报时期，大众媒体是党争的工具，是计划者主权的一种外化形式。观点与意见自由市场的呼声是媒体的价值理性的表现。媒体为了赢得自身的独立，不受政府和政党的控制，通过广告降低成本，廉价商业报刊出现，是媒介者主权曙光的开始确立。但是随着资本主义自由竞争和垄断阶段的来临，随着竞争和垄断的加剧，广告主成为媒体工具理性的主我，生产者主权膨胀，媒介者主权碎片化。从共时性分析，作为在社会主义市场经济中的中国媒体，同样出现

---

① 〔美〕乔治·赫伯特·米德：《心灵，自我与社会》，霍桂桓译，华夏出版社，1999。
② 本书采纳陈力丹的"官报、党报和商业报刊"的划分法。参阅陈力丹：《世界新闻传播史》，上海交通大学出版社，2002。

了媒体的价值理性与商业的工具理性的断层现象，即大众媒体为了广告利益而放弃价值理性而转向工具理性，导致媒体自我的人格分裂即主我与客我的悖离（见图 3 - 6）。

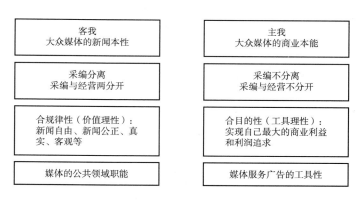

图 3 - 6　大众媒体自我（self）的"人格分裂"

　　媒体自我（人格）分裂如同荣格所说的"人格面具"，一方面，表现为媒体自称自身具有公共领域的机能，新闻报道就像一个人的眼睛看到的那么真实，是党、政府和人民的喉舌；另一方面，媒体的领导层、记者编辑等在现实环境下不是真正的采与编两分开、采编与经营两分开，而是以广告为纽带与桥梁，在媒体组织构架下把媒体组织目标的重点落在经济效益上，使新闻报道戴上广告主尤其是大广告主广告消费诉求的"有色眼镜"。两者在媒体自我中表现的自在与他在的相悖性，产生与构建信息时代的一种话语危机，本质上是一种"广告自我"（self-advertising）①。

①　Michael Schudson，*Discovering The News*：*A Social History of American Newspapers*，New York：Basic Books，Inc.，Publishers. 1978.

第四章
广告主通过广告代理者影响与控制大众媒体

广告公司是广告代理者与广告经营者，是指依法成立的专门从事广告经营服务的具有法人资格的企业、组织或个人。广告公司按照广告主委托而从事广告的策划、起草、制作、实施等专业性的广告业务，并针对广告在报纸、杂志、广播、电视以及其他媒体上的版面、刊播时间等问题与广告媒体所在的媒体单位签订合同，从而为广告主提供广告服务。按照广告公司的功能不同，广告公司分为综合型广告公司、专业型广告公司、广告代理商以及广告制作机构。按照所属性质划分，有媒体的广告公司、所属企业的广告公司和专业型广告代理公司（包括媒体购买公司）。由于研究资金原因的困境和资料来源的难易度，也是为了便于论述，本书中择取的广告公司类型主要为三类：媒体广告部、企业广告公司和独立于媒体与企业的专业广告代理公司与媒体购买公司。

第一节　媒体广告部对大众媒体的影响与控制

媒体的广告公司是媒体自身的代理公司、媒体自身投资建立的代理公司、通过买断等方式代理媒体资源的广告公司等。媒体包括报纸、杂志、电视、广播、互联网、户外等各种通道资源。为便于研究，本书择取报纸、电视等媒体的广告部作为研究对象。

媒体广告公司主要是依托于媒体的本土广告公司。Kong Liang 与

Jacobs 在《中国广告公：问题与关系》一文中认为，本土广告公司相对竞争优势主要是在于和政府与媒体等的关系上。[①] 据相关学者抽样研究：中国本土广告公司接近一半都是媒介依托型的。[②] 在现实媒介环境下，广告主一般都非常重视同媒体的合作关系，都比较重视向依托于媒体的广告部。

一　媒体广告部是媒体自身利益的攸关者与广告主利益的维护者

媒介广告经营涉及媒体的利益相关者。利益相关者是在媒体组织中拥有直接的政治、经济、法律等利益的个人或团体。媒体自身的代理公司，主要是媒体的广告部或广告公司。从媒介经营角度来看，广告经营是媒体在经营和发展中胜过竞争对手的核心利益，媒体自身的广告部或广告公司是媒体利益攸关的核心所在。

媒体年度广告额大小是媒体势力大小的指标，是衡量媒体影响力的参数。为了提高广告收入，媒体领导层对广告部门给予优惠政策，给予广告部门较大自主权，如经济利益的分配等。广告部门的领导与职员利益和年度广告收入多少有着极大利益关联，谁拿的广告数额大，谁奖金多。在广告部实行淘汰制，广告业务员压力极大，流动性大。广告部门经理个人经济收入甚至比媒体的副总级领导还好，有的广告业务员比广告部经理与媒体领导层的经济收入好。这些是媒体内部经济杠杆调节的结果。为了实现媒体最大利益，大众媒体领导层在广告部门派驻能干人员，如 2006 年的南方某报广告部，"铁饭碗"人数即报业集团派驻广告部的职员占广告部人员数额的 2%，大多是中层领导干部，代表该报业集团管理广告部。

在激烈的市场竞争中，广告部门为了实现媒体最大利益，为了完成年度广告任务，采取诸多方法和各种措施满足广告主要求。媒体诸多满足广告主需求的游戏规则是媒体心照不宣的规定，媒体内部记者与编辑等人员必须遵守广告主对媒体的潜规则。

---

① Kong Liang, Jacobs: *China's Advertising Agencies: Problems and Relations*, *International Journal of Advertising*, 1994, Vol. 13 Issue 3, pp. 205–215.

② 史学军：《产业特征、组织创新与本土代理的挑战》，《广告研究》2006 年第 2 期。

第一，媒体广告部门每年或每季或每月会列出一个重点广告行业与重点广告客户的保护客户名单报呈编委会等部门与社长/台长等领导，禁止自己媒体有曝光自己广告客户的负面新闻与批评报道。同时，广告部门加强媒体经营层与媒体采编部门领导的相互沟通，尤其对社长/台长与总编辑等领导的汇报与请示，对广告主进行全面包装与利益保护有利于实现媒体、广告主与广告部门三者重大利益的关联与共享，有利于维护广告主与媒体及其广告部门的最大利益。这是媒体内部一条最基本的游戏规则。媒体相关部门与领导一般会采纳与照准广告部门报呈名单，并通知给采编部门，要求在采编部门中的记者与编辑一般情况下不得触及自己广告客户的负面新闻与批评报道。即使记者采访了自己广告客户的负面新闻，编辑与值班总编辑把关不使其报道，或广告部门与媒体采编部门领导协商，把负面新闻改为正面新闻报道。各种舆论压力使得媒体不得不报道自己广告客户负面新闻的情况下，仍须征得社长/台长或总编辑等媒体领导与编委会的同意，采编部门会在广告部门的指导下，在报道时尽量减少报道时间、缩小新闻版面与缩短报道次数，尽量避免使用对广告主与广告产品产生消极影响的敏感词汇和负面新闻的关键词，尽量避免产生让广告主难受的"过激"负面报道与使广告产品销售受到消极影响的"过头"批评报道，媒体应该从行业视角提出建议性意见，或者从不同角度解释该事件的不可预测性。

第二，在广告主指定的版面或时段做广告，甚至压缩新闻版面为其服务，这在媒体编委会上都可以讨论，大多情形下会予以通过。

第三，除媒体对自己广告主进行新闻报道和大量软文写作外，还通过公关活动，联系相关媒体互动报道，扩大广告主及其产品的影响，实现媒体之间合作的广告利益最大化。

第四，媒体采编部门的媒体策划和广告部门的广告策划互动合作，以新闻报道形式制造公共叙事，构建消费环境，引起消费热潮。

第五，媒体向广告主年度答谢，以物品、旅游或答谢会等形式。诸多媒体每年进行对业务关系往来的广告主答谢会，利用自己和关系密切的媒体进行报道。有的甚至给业务来往的广告主送礼，以联络感情。如 1999

年2月、10月，2000年1月，原沈阳日报社总编辑、党委书记兼沈阳日报报业集团总裁傅某利用其审批减、免广告费的职务便利，以给予《沈阳日报》有业务关系的单位和个人送礼为由，责令《沈阳日报》广告部主任裴某先后到沈阳荟华楼金店以广告费冲抵购买铂金钻戒14枚、千禧金条9根。傅某因将其经手保管的2枚铂金钻戒（价值人民币3.4万元）、6根千禧金条（价值人民币45942元）侵吞而被法律机关惩罚。①

第六，关系到地方经济利益的广告主报道，地方媒体是以正面报道为主，以树立良好企业形象为主，客观上是为该地区做形象广告。

第七，在广告主广告产品消费出现负面舆论时，广告主在其广告业务发展过程中和媒体广告部相关人员形成的人情关系与私人交谊关系对媒体是否跟风报道产生影响力。广告主通过广告部在媒体内部的人际关系使媒体不跟风进行负面报道，或通过广告主公共关系机制启动媒体广告部及时在媒体做广告，媒体马上会把其负面新闻掐掉而换上一副赞扬的面孔。媒体广告部在媒体内部与各部门之间的人际关系沟通在某种程度上体现了中国社会特有的人情关系，有时候是一种潜规则。这在中国人情社会是通行的，这不是中国记者协会制定的几条规定能够限制住的，也不是学者几句啰唆的呐喊能够解决的，也不是几个受害的消费者控诉能够起决定作用的。

二　文案分析：广告部成为媒体策划的挣钱利器，媒体成为广告主的话语工具

本书以湖南省长沙市某报广告部《×××杯首届某地某事文化节》总策划方案（初稿）（参见附录二）为例加以分析。

纸质平面媒体ABCD报是AAAA报的一张子报，是长沙市一份有名的都市报，在湖南省媒界有一定的地位和影响。2005年广告收入达9000万元，2006年达1亿元。

---

① 《沈阳日报社原总编辑涉嫌受贿贪污案开庭审理》，2002年8月30日10：55中国新闻网。

　　该文化节主办单位为 ABCD 报与某商业广场，协办单位是属于在该商场同一类型的某些品牌产品，承办单位是某企业文化传播公司和某文化发展有限公司，时间为 2005 年 10 月至 2006 年 1 月。

　　广告部策划的该文化节以媒体 ABCD 报为主办单位，主观上是广告部希望以媒体的声望和影响做这场广告促销活动，以迎合广告主的消费期望和积极参与，以媒体的公信力赢得消费者的认可，而客观上反映的是媒体以经济利益为目的的一项广告活动。作为一家媒体的广告部人员主要以广告业务员为主，广告部唯一优势是媒体的广告部，拥有媒体资源与媒体人脉。两家广告公司承办，其中某企业文化传播公司是主要策划。

　　在策划书里把媒体领导放在首位，旨在获取媒体内部各部门的协调与版面的支持。强调媒体总编辑是为了吸引广告主的关注，旨在说明媒体愿意为广告主服务。ABCD 报总编辑×××、编委×××、周刊部主任×××是组委会领导与成员，清楚表明媒体 ABCD 报采编部门已介入媒体的广告经营活动。

　　　　组委会主任：×××——ABCD 报总编辑；×××——某商业广场总经理；

　　　　组委会成员：×××——ABCD 报编委；××——某企业文化传播公司董事长；××——某文化发展有限公司（领导）；×××——（某商业广场）百货事业部总监。

　　　　组委会秘书处：

　　　　秘书长：×××——ABCD 报广告商务中心主任；

　　　　副秘书长：×××——ABCD 报广告商务中心业务总监；×××——某商业广场企划部经理；×××——某企业文化传播公司总经理；

　　　　秘书处成员：×××——ABCD 报品牌推广中心副主任；×××——ABCD 报经济周刊部主任；×××——ABCD 报商业通讯部副部长。

第三，媒体在广告策划上制造公共叙事，对广告主产品进行系列新闻报道，吸引受众注意力，构建消费热潮的舆论环境。

1. 该策划案策划了八个活动，包括××论坛、原创征文、问卷调查、××大赛与颁奖晚会等（参见附录二）。其中，对某品牌的认识和感受的有奖原创征文和问卷调查刊载在 ABCD 媒体上。

2. 媒体 ABCD 报开辟专栏进行报道。活动期间，凡在文化节活动地点作促销活动的品牌，将获媒体 ABCD 报的新闻支持一次以上（告知性新闻或总结性新闻）。

3. W 电视频道加入，与 ABCD 报新闻互动报道。电视与报纸两种媒体实现新闻与广告的互动。该策划案显示，支付 W 电视频道费用预算为现金 5 万元（参见附录二中"支出费用总预算"第 10 项）。ABCD 报和 W 电视频道在活动启动前一周开始活动前期节目与新闻报道的预热，广告主在 ABCD 报和 W 电视频道投放同步广告，ABCD 报以自身的名义投放 2 期半版硬广告、2 期横 1/4 版硬广告。该策划案要求在活动现场展示三家主办单位的名称与 LOGO，W 电视频道进行一定时段的预告性推介，ABCD 报的新闻报道和 W 电视频道的新闻宣传，必须紧紧围绕××文化节八大系列活动以及相关热点事件进行，达到多层次、多角度、全方位宣传××文化节的目的和效果（参见附录二中第 2 项、第 3 项）。

第四，从"优惠措施条款"和总冠名等招商"媒体回报"条款的规定来看，一方面广告市场竞争非常激烈，该媒体试图通过优惠手段赢得媒体市场竞争的优势；另一方面是广告主对媒体如何报道与报道什么有严格的规定，媒体必须按照广告主要求进行广告宣传，而媒体为了广告利益而失去自我（self），广告部成为媒体谋取利益的工具，新闻成为广告的等价交换品。

"优惠措施条款"：

1. 活动期间，凡参加此次活动的品牌在 ABCD 报上投放活动广告一次（1/2 通栏及以上，规格、规模不限），ABCD 报将给予最低折扣（××品牌投放广告，一律以 ABCD 报刊列价给予最低折扣 5.5

折计算），并提供新闻一次（不低于600字）；

2. 凡在ABCD报上投放相当于两个1/2版彩色硬广告以上的×××品牌，W电视频道某栏目将对该品牌进行2分钟专场品牌宣传一次；

3. 活动期间，凡在ABCD报上投放1/2版彩色硬广告以上的×××品牌，ABCD报将对该品牌（1000字加图片）专题报道。广告投放超过1/2版彩色硬广告以上的×××品牌，ABCD报根据双方合作协议进一步的支持。

总冠名招商"媒体回报"条款（与活动回报、广告位回报、其他回报条款并列）：

总冠名：25万元起，仅限一家企业。总冠名形式：×××杯首届×××文化节。

1. 给予ABCD报42万元（按刊例价格计算）硬性广告的版面，刊发形式自定，某年5月底以前用完；

2. 给予ABCD报10篇500字以内的软文（按刊例价格计算，价值4万元），某年2月底以前使用完；

3. ABCD报提供相应新闻报道支持若干次，某年2月底以前有效；

4. 在ABCD报、AAAA报等平面媒体的大赛平面媒体形象宣传广告中体现总冠名企业及产品，并给予其中不少于30%的版面宣传总冠名企业，不少于10次（广告价值80万元）；

5. 电视形象宣传广告中体现总冠名企业及产品，不少于100次（广告价值50万元）；

6. 相关活动的新闻报道中，尽可能多的体现冠名企业及产品。

ABCD报该策划案的"目的、目标"部分在第一款，即"通过××××文化节的组织实施，融洽客户关系，打击竞争媒体，推介本报品牌，……"。另外，媒体为了吸引广告商，给予了广告商诸多优惠条件，只要广告主在媒体做广告，就会享有提供新闻等实惠的利益，会得到价值不菲的广告回报。在该文化节活动期间广告主享有新闻报道权利的最低要求是"1/2 通栏及以上"的广告，25 万元起的总冠名商作为广告主可以在该媒体做有 42 万元广告价值的硬广告，10 篇 500 字以内的软文（一篇软文价格为 4000 元，一个字符 8 元），若干次的新闻支持报道即新闻广告，价值 130 万元（报纸 80 万元，电视 50 万元）媒体回报的形象宣传广告。媒体为广告主已是竭尽所能提供其媒体资源，这对广告主来说是一大优惠举措。从媒体主导该活动上看，媒体已竭尽全力，做的相当到位，但从媒体的伦理道德底线来看，媒体在某种程度上为了广告利益已失去了公信力与社会责任，成为广告主利益的代言人。从"优惠措施条款"和总冠名等招商"媒体回报"条款的规定来看，不论媒体在该文化节活动过程中是否实现，其执行的程度怎么样，在不完善的市场经济环境下至少说明了媒体广告部在媒体进行新闻策划的情况是严重存在的，媒体广告部主动利用广告事件谋取利益与制造公共话语的情形在大众媒体中普遍存在，可能只是程度差别而已。

据笔者采访业界学界人士，业界认为这在广告界与新闻界是众所周知的游戏规则，学界人士认为这种情形是一种不再需要验证的假设。

三　广告部与媒体内部领导的相关利益关联

在媒体与社会的转型期间，媒体发展是否强大，体现出媒体领导的能力、水平与操纵能力，而反映当今大多数中国媒体力量离不开媒体自身的广告经营。在大多数媒体的职位中，广告部是最大的肥缺，能够坐在媒体广告部经理或广告处处长交椅的人，要么是业务能力很强的人，要么是有一定背景的人，要么是跟媒体相关领导走得很近的人。无论广告部门负责人当时是如何上台的，但广告部门负责人首先一定要有业绩，让媒体广告经营额提升与发展。广告部门是媒体发展的两大车轮之一，媒体领导重视广告部门，负责媒体广告部门的管理者重视加强与媒体领导的关系，在工作关系上媒体领导层与媒体广告部门负责人的密切是一种天然的产业联系与组织结构，客观上为媒体领导层或"一把手"在广告领域的贪污、受贿、腐化等提供了土壤，为媒体领导层与媒体广告部门管理者存在相关利益关联提供了机遇。

作为媒体尤其是强势媒体对广告主会产生一种自然的影响力，媒体领导尤其是媒体的"一把手"既掌握了媒体最大的行政资源，对媒体拥有较大主导话语权，又与诸多重要行业的广告主的私人关系甚密。这对广告部门负责人任命会产生较大影响，广告部门负责人对媒体某些领导与"一把手"会产生某种依附性。媒体广告部门为了广告利益与媒体领导串通一气，是媒体丧失社会责任的一个主要诱因。

据笔者与学界某学者的交流，该学者认为大众媒体以广告、以挣钱论英雄，为媒体自身谋取经济利益，忘却社会责任，在当今中国已经不是个案。广告部与领导串通一气甚至贪污腐化不是个案。原广州市委宣传部副部长，广州日报社社长、总编辑黎元江是怎么进去蹲监狱的，这绝对不是一个简单的个案，而是反映了深刻的社会问题。

黎元江被"双规"，后被判刑12年。其中法院审理查明的一条罪行是：1997～2000年间，被告人黎元江先后十一次收受陶某人民币205000元，为陶某升任为广告处处长、社长助理及提请上级任命其为副社长、社委委员等方面提供了帮助。起诉黎元江的罪行还有：违规截留境外巨额广告费。经查，黎元江对未经批准在香港注册成立公司并违规截留、少计境外广告费收入共8440.5万元港币，致使报社偷逃税收共2639.81万元港币，应负主要领导责任。违规截留境外巨额广告费之事，广告部门最先知情，广告处处长最先知情人之一，但是广告处处长是报社社长兼总编辑黎元江下属，前者深知与黎元江的利益关系不敢得罪和监督黎元江，所以检察机关对黎元江"应负主要领导责任"的起诉词非常精准。

原沈阳日报社总编辑、党委书记兼沈阳日报报业集团总裁傅某被起诉的罪行与广告部利益关联最大。1994年1月至2001年3月间，被告人傅某利用其担任沈阳日报社总编辑的职务便利，在行使审定工作指标、审批下属部门年度承包奖金、人事任免等职务过程中，在不同的时间里，先后收受《沈阳日报》广告部主任裴某贿赂款人民币22万元，收受《沈阳晚报》广告部主任胡某贿赂款人民币17万元。

广告部通过与媒体某些领导的业务沟通、人情往来与贿赂形成重大利益相关，一方面广告部门希望媒体领导在人事任免、承包奖金、工作指标等方面给予方便与利益，另一方面在采编报道方面给予"工作"上的支持，实现媒体、广告主和个人的最大利益。对为媒体创造经济效益的广告部完全采编分离和采编与经营发行分离，很难被媒体内部与广告主接受与认同。"在一个重人情，'个体'不发达，必须借助'自己人'圈子照顾，而又不是由'罪恶感'支配的'良知系统'中，六亲不认的态度是不可设想的。"① 即使中国媒体有新闻专业主义精神的媒体从业人员，但是在中国的人情社会里，媒体领导不能不重视对媒体有生存、发展与繁荣的非常重要人际关系。如果媒体领导层对媒体广告部严格要求按规章制度办事，媒体广告部对广告主完全"公事公办"，对在媒体是否刊登广告的广告主一样态度，肯定是不现实的，也是不可能实现的。因此，媒体内部形成了一个自我核心利益相关的利益集团，并处于媒体行政资源、经济资源和社会资源"金字塔"的塔尖，切实地为广告主尤其是大广告商服务，媒体成为广告主的工具。

第二节　企业广告公司对大众媒体的影响与控制

企业广告公司一般是指企业属下的广告部、媒体部与公关部，或广告公司、公关公司。不同企业的广告部、媒体部与公关部的职能不一定相同，而在处理企业与媒体关系，或进行媒体与广告策划时，其作用大体一样。与媒体广告部或广告公司在功能上不同的是，媒体广告部门是媒体依托型广告公司，企业广告公司是广告主依托型广告公司。

企业广告公司与独立于企业和媒体的专营广告代理公司一样，在与大众媒体交往过程中的基本职能主要是：

1. 进行消费者对企业产品与品牌和媒体的关注程度、市场占有量、广告活动满意率及消费兴趣指向等方面的调查，在产品内容和品牌经营、媒体选择方面为企业及其决策层提供参考。

---

① 〔美〕孙隆基：《中国文化的深层结构》，广西师范大学出版社，2004，第67页。

2. 通过公共关系等手段，加强与政府各部门和官员的联系，获取政府部门及其官员的支持和政策扶持，以便于对大众媒体施加影响。

3. 帮助企业应付企业及其产品与品牌在媒体中的公关危机。

4. 进行新闻策划与广告策划，进行产品品牌的新闻与广告创意，树立企业在社会的品牌形象。

企业广告公司与独立于企业和媒体的专营广告代理公司，是互补关系。广告专营不是企业广告公司的长处，企业广告公司注重加强与政府的关系，广告策划等公关活动中注重用软文和新闻策划。专营广告代理公司注重广告创意，注重市场调研，注重宣传策划与公关活动。媒体广告公司与企业广告公司在广告创意与大型新闻策划与广告策划方面大多依托于业务性的专营广告公司。

一 广告主的广告投资与营销活动日趋理性，主导广告业与传媒市场的发展趋向

随着市场经济的发展与完善，广告主在对选择何种媒体做广告或做什么样的广告方面越来越理性，在广告方面的投资越来越理性与成熟。广告主依托公司，除提供决策参考外，更多的在广告主决策层中进行广告和媒介策划，是广告主的附属者。

媒体面对广告市场日益增大的竞争压力，为了实现媒体的最大利润与公信力，强势媒体通过广告购买来确定广告时段与广告版面归属于哪个广告主，通过广告主与媒体两者利益共绑实现共赢。在媒体主导的广告竞买过程中，广告主的广告投资与营销活动日趋理性，主导了广告业与传媒市场的发展趋向。我们从中央电视台 2006 年 11 月广告招商会的广告竞买中就可窥知全豹。

笔者在现场观摩了中央电视台 2006 年 11 月广告招商会某个时段的广告招商。中央电视台相关著名播音员与名主持人主持该广告招商会，央视很多记者与编辑等自发形成"啦啦队"到现场加油呐喊。笔者对中央电视台《新闻联播》19 时报时组合竞价（两个月一个单元）进行了比较详细的记录（以笔者记录为准。其中也有可能没有记录全，但

记录下了的基本准确）发现，尽管有拍卖师、名播与主持人和"啦啦
队"在现场制造广告时段竞标的气氛与气势，广告主的广告竞买非常
理性。

　　第一单元（1～2月）：1300万元（起价），3620万元（落拍），
广告主举牌31次；

　　第二单元（3～4月）：1300万元（起价），3020万元（落拍），
广告主举牌29次；

　　第三单元（5～6月）：1300万元（起价），2670万元（落拍），
广告主举牌41次；

　　第四单元（7～8月）：1300万元（起价），2660万元（落拍），
广告主举牌44次；

　　第五单元（9～10月）：1300万元（起价，989号广告主）－
2300万元（177号）－2600万元（886号）－2700万元（177号）
－3000万元（989号，落拍），广告主举牌5次；

　　第六单元（11～12月）：1300万元（起价）－1400万元（989号）
－1900万元（177号）－2900万元（989号，落拍），广告主举牌4次。

　　除了第一单元广告竞标达3620万元外（含元旦和春节的报时竞价），
其他单元均在2600万～3000万元之间。前四个时段拍卖时间近2个小
时，最后一个时段却只用了2分钟左右。前四个单元的平均竞价达34次
多，既反映了广告主对广告时段竞争非常激烈、非常残酷，又显示了广告
主在举牌竞价方面的理性。最后两个单元是同一个广告主989号竞价定
标，其中第六单元最后一次加价1000万元，一锤定音。一直参与竞买时
段的989号广告主，通过对第一、二、三、四单元的分析，在最后两单
元把握了标势而竞标成功。现场无论著名播音员与主持人和"啦啦队"
如何鼓动，无论拍卖师喊得如何叫劲，也没有一个广告主再往上竞价。
由此可见，广告主尤其是大广告主的理性竞标行为主导了广告业与传媒
市场的发展趋向。

二 企业广告公司炮制"软闻"

企业主的广告与公关等营销活动的理性追求是投资效益的回报，作为企业附属的广告与公关部门必须同样体现营销策略的理性。营销理性最突出的表现是：广告与公关部门把广告作为一种营销沟通的工具，把广告放在统一的营销计划，发挥有效的广告作用。

作为企业多项营销集合的活动，一般的企业广告公司（企业广告部或公关部）主要是参与。与政府关系的沟通主要在于企业主的领导层，对专业性的广告创意与大型的行销策划，除为企业参与提供决策的市场参考外，主要依靠专业的广告公司加以策划。企业广告部或公关部与媒体关系的一个重大特点是炮制软文/软闻，提供给媒体和记者，构建企业形象，推销企业品牌。

笔者与有 12 年新闻工作经历某博士、在某报实习的师妹三人探讨软文时，① 她说："现在写软文，联系相关企业的广告部或公关部，一般会遭到拒绝。要么把相关文件传给你，你发就发，不发他也不是很在乎。除非你是有一定影响的媒体，或跟他有业务往来的记者。而且他们越来越注重在促销类活动进行软文投放，使新闻、硬广告和软文等一起操作。"笔者告诫她说："企业喜欢搞活动，要多与相关企业交朋友，和相关记者多加联系。写了稿子，多向熟悉行当的记者请教，而且征询稿子是否给予企业公关部门把把关，让他们多提出意见或修改后才发稿，见之于媒体。尽量避免惹企业不喜欢、同行不喜欢与媒体不喜欢的事情，除非很有必要。"（后来她遇到笔者说，企业公关部门确实要求审稿，其他记者也如是说如此做，在媒体是一种正常情况与心照不宣的行规。包括影响力大的媒体的记者和编辑都是如此）由此可见，一方面，广告与公关部门所有的营销活动旨在通过有影响的媒体和熟悉记者的操作，通过多种形式的营销活动制造新闻影响，树立企业公信力，增强企业在社会的影响和良好形象。另一方面，

---

① 时间：2007 年 3 月 15 日晚，地点：中国社会科学院研究生院（望京）3 号楼 222 室。谈话内容有整理。

广告主或企业的公关部等对媒体策划的营销活动与新闻传播活动充当了"把关人"角色，旨在消除对广告主产业可能产生的消极影响，克服对企业形象可能出现的负面宣传，在营销活动中和在新闻传播过程中将企业和特定有价值的策划项目联系，以引导和促进消费者购买其企业产品。

软文是相对于单纯以广告形式出现的硬广告而言的。广告发展早期，企业花钱在报纸或杂志等宣传载体上刊登的纯文字性的广告，是一种付费给媒体的文字与画面广告宣传。随着广告的发展，类似于软文性质的文章、音频和视频等形式通过企业、广告公司或媒体等策划，以付费或非付费的企业宣传在多种媒体出现。本书把类似于软文性质的企业宣传与广告称之为软闻。软闻是广告主通过企业或广告公司与媒体的市场策划人员策划，在报纸、杂志、电视、广播、网络等媒体上刊播的，以提升企业品牌形象和知名度或以促进企业营销的宣传性与阐释性的文章、音频或视频等形式的宣传报道，包括策划的新闻报道、深度文章、付费的软文广告、案例分析等。美国媒界称之为"二类广告"现象："当代报纸普遍盛行登载大量没有什么价值的稿件，从任何意义上说，它们不是新闻，而是支持广告户的非广告的材料"，"一种介乎新闻和广告之间的在商业上被称为'呢子上的绒毛'"，是广告户用来"创造购买情绪"的东西。[①]

从学理上对"软闻"进行分析，"软闻"有如下特点：

1. 软闻是一种信息传播，具有告知性的（Informational）、指导性的（Instructional）、说服性的（Persuasive）与娱乐性的（Entertaining）等传播手段和传播作用；

2. 企业通过对单个或系列的公共关系事件的策划以达到影响消费者态度为目的的软闻，是一种以公关的文稿、音频和视频等形式出现的企业宣传；

3. 软闻具有标准性，如公关宣传表达的新闻技巧性、发布时体现的新闻价值性、不同媒体报道的内容共性、内部员工口径的统一性、写作时模块化的可操作性（企业历史、企业规模、产品介绍、市场和行业定位、

---

① 〔美〕本·H. 贝戈蒂克安：《媒体垄断》，吴靖译，河北教育出版社，2004。

企业规划、企业文化、重点人物、图片与影片库等）；

4. 营销活动的软闻策划组合，能够取得比硬广告好的传播效果和营销效应，越来越受广告主的欢迎。

企业活动本身具有新闻价值的新闻报道是新闻，作为时效性强的经济、政治或科技等企业事件的报道是硬新闻，反之是软新闻。本书认为，软闻本质上是一种广告公司为广告主与媒体策划的广告新闻，是一种伪新闻，但软闻与广告不能完全画等号，软闻不完全等同于新闻，也不等于软新闻。软闻是新闻学的一个伪命题。在媒体报道中，有时新闻与软闻是泾渭分明的，有时两者很难区分。如何从法理与理论上区分软闻与新闻，是一个很有意义的命题，值得新闻理论界去探讨。

媒体的新闻策划有一个新趋势，即媒体注重在专业广告公司指导下通过和企业广告与公关部门在软闻上的合作。企业广告与公关部门策划新闻与大众媒体关注报道是一种常有的范式。同时，企业广告与公关部门以新闻源的角色经常为媒体提供公关稿，保持企业良好的社会形象和品牌持久的消费效应。

如某电视台领导认为车展可以为媒体创造效益，就利用媒体资源进行车展。从市场角度看这无可厚非，而在事实操作中，企业与媒体及其人员建立起来的利益关联，使得企业的公关部门充当媒体新闻报道"把关人"的地位和角色，从而使媒体成为一个协从的"跑腿者"，失去应有的社会责任和舆论监督的角色。

越来越多的汽车、房地产及其他企业以专刊形式的报道为媒体创造了极大的经济效益，但是媒体也少了应有的舆论锋芒。某消费类报纸一个周刊（四版）按照规定是硬新闻报道，笔者看到该周刊两期发现，每则新闻报道没有新闻的"消息头"，全是企业要求的内容报道，都是软文，其中记者 L 一期有 5 篇，另一期有 3 篇。据该报某人士透露，该刊物是一种软文周刊，纯粹是主报创造经济效益的一种手段，记者、编辑与媒体版面都是为广告主服务的。

纸质媒体大量扩版，电视台与电台频道剧增，广告市场竞争十分激烈。作为企业"喉舌"的广告与公关部门，已经不在乎影响力不大的媒体或地方媒体，即使后者能分"一杯羹"，也是长期与广告主的业务关系与人际关系决定的，或广告主由于力量弱小不得已等原因而采用这些媒体的软闻服务。影响力不大的媒体或地方媒体，生存压力加重，不得不采取竞相降价等措施，使得影响力较大的媒体成本加大。这诚如北京大学新闻和传播学院陈刚教授接受笔者采访时所说："这样会加大市场竞争的无序性。影响到影响力大的媒体可能身不由己，越来越失去自主性。"企业及其广告与公关部门就能够利用媒体的利益本能、媒体的竞争态势和广告主与媒体利益相关凌驾于媒体之上，影响与操控媒体为有利于自己企业发展与品牌消费的舆论导向服务。

第三节　专业广告代理公司与媒体购买公司对大众媒体的影响与控制

独立于企业和媒体的专营广告代理公司，主要是指专业的广告公司，包括综合广告公司媒介购买公司和经营媒体的广告公司。本书以 AE 制度分析、有官员等社会关系背景支持的广告公司、媒体（媒介）购买公司等为例加以分析。

一　AE 制度

AE（Account Executive）是客户经理，AE 制度是指广告公司站在广告主的立场，为广告主的产品进行广告策划并加以实施时，广告公司一方负责与广告主联络并实施宣传计划的一种广告制度。由于其负责人是 AE，业内称之为 AE 制。AE 制使广告公司和企业广告公司与媒介广告部门的机构设置与工作内容都发生了变化，从而影响到大众媒体，诸多大众媒体存在类似职能的部门和专门人员，是以不同的名称而存在。AE 本质上是具有公关职能的人员，负责对广告主和大众媒体的公关和"攻关"。AE制度有利于企业广告公司广告的专业化发展，有利于构建广告公司和企业与媒体关系的融洽。AE 制度对公共关系的构建犹如一把双刃剑，业内心照不宣的潜规则操纵有利于广告主对大众媒体产生影响与控制。

新华社杭州 12 月 13 日专电（记者朱立毅）浙江省工商行政管理局 12 日晚发布索尼 6 个型号 30 个批次的数码相机均不合格的通报之后，许多媒体都收到了各种"公关"者的电话。

12 日晚，浙江一份都市类报纸经济新闻部负责人接到一名"公关"者的电话，对方以大量订阅报纸为条件，要求撤下这条稿件。据介绍，这名"公关"者曾表示，其他报社都已决定不发稿，工商局的鉴定也存在片面的情况。

此后，该报记者致电浙江省工商局新闻中心的工作人员，得知已有一些媒体向该工商局反映被"公关"的情况，而此后该工作人员在向其他媒体的核实中，也得知了更多的"公关"事件。但第二天一早，包括中央驻浙江、浙江省级和杭州市级的绝大部分媒体都报道了索尼问题相机的事件。（新华每日电讯）①

从 2005 年《索尼问题相机被曝光连夜"公关"遭媒体拒绝》案例来看，大众媒体没有受到广告主的影响和控制，因为绝大部分媒体对其 AE 公关予以拒绝，对其产品问题予以报道，这是一个媒体负责任的好现象。媒体发挥了舆论监督的作用，维护了消费者的权益，这是公众与消费者所欢迎的，是媒体公信力所在。

但是，我们通过仔细阅读新华社该新闻稿可发现，AE 公关的公共关系能力很强，如果不是工商局的强力支持与新华社通稿式的主流定调，广告主就能够通过 AE 公关影响与控制浙江省大众媒体的立场。

工商局的强力支持才得以形成对索尼问题相机的舆论合力。工商局向大众媒体发布索尼问题相机的信息是其职责范围，工商局不是管理媒体的主管部门，"一些媒体向该工商局反映被'公关'的情况"不是媒体的职责所在与工商局的业务所在。"一些媒体向该工商局反映被'公关'的情况"，可能是由于媒体受到 AE 公关而存在不愿意报道的意向，但是工商行政部门强烈要求大众媒体对该问题加以报道，同时和媒体加强沟通与协

---

① http：//news. xinhuanet. com/newmedia/2005 - 12/14/content_ 3919562. htm.

调以改变媒体可能的 AE 公关立场与"骑墙"态度，最终与媒体达成合作协议，形成对索尼问题相机的舆论合力。"但第二天一早，包括中央驻浙江、浙江省级和杭州市级的绝大部分媒体都报道了索尼问题相机的事件"中的一个"但"字，不只是说明浙江省级与杭州市级媒体所遵循的专业操守，还有可能是工商局在核定其他媒体是否被"公关"时对媒体产生了某种威慑作用，使媒体不得不采纳工商局代表主流民意的报道态度与舆论立场。

新华社组稿影响了浙江省与杭州市媒体的立场与态度。新华社是国家级媒体与强势主流媒体，组稿与通稿具有舆论引导的风向标功能。新华社对《索尼问题相机被曝光连夜"公关"遭媒体拒绝》稿件的舆论导向定调是工商局的职能展示，是国家权威与主流民意所在，为该地媒体对该事件的报道定下了舆论基调。省工商行政管理局与新华社报道使浙江省级与杭州市级媒体对索尼问题相机予以了报道，对工商行政管理局的正确行动予以了支持。但是，在 AE 们公关的影响下，还是有一部分媒体失语。假设该事件没有官方行为，没有新华社稿件支持，浙江省级与杭州市级媒体对索尼问题相机的态度就不得而知了，最有可能的是该事件的信息在 AE 公关下遭到媒体的彻底"屏蔽"。

由于索尼问题相机有 30 个批次的产品不符合质量要求，可见该产品问题的严重性，省工商总局对不符合质量的产品信息在媒体予以发布是其职责所在，新华社等媒体予以报道也是媒体职责所在。工商部门要求发布广告主违法行为而大众媒体因 AE 影响却难以公示的问题，客观上说明 AE 公共关系对大众媒体影响与控制作用重大，工商行政机关执法的难度比较大。

二　有官员等社会关系背景支持的广告公司

曾在媒体工作过若干年、又开过广告公司的某记者接受笔者采访时，说："我广告公司破产了，原因是我没有好的社会资源和家庭背景，只是一个拉过广告的记者、编辑。"① 该记者对自己广告公司破产的原因可能言过

---

① 专访，时间：2006 年 10 月 11 日，地点：北京市佟麟阁路一川菜酒楼。

其实了。在中国改革开放的过程中，官员、知识分子、新闻工作者、演员
与官员的妻子儿女等亲属"下海"，在市场里寻求发家致富的途径，其中开
办广告公司获取广告代理费是一条好捷径。并非所有广告公司都是靠强大
社会关系、家庭背景、非法行为与灰色交易赢取广告利益的，但拥有较好社
会资源与家庭背景可能会拥有广泛人脉、社会关系与各种资源，为其广告公
司做大做强打下良好基础，甚至利用广告公司进行非法行为与犯罪交易。

> 1995 年 8 月，（程维高女儿）程某到北京佳瑞广告公司（大股东
> 为程某弟弟程××）任主管财务的副总经理，该公司注册资金 108
> 万元，股东分别有程某、程××等。
> ……在李真及其狐朋狗友的关照下，佳瑞公司很快有了进项。
> 1996 年 12 月 25 日，佳瑞公司与中央电视台签订协议，代理一家保
> 健品公司向中央电视台支付了 1997 年 2 月份的广告费，央视则把金
> 额为近 318 万元的发票开给了佳瑞公司。程某欣喜若狂，与弟弟程×
> ×密谋后指使会计将该发票记入佳瑞公司账簿，抵顶了当月入账的
> 1996 年部分营业收入 371.5 万元中的大部分，由此少交纳了一笔数
> 额不小的营业税及城市维护建设税。①

> 原中国银行行长王雪冰妻子郑某从美国回国后，与人合办了一家
> 广告公司。由于王雪冰想与其离婚，但郑某抓住王雪冰的把柄，要求
> 把中国银行的广告宣传部都交她来做……王雪冰为了摆平老婆，还是
> 将中国银行在国内外的形象广告全部交给郑某所在的广告公司代理。
> 为此，中国银行先后 10 次支付代理费约 281 万元。②

> （前铁道部部长刘志军）对 2010 年第七届世界高铁大会中高铁
> 传媒广告有限公司（丁某下属公司，下称高铁传媒）收取铁路工程

---

① 《程维高之女泣悔经商路　倚仗父亲权势疯狂敛财》，人民网·社会·案件传真。
② 《情迷女影星：王雪冰在"风雅"中堕落》，《报刊文摘》2006 年 8 月 28 日，第 4 版。

单位 1000 万元赞助费知情。……丁某于 2008 年成立的高铁传媒更是垄断了高铁车站的广告权，并成为 2010 年第七届世界高铁大会的承办单位。不过，据高铁传媒的一位高层和多位接近这届高铁大会举办事宜的消息人士透露，高铁传媒实际上从世界高铁大会项目上拿走了赞助费共 1.2 亿元。铁道部为举办这次大会还另有专门拨款。①

程某是某省省委书记的"千金"公主，郑某是中国银行行长的前任夫人，丁某是前铁道部部长的铁杆关系，如果不是她们的后台因为腐败而倒台，其非法行为的曝光是不可能的事情。一方面她们广告公司的"暗箱操作"具有隐蔽性，也是属于"商业机密"的范畴。另一方面由于她们社会背景的强大与特殊，没有媒体去摸"老虎屁股"即爆料她们广告公司的问题，即使媒体知道内情，在现行体制框架内相关媒体也报道不了，更何况她们的广告公司是某些媒体的"衣食父母"。广告主依靠如此社会关系，使某个社会组织中居统治地位的社会关系秘密操纵广告公司的非法行为，以其消费意识形态塑造公众的消费愿景，获取不正当利益与非法利益。

三 媒体（媒介）购买公司

媒体购买公司（media buying network/media house/media specialist/media agency）的产生是欧美模式的广告代理制的产物，是对广告公司中从事媒体信息研究、媒体购买、媒体企划与实施等部门实施整合而独立运作的经营实体。媒体购买公司是 4A 广告公司业务细分与整合的产物，可能是一个广告公司在自身发展中逐步独立的产物，也可能是两家以上广告公司合营而独立的公司。凯洛媒体（Carat International）是全球第一个独立的专业媒体购买公司，属 Aegis 媒体集团，经历了"独立媒体代理商 - 媒体企划与购买代理商 - 媒体传播代理商"的转型，逐步发展以自身资本、对媒体信息的占有和专业的媒体购买与策划能力的机构，是第一家全方位的媒介购买公司。上海奥美广告有限公司和智威汤逊 - 中乔广告有限

---

① http://news.ifeng.com/photo/society/detail_2012_08/06/16583277_0.shtml.

公司整合两家公司自身资源，把两家公司的媒介部合并为独立的传立媒体（Mindshare）。

媒体购买公司在广告市场与媒体市场的竞争中具有如下优势：集团化拥有丰富的客户资源、庞大的媒体购买量与灵活的议价能力，精细化与专业化服务使其拥有霸占与扩张市场的能力，资本并购力与垫付广告费的能力使其拥有影响与控制媒体的能力。进入 21 世纪以来，并购与资本运作方式成为媒体购买公司发展的重要途径（参见第五章），进而发展为提供专业广告与营销传播代理、媒介代理的整合营销传播集团。

1993～1996 年间，中国每年以 50%～100% 的速度成长着的广告投放量，实力传播大中华区看准时机，抓住机会，于 1996 年将盛世长城与达彼思两家广告公司麾下的媒体部合并起来，并由欧洲实力媒体提供品牌授权及技术支持，成立了国内第一家专业媒体代理公司——实力媒体（Zenith Media China）。9 亿元的营业额，使实力媒体一跃成为中国内地最大的媒体代理机构。实力媒体购买公司的成立，标志着中国媒体广告购买进入媒体购买时代。此后，专业媒体购买公司传立媒体、电通媒体纷纷成立。

媒体购买公司扩张形成行业垄断。2005 年，根据国家工商局对中国媒体市场的统计数据，广播、电视、报纸、杂志、网络、户外广告的总投放量为 819 亿元。排名第一的浩腾媒体 2005 年的营业额为 216 亿美元，约 1728 亿人民币，是 2005 年中国媒体收入的 2 倍。[1] 根据全球权威媒介代理评估机构 RECMA 的数据，博睿 2005 年媒体代理购买量达 110 亿元，占该年广播、电视、报纸、杂志、网络、户外广告的总投放量的13.43%。2008 年群邑在中国的媒体承揽额超过 33 亿美元，约人民币 227亿元，相当于全年中国媒体单位广告营业额前 10 位的总和。据最保守的估计，海外媒体购买公司的份额已经占到中国广告投放的 30%～35%。媒体购买公司以量定价，具有较高的专业能力，可以更好地满足广告主的

---

[1] 陈刚、崔彤艳：《媒介购买公司的发展、影响及对策研究》，《广告研究》2006 年第 5期。

需要，在很大程度上挤压蚕食了专业广告公司的媒体代理业务。所以，一方面媒体购买公司对媒体有较强的议价能力，另一方面大客户的集中必然使得媒体购买公司在和媒体打交道的时候有更多的谈判筹码。

中国传媒大学丁俊杰、黄升民"媒介购买研究课题组"1998年对媒体购买公司进行了实证研究，这是中国最早对媒体购买公司进行研究的项目与课题。该研究认为：强势媒体对合资媒体购买公司持不合作态度，即使合作也是有各种限制措施的合作，如中央电视台出台封顶价。中等实力媒体允许媒体购买公司的运作，但双方合作有待规范。弱势媒体欢迎媒体购买公司的合作，希望尽可能多的推销出广告资源。弱势媒体如一些地方杂志、地方广播，以及地方性报纸等已经处于买方市场，生存压力大，非常欢迎媒体购买公司大量购买版面与时段，并且积极主动地寻求此类合作。① 由此可见，"外资媒介购买公司的强势，使本土除中央电视台之外的省、地、市和县级电视台全部都笼罩在外资媒介购买公司的垄断式不公平竞争之下"。②

---

① 周艳、杨丽、杨艨：《媒介购买公司在中国》，《国际广告》1999 年第 2 期。
② 郑维东、左翰颖：《全球化与媒体利益：跨国公司对本土电视传媒的影响》，《新闻大学》2008 年春季刊。

第五章
广告业投资多元化对媒体传播文化的
影响与控制

第一节　国内广告业投资多元化概况

1992 年邓小平南方谈话，推动了中国广告业的大繁荣，实现了中国广告投资多元化的大发展，促进了私营民营广告企业发展的大跳跃。

1992 ~ 1999 年，是中国广告业投资多元化的发展期。新成立的广告公司风涌，包括媒体广告公司、企业广告公司、民营私营广告公司与合资广告公司。1989 ~ 1999 年，国有广告企业（包括事业单位）增长 1.09 倍，从业人员增长 92%，广告营业额增长 19.38 倍。1999 年，国有广告企业（包括事业单位）营业额占全国广告营业总额的 58%。其中，国有企业占 16%，国有事业占 43%。而国有企业营业额占所有广告企业营业额的 35%。1992 年之前，没有私营广告企业。1999 年，个体私营广告经营单位占全国广告经营单位总数的 37%，从业人员占全国总数的 32%，营业额占全国广告经营总额的 11%。

2000 年至今，进入投资多元化发展的共鸣期。自 2000 年来，不同行业资本、风险资本、媒体资本通过对不同广告企业的上市融资、投资、注资、并购、战略同盟与合作，对广告业内外部进行整合和股份化改造。虽经 2008 年全球性金融危机，但是我国广告业所有上市公司的总市值从 2001 年的 362 亿元增长到 2009 年年初的 960 亿元，期间最高点曾一度达到 2712 亿元。① 2004～2008 年期间，中国户外视听广告媒体融资近 19 亿美元。中国广告经营体所有制形成了以公有制为主体、各种所有制共存发展的和谐格局，构成了多种成分、多种类型、多种专业、多种规模的广告公司在市场中各显其能、相互竞争、共同发展的积极局面（见表 5 - 1）。

表 5 - 1　2011 年各种所有制成分广告经营单位基本情况

项　　目	户数	同比增长率（％）	营业额（万元）	同比增长率（％）
国有企业	9322	33.65	3343672	36.01
国有事业	7593	- 6.05	12173439	25.61
集体企业	2559	- 4.62	327771	17.21
集体事业	418	- 24.96	204971	102.99
私营企业	217274	22.51	10551993	47.74
个体工商户	40394	37.80	349920	33.01
外商投资企业	1045	18.48	2922150	143.52
合　　计	278605		29873916	

资料来源：《现代广告》2011 年第 5 期。

一　广告公司上市融资

我国广告业与资本市场的最早接触是在 20 世纪 90 年代。从 2001 年至 2009 年年初，我国广告业在传媒业上市公司中的市值占比一直维持在 30%～40%，比较稳定。

1. 直接上市

户外广告公司大多在香港发行 H 股上市。媒体世纪（Media Nation）、媒体伯乐（MPI）与 TOM 户外、白马户外（Clear Media）齐名，并称中国四大户外广告主。2001 年 12 月，白马户外（0100.HK）在香港主板上市，是国内第一家在香港上市的纯广告企业，为其构建中国户外广告网络提供了资金优势。2002 年 1 月，媒体世纪（8160.HK）、媒体伯乐（8072.HK）也先后在香港主板与创业板上市。2003 年 11 月，南京大贺

---

① 王禹媚：《我国广告业上市公司的发展分析》，《广告大观理论版》2009 年第 3 期。

户外传媒在香港创业板上市（8243. HK）。

新媒体户外广告、门户网站（新浪、搜狐等）与搜索引擎（百度等）在美国纳斯达克上市。2005 年 7 月，分众传媒（Focus Media）（FMCN）在美国纳斯达克上市，成为在美国上市的中国纯广告传媒第一股，开启了国内广告业与国外资本市场的大规模接触。2007 年 11 月，航美传媒（AMCN）上市，成为中国第一家在纳斯达克上市的航空数字媒体网运营商。2007 年 12 月，华视传媒（VISN）上市，拥有中国最大的户外数字电视广告联播网。2010 年 6 月，中国高速传媒（CCME）股票在纳斯达克全球精选市场交易。

传统媒体广告公司、本土公关公司与广告媒体公司在纽交所、纳斯达克、港交所、上交所、深交所等证交所通过 IPO（Initial Public Offerings，首次公开募股）、H 股、A 股、创业板上市。2008 年 7 月，中视金桥（0263. HK）在港交所上市；8 月，广而告之（CMM. P）在纽交所上市。2010 年 2 月，蓝色光标（300058. SZ）在深交所创业板上市，成为中国本土第一家上市的公关公司。5 月，北京昌荣传播（CHRM）在纳斯达克市场上市。5 月，广东省广告公司 A 股登陆深交所中小板，成为第一家上市的本土广告公司。

2. 借壳上市

2000 年，赛迪传媒通过股份改造，借壳"港澳实业"在深交所实现上市，成都博瑞传播股权转让，借壳"四川电器"在上交所实现上市。2006 年，新华传媒通过资产置换，借壳"华联超市"实现上市，华闻传媒通过股权转让，借壳"燃气股份"实现上市。其中，广告业是这些上市公司的主营业务。

3. 上市公司通过反向收购（Reverse Merger，又称买壳上市），从事广告业

2001 年 2 月，北京巴士在上交所 A 股挂牌交易；2008 年 4 月，变更为北巴传媒。2002 年，财讯传媒由原"北京财讯广告"借壳"国基资讯"在香港上市。北巴传媒、财经传讯通过反向收购，通过对广告企业进行股权合作、参与经营的方式介入广告业。

二　风险投资（创业投资）

风险投资主要投资于户外视听媒体广告（见表 5 - 2）与新媒体技术广告领域，主要集中在民营企业与集体企业的广告公司。

1. 户外视听媒体广告的融资

从 2004 年至 2008 年期间，中国户外视听广告媒体融资近 19 亿美元。2009 年，除触动传媒外，[①] 风险投资的资本投入只有 700 多万美元。除全球性金融危机的主因外，还有就是制造概念，融资上市受到实体市场的冷遇，没有实现风险投资商的投资预期效果。

户外媒体融资主要是追求上市，尤其是分众传媒在纳斯达克 IPO 上市后，引发业内的融资热潮。华视传媒与航美传媒获得风投后也实现了到纳斯达克 IPO 上市的目的。

2005 年 12 月，公交媒体世通华纳收购大连华讯传媒。2006 年，获国泰财富基金、鼎晖创投、华登国际、成为基金等多家国际顶级风险投资商的垂青，共同注资 4500 万美元。2008 年 2 月，获霸菱亚洲 5000 万美元风险投资。但遭遇 2008 年金融危机，IPO 计划失败。

2006 年 11 月，凯雷集团向分时广告传媒有限公司投资 2000 万美元，以打造全球最大的户外媒体超级市场，计划赴纳斯达克上市，同样遭遇 2008 年金融危机而 IPO 计划失败。

2. 新媒体技术广告公司的融资

2007 年 9 月，北京随视传媒科技有限公司（简称：随视传媒）与百度联手推出"百度TV"视频广告。随视传媒是百度 TV 独家运营伙伴，负责除百度站内的约 16 万家百度联盟中视频广告的运营。12 月，随视传媒获得英特尔投资、百度、美国私募基金华岩 - 法利隆联合投资 500 万美元。这一成功的融资事件标志着中国互联网视频广告市场开始受到资本的追捧。

2008 年金融危机后，风险投资商更是把投资目标主要转向具有新媒

---

① 2009 年 5 月，触动传媒公司完成 1 亿元人民币的融资。CDIB 资本有限公司及其附属的中华开发金控引领，前期的投资人 TLC、启明创投、Mustang 公司、冯晖中（触动传媒创始人兼 CEO）的关联公司等共同参与。

表 5 - 2 21 家户外视听新媒体广告公司融资总额概况 （截至 2008 年 4 月）

排名	媒体名称	融资金额（美元）	投资机构	细分领域
1	世通华纳	9500 万	国泰财富基金、鼎晖创投（CDH）、华登国际、成为基金、霸菱基金	车载移动新媒体
2	天骏传媒①	8300 万	高盛、新天域资本、红杉中国（Sequoia China）、Farallon Capital	航空、地铁、火车站移动新媒体
3	巴士在线	7200 万	IDG、崇德投资等	车载移动新媒体
4	郁金香传媒②	7000 万	瑞士信贷等	户外 LED 大屏幕
5	华视传媒	5400 万	美国 Och-Ziff（OZ）、高盛、麦顿投资（Milestone）	公交液晶广告
6	航美传媒	5200 万	鼎晖投资、SIG、Och-Ziff 基金	航空电视媒体
7	分众传媒	近 5000 万	维众中国、软银中国、TDF 华盈投资、DFJ 德丰杰投资、美商中经合、麦顿国际投资、美国高盛公司、英国 3i 公司等	楼宇、卖场视频
9	炎黄健康	4000 万	分众、兰馨亚洲等	健康传媒
10	迪岸传媒	3500 万	永威投资	校园媒体 机场媒体
13	互力健康	3000 万	晨兴、老虎基金	健康传媒
14	广源传媒	近 2200 万	联想创投、美国莲花私募基金	铁路媒体
15	易取传媒	近 2000 万	IDG - Accel Ⅱ	楼宇信息展架
16	分时传媒	2000 万	凯雷	综合性户外媒体
17	触动传媒	1500 万	CDIB、愈奇投资、启明创投	出租车触摸液晶
18	七维传媒	1000 万	KTB、Oak Creek Capital	户外 LED
19	华语传媒	1000 万	分时传媒	楼宇电梯
20	活跃传媒	650 万	瑞典 Brainheart、英国 Alpha	健身媒体
21	信语通	400 万	IDG、英特尔	校园媒体

资料来源：中国人民大学舆论研究所、《广告大观》、传媒中国网等三家机构 2008 年 2 月联合推出与发布的《中国户外视频新媒体上市前融资排行榜》报告。其中，有 14 家融资的户外广告公司。作者通过网络资料整合增加 7 家，时间推移到 2008 年 4 月。

①2008 年 2 月，天骏传媒集团宣布完成以国际著名投资银行高盛、业内知名私募资金新天域资本、著名风险投资基金红杉中国等顶尖投资者的战略股份融资。本次融资总额为 8300 万美元。这是中国户外广告企业获得的最大规模的一笔私募融资。花旗银行担任天骏传媒此次私募的独家财务顾问。

②2007 年，郁金香传媒（Tulip Mega Media）与瑞士信贷（Credit Suisse）在上海签订协议，从而顺利获得 3000 万美元的融资。加上前两轮从全球第二大户外广告公司 JCDecaux 及著名的美国华平基金（Warburg Pincus）获得的融资，郁金香传媒累计融资总额已近 7000 万美元，是当时国内传媒业融资数额最大的单一媒体项目。

体独家技术影响力的广告公司，如手机广告、数码技术、数字技术与网络精准营销等。

2009 年 2 月，地铁视频媒体及广告解决方案提供商数码媒体集团公司（DMG）获得来自戈壁合伙人（Gobi Partners）和美国橡树投资（Oak Investment Partners）第四轮 3000 万美元的追加投资。3 月，手机广告公司丽景创意获 White Horse（白马）投资集团 2000 万美元投资，共同打造手机移动视频广告投放平台。

2010 年 3 月，民营互联网精准定向广告公司悠易互通①获思伟投资、戈壁基金 1000 万美元投资。2011 年 2 月，再获 2000 万美元投资，此次投资由橡树投资领投，思伟投资、戈壁基金跟投。

2011 年 1 月，从事互联网广告行业的盘石信息技术有限公司获得上海联创投资管理有限公司 2000 万美元战略投资。2 月，国内网络广告解决方案提供商传漾科技完成二轮融资。该轮融资规模在千万美元级别，除参与首轮投资的经纬创投外，祥峰中国投资公司、美资 SIG 联合参与投资。7 月，为客户提供与移动媒体和社交媒体市场相关广告服务的手机广告公司北京力美（I – Media）获 IDG 近 1000 万美元投资。8 月，无线智能手机广告平台 Domob 获启明、红点 B 轮 1000 万美元投资。② 10 月，数字广告效果评估企业秒针系统（Moment Systems）融资 2000 万美元，投资方包括 KPCB、中国宽带产业基金、红点投资和 WPP Digital。

三　重大并购与注资

1. 海外户外广告公司的并购与发展

（1）跨国户外广告公司的并购与发展

美国清晰频道 CCO（Clear Channel Outdoor）是全球最大的户外广告公司，也是最早进入中国大陆的广告公司。法国德高贝登（JCDecaux）

---

① 2007 年，刘竣丰正式创立悠易互通，专注于新媒体的精准定向广告，是国内首家以 CPTM（Cost per Targeted Thousand Impressions）为付费模式的跨媒体精准定向广告平台。
② Domob 多盟广告平台支撑 IOS. Android. Symbian 等智能手机操纵零碎，开拓者只需装置嵌入 Domob 挪动广告平台的 SDK，便能够紧张享用广告收益。

是全球第二及欧洲第一大的户外广告商法国德高集团在香港的全资子公司，借助 CEPA 政策进军大陆市场。

1998 年，清晰频道户外广告公司（CCO）与广东省民营企业白马广告公司成立合资控股公司，控股 40%。

2004 年年底，实力传播专业户外媒体代理公司 iMPACT 尝试建立策略联盟，WPP 集团在中国独资成立专门户外媒体策划与购买机构：宝林广告（上海）有限公司。

2005 年 3 月，德高贝登因享 CEPA 政策优惠，以 4.05 亿港元收购媒体世纪，控股近 80%。9 月，以 8 亿收购媒体伯乐 73.38% 股份及可换股债券。两次收购，使德高贝登不仅在上海地铁广告市场上独占鳌头，还拥有南京地铁 1 号线为期 18 年的广告经营权，以及其他国内主要城市万余辆公交车车身广告经营权。2006 年，在上海建立独资广告公司作为中国总部。

美国维亚康姆（Viacom）不甘落后。2005 年 9 月，维亚康姆收购北京流动魅力传媒广告有限公司，控股 70%。12 月，维亚康姆户外传媒广告公司在北京举行成立仪式。

2006 年 12 月，晶立中国上海、北京和深圳分公司的前身正式合并组建晶立中国（iMedia China）。2007 年 2 月，华禾投资注资晶立中国。7 月，德意志银行以数千万美元重金投资晶立中国。2009 年 11 月，中国楼宇及户外广告提供商晶立传媒完成与特殊目的收购公司 Ideation Acquisition Corp. 的合并，交易额约 1.76 亿美元。①

（2）香港 Tom.com 户外对民营户外广告公司的并购

香港 Tom.com 户外广告公司是李嘉诚上市公司的子公司（TOM 集团，2383.HK），进入 21 世纪以来，该公司在广告业持续进行跨媒体合作与并购。

2000 年 10 月，Tom.com 户外收购西南地区户外龙头广告公司昆明风

---

① 晶立传媒是由专业投资机构华禾投资和全球最大综合性银行之一德意志银行投资的海外传媒集团，旗下晶立中国（iMedia China）是晶立传媒在中国大陆的楼宇及户外媒体整合传播营运机构。Ideation 是一家公开上市的特殊目的收购公司，或者叫 SPAC，专门收购媒体领域的一家或多家业务。在 2008 年 12 月 31 日之前，Ideation 持有其在 2007 年 11 月首次上市时募集的 7880 万美元（包括推迟支付的承销费用 270 美万元）。

驰明星信息产业公司，控股 49%；12 月宣布以 2197 万美元收购"T 广告"的全部股份，从而获得上海美亚文化传播公司（主要从事户外业务的广告公司）50% 的股权。

2001 年，Tom. com 与北京炎黄时代广告公司、天明广告有限公司、齐鲁国际广告公司和青岛春雨广告公司分别签订谅解备忘录，收购它们的大部分权益，并与腾龙（中国）集团有限公司签订认购协议，收购其户外业务的 65% 股权。该 5 家公司是中国大型、盈利能力良好的户外媒体广告公司。5 项协议总收购价超过 2.9 亿港元。

2002 年 3 月，Tom. com 收购辽宁大连市最大的户外媒体广告公司——鑫星盛世广告公司，控股 60%；与中国 4 家广告公司（沈阳沙诺金厢广告有限公司、四川西南国际广告公司、厦门博美广告有限公司和福建新奥户外广告有限公司）签订谅解备忘录，收购这些公司的控股性权益，涉资约 1.6 亿元人民币。

2. 经营大众媒体的上市公司对广告业的并购

2007 年，前中国网通 CEO 田溯宁通过旗下中国宽带产业基金（CBC）① 入驻华亿新媒体（0419. HK）②。2008 年 4 月，华亿新媒体以 4.2 亿港元收购卫星电视广告代理公司 Blower Investments。

2007 年，新华传媒公司（600825. SH）③ 以 5013 万元增资新民传媒

---

① 中国宽带产业基金（CBC）全资拥有 Speedy Swift Investments Limited。
② 华亿新媒体由电影投资商董平创立，2005 年通过借壳方式在香港上市。
③ 上海新华传媒股份有限公司（简称"新华传媒"，股票代码：600825），是国内唯一一家横跨出版发行和报刊经营行业的大型传媒企业。"新华传媒"前身为上海时装股份有限公司、华联超市股份有限公司。1993 年 10 月，上海时装股份有限公司向社会公众公开发行普通股股票 2000 万股，公司股票于 1994 年 2 月 4 日在上海证券交易所上市交易，股票简称"时装股份"，股票代码"600825"。2000 年 7 月，公司原控股股东华联（集团）有限公司将其所持有的本公司 51425082 股国家股转让给上海华联商厦股份有限公司，并受让其所持有的上海华联超市公司 100% 股权，公司更名为"华联超市股份有限公司"（简称"华联超市"）。2006 年 9 月，上海新华发行集团有限公司受让本公司股份 118345834 股（占总股本的 45.06%），成为本公司第一大股东，经过资产置换，公司主营业务由原来的经营连锁超市业务变更为经营文化传媒业务，公司名称变更为"上海新华传媒股份有限公司"。2008 年 1 月，公司完成定向增发，解放日报报业集团、上海中润广告有限公司分别以其传媒类经营资产认购公司 124367268 股股份。

广告有限公司，公司将持有其 50% 股权，文新报业集团持有 49% 的股权。2008 年 5 月，新华传媒公司全资子公司上海中润解放传媒有限公司以 11200 万元人民币收购上海嘉美信息广告有限公司 100% 股权。公司还收购了上海智高广告公司、上海杨航文化传媒公司等。这 3 家广告公司分别是《新闻晨报》、《申江服务导报》、《新闻晚报》和《时代报》的媒介总代理。

2007 年 11 月，新华财经传媒（XFML）① 宣布斥资 1.129 亿美元收购帕希广告有限公司②。2008 年 12 月，新华财经传媒以 8500 万美元将旗下香港户外广告业务 Convey 广告公司出售给 Pariya 控股有限公司。

2008 年 4 月，凤凰卫视控股（8002.HK）向合资子公司凤凰都市传媒注资 5775 万港元，用于建设大型户外 LED 显示屏，加入竞争行列。

2009 年 6 月，由于受金融危机影响，搜狐曾计划收购航美传媒，旨在寻求减缓在网络广告市场上所遭遇的压力。

3. 为谋求快速上市，广告业内部进行大并购与大整合

行业内部并购是在获得融资后，对本行业相关公司的并购，是资本对市场的扩张，是谋求快速上市的一种方式。分众传媒此举获得了成功，而炎黄健康传媒等公司因遭遇 2008 年金融危机上市搁浅。

2006 年 9 月，炎黄健康传媒获软银亚洲投资基金第一轮风险投资 500 万美元。2007 年 10 月，炎黄健康传媒获兰馨亚洲投资基金、崇德基金投资、银瑞达创业投资亚洲、汇丰直接投资（亚洲）有限公司的风险投资 3500 万美元。

2008 年 1 月，分众传媒与炎黄健康传媒签订合作关系。分众传媒以

---

① 新华财经传媒是新华财经于 2004 年 10 月在东京证交所成长型市场成功首次公开募股（IPO）并筹得资金 5190 万美元之后的第二年，所组建的一家子公司。新华财经传媒是一家提供传媒服务的公司，拥有覆盖手机、电视、平面媒体以及互联网等立体式传播渠道。2008 年 12 月 5 日，董事会决定把公司更名为"新华悦动传媒"。在 2009 年 1 月 15 日的股东大会上，这一更名计划得到批准。3 月 2 日，新华财经传媒宣布更名为新华悦动传媒，其业务重心不再局限于财经领域，而转向体育、娱乐，致力于成为一家具有竞争力的体育娱乐传媒公司。

② 该公司是搜狐和焦点房地产网的最大广告代理商，同时也是拥有芝华士和马爹利两大品牌的保乐力加集团的一家主要营销服务提供商。

500 万美元入股炎黄健康传媒。2007 年 12 月～2008 年 1 月，炎黄健康传媒全资收购武汉汇众、上海正典、成都泛视等 11 家健康传媒机构。炎黄健康传媒拥有的液晶屏达 32800 块，覆盖全国 36 个经济相对发达城市的3300 家中心医院，占据市场份额的 86.7%。2008 年 1 月，炎黄健康传媒又全资收购在健康传媒业号称南中国第一、全国第四的深圳金众传媒。

4. 跨行业公司对广告业的重大并购

2008 年 5 月，直真科技（2371.HK）以近 30 亿港元收购 Precious Luck，进军户外大屏广告。①

5. 其他广告公司的重大并购

2009 年 10 月，华视传媒以 1.6 亿美元收购数码媒体集团（DMG），获得该公司所属 7 个主要城市共计 26 条线路的地铁移动电视广告代理权。

2011 年 4 月，蓝色光标以 9840 万元收购思恩客广告有限公司（SNK）41% 股权。② 7 月，以 4.4 亿元收购服务客户以国内大型房地产开发企业为主的今久广告 100% 股权。

三　广告业跨媒体跨行业的投资、融资、并购、战略同盟与合作经营

1. 广告业跨媒体跨行业的投资、融资与并购

广告业跨媒体跨行业的投资、融资与并购，旨在进一步优化广告业公司的业务结构，完善传媒产业价值链，进一步提升企业的盈利空间，奠定公司可持续发展的基础。

2009 年 6 月，博瑞传播以 4.41 亿元收购成都梦工厂网络信息有限公司 100% 股权，正式介入网游行业。2010 年 12 月，博瑞传播以 700 万元投资《泡泡鱼》开发商锐易通，持有锐易通 20% 股权。

---

① Precious Luck 主要资产为新华科技的 100% 股权。新华科技与创智利德签订有注资协议，持有创智利德98% 股份。双方在中国各大城市经营一系列户外大型广告显示屏。创智利德的价值在于取得了跟新华社旗下新华音像合作的资格。创智利德与新华音像签订合作协议，在中国各大城市经营一系列户外大型二极管显示屏。
② 蓝色光标使用募集资金 9840 万元，向公司全资子公司上海蓝色光标公关服务有限公司增资，用于收购北京思恩客广告有限公司（简称"思恩客"）41% 股权。收购完成后公司及上海公关共计持有思恩客 51% 的股权。

2009 年 10 月，北京合润德堂传媒广告有限公司（合润传媒），① 获得深圳市同威创业投资有限公司（同威创投）2000 万元人民币的注资，获取合润传媒 33% 左右的股权。2010 年 8 月，同威创投与深圳高特佳、凯晨资本等多个投资机构一同对合润传媒投资，总投资额达 6000 万元人民币。

2011 年 1 月，互联网广告企业浙江盘石信息技术有限公司获得上海联创投资管理有限公司 2000 万美元投资基金。这是盘石公司创立 6 年来获得的首笔私募资金，也是中国互联网广告行业迄今为止最大的一笔融资。

2. 战略同盟与合作经营

2004 年 12 月，北京北广传媒集团有限公司与澳大利亚澳星、保利华亿传媒、美国联合媒体以及首汽、金银建等六家出租汽车公司签署协议及其合作意向，就数字电视、移动电视的推广和经营开展广泛合作。

2005 年，航美传媒与新华社签订战略合作协议，在机场和客机的电视系统中为旅客提供日播的新闻节目。2006 年起，航美传媒与国家气象局等机构签署了合作协议，在机场的电视播出系统中，开通《天气预报》栏目，为出行旅客增加服务内容，提高服务质量。

2008 年 1 月，中国公关公司宣亚国际传播集团正式对外宣布，与宏盟集团结成战略联盟。宏盟集团所占股份为 40%，宣亚公关占 60% 股份。宣亚携手宏盟旗下著名广告公司 BBDO、知名公关咨询公司 Pleon 与 Porter Novelli 及市场活动创意公司 Proximity，分别合资组建宣亚国际广告公司、宣亚国际公关公司、培恩国际公关公司和宣亚智慧市场行销顾问公司。

2009 年，航美传媒与中国石化集团签署协议，计划在未来 5 年半左

---

① 合润传媒成立于 2007 年，主要从事品牌内容营销平台的搭建与销售。该公司目前主导业务是影视剧品牌内容广告（植入广告）、品牌内容整合营销（线下推广）、品牌内容公关（影视剧宣传推广）三部分。该公司以电影、电视剧、电视栏目内容为主要平台，逐步延展到互联网、3G、户外新媒体等内容领域，为品牌客户提供依托内容传播的广告、公关、营销整体解决方案。

右的时间里，航美的广告媒体网络将陆续拓展和覆盖到中国石化全国超过28000 座加油站。

2010 年 12 月，航美传媒公司与中国网络电视台（CNTV）签署战略合作协议，携手开通 CCTV 移动传媒——民航频道。

四　案例：分众传媒的融资与并购

1. 通过风投融资，达成上市目标

2003 年 6 月，国际著名投资机构 SOFT BANK 和 UCI 维众投资对分众传媒投入巨资。

2004 年 3 月，UCI 维众投资、鼎晖国际投资和 TDF 基金联手美国知名投资机构 DFJ、WI – HARPER 中经合以及麦顿国际投资等注资分众传媒近 5000 万美元。9 月，美国凯雷集团（The Carlyle Group）在广州正式宣布投资中国聚众传媒。11 月，国际风险投资商 UCI、高盛及 3i 共同投资 2977 万美元入股分众传媒，分众传媒出让 18% 股份。① 2005 年 7 月，分众传媒通过 IPO 在美国纳斯达克成功上市。

2008 年 11 月 17 日至 12 月 22 日，复星国际（0656.HK）以 1.5 亿美元（约 11.7 亿港元）在纳斯达克公开市场购买 1727 万份分众传媒美国存托股份，相当于分众传媒已发行股本总额的 13.33%。复星国际成为分众第一大股东。2009 年 6 月，复星购买分众传媒达 30% 的股权。

2. 上市后，风险投资（如：凯雷）加力，分众传媒加大并购力度

2005 年 10 月，分众传媒认 1.83 亿美元收购上海框架广告公司（专门销售住宅楼广告；框架广告声称拥有全国社区广告市场 80% 的份额）。

2006 年 1 月，分众传媒以 3960 万美元收购框架媒介母公司 Info

---

① 高盛出资 1985 万美元，以每股 0.51 美元价格获得分众传媒 12.2% 股份，合计 3892 万股普通股；3i 集团出资 794 万美元，获得分众传媒 4.9% 股份，合计 1557 万股普通股；维众创投旗下 KTB/UCI China Ventures Limited 基金出资 129 万美元，获得分众传媒 0.79% 股份，合计 252 万股普通股。另外，Max Wealth Enterprises Limited 也参与了本次投资，出资 70 万美元，获得分众传媒 137 万股普通股。

achieve。

2006 年 1 月，分众传媒以 3.25 亿美元收购聚众传媒（第二大户外视频媒体运营商。2004 年 9 月，全球最大的私募风险投资基金凯雷集团更是斥资 1500 万美元投资聚众传媒。分众收购聚众，凯雷发挥关键作用，并获得相当大的收益）。

2006 年年初，分众传媒以 3000 万美元收购 WAP PUSH 运营商凯威点告。6 月，更名为北京分众无线传媒技术有限公司，正式开始运营。

2006 年 8 月，分众传媒收购 Appreciate Capital Limited 公司（ACL）。ACL 旗下网络更名为分众传媒影院网络。

2006 年 9 月，分众传媒暗中出资入股央视三维电影传媒公司，持股 70% 成为控股股东。2009 年 10 月，江南春出任央视三维传媒 CEO。

2007 年 12 月，分众传媒以 1.684 亿美元收购玺诚传媒 CGEN（中国卖场数字广告网络运营商）。

2010 年 12 月，分众传媒以 6100 万美元收购华视传媒 15% 股权。

3. 不成功的并购

2007 年 3 月，分众传媒以 2.25 亿美元收购好耶广告。2008 年 9 月，分众曾对外公布好耶拆分上市计划，但因海外资本市场持续低迷而放弃。2008 年 12 月，分众与新浪的合并案中，好耶是唯一未被"合并"、仍留在分众的主营业务。新浪与分众如合并，意味着剩下的好耶单独实现 IPO。2010 年 3 月，分众传媒公司与好耶管理层进行管理层收购（MBO），出资 1330 万美元收购好耶 38% 的股份。2010 年 7 月，分众 1.24 亿美元出售好耶剩余 62% 股份给私募股权投资基金银湖投资集团（Silver Lake），好耶与分众在企业股权结构完全脱离关系。

2008 年 12 月，新浪宣布与分众合并。2009 年 9 月，该合并以"流产"告终。

4. 遭国际做空机构的做空

2011 年 11 月 22 日凌晨，纳斯达克股票市场，分众传媒（FMCN）以每股 23.1 美元开盘后就一路狂跌，最低报每股 8.79 美元，降幅一度高达 66%，13.6 亿美元市值一日蒸发（相当于四成）。股价暴跌的原因是国际做空机构浑水公司（Muddy Waters）① 发布了一份有关分众传媒的研究报告，将分众传媒描述为"中国的奥林巴斯"（11 月 8 日，奥林巴斯被爆出财务造假丑闻），股票定为"强烈卖出"级别。

第二节　海外跨国广告公司对中国大陆广告业的投资概况

邓小平南方谈话、中央政府对香港的 CEPA 政策与中国加入世贸等改革开放的国策，推动和促进了海外跨国广告公司对中国大陆广告业的投资大力发展与中国广告业的全面整合。

1986 ~ 2001 年，大型跨国广告公司以合资换取市场准入，积极进行合资渗透。按照中国入世协议广告业逐步开放的规定，至 2002 年，各大外资广告集团对已有合资公司可控股；至 2003 年，外资可被允许在华控股合资广告公司；至 2005 年，外资可建立独资广告子公司。2001 年至今，大型跨国广告公司对中国广告业通过资本投资多元化实现行业整合与发展。

美国宏盟集团（Omnicom）、英国 WPP（Wire&Plastic Products）、美国 IPG（Interpulic Group）、法国阳狮（Publicis）、日本电通（Dentsu）、法国哈瓦斯（Havas）等全球六大跨国广告公司，对中国大陆国有、集体与民营广告公司有步骤、有计划地通过联合、并购、收买、控股等方式，以合资、独资与并购发展的手段，迅速扩大自身的市场规模、业务范围与传播影响力。

一　选择中国优质广告资源进行合资与并购，实现互利互赢与市场互享

1. 选择中国优质广告公司合资

1986 年，中国国际广告公司和扬 · 罗比凯广告公司（Young &

---

① 浑水公司（Muddy Waters）是做空中国概念股的主要幕后策划者。2011 年年中，在该公司的运作下，导致东方纸业（ONP）、绿诺科技（RINO）、多元环球水务（DGW）和中国高速传媒（CCME）等四家在美国上市的中国公司股价大跌，最终导致被交易所停牌或摘牌。

Rubicam）、电通广告公司联合成立中国电扬广告公司。这是中国第一家中外合资广告公司与第一家合资的 4A 广告公司。

1991 年，宏盟集团 BBDO 广告公司与中国广告联合总公司合资成立天联广告公司。

1992 年，WPP 奥美广告公司与上海广告有限公司合作成立上海奥美。

1994 年，日本电通与中国国际广告公司、大诚广告公司合资成立北京电通。

1996 年 9 月，博报堂与上海广告有限公司合资成立上海博报堂广告有限公司。

2. 选择中国优势媒体合资

1985 年，博雅公关公司（Burson-Marsteller）在新华社的邀请下进入中国，1986 年与新华社合作成立了中国第一家专业公关公司——中国环球公关公司。

1991 年，IPG 集团（Interpulic）进入中国。麦肯国际广告公司与《光明日报》在北京合资组建麦肯·光明广告公司，IPG 正式开展中国业务。

1993 年，隶属于哈瓦斯集团（Havas）的灵智广告与《广州日报》社合资成立灵智大洋广告公司。

2002 年 9 月，香港路迅通宣布与《人民日报》旗下大业影视传播公司共组合资公司，拓展大陆广告市场，总投资额约 1 亿元人民币。

3. 选择中国具有优势资源的部门合作

1992 年，阳狮（Publicis）集团子公司 SAATCHI & SAATCHI 和中国航天工业部中国长城工业总公司等公司合资组建盛世长城广告公司。

1992 年，李奥·贝纳与韬奋基金会在广州合资组建李奥·贝纳广告公司。

4. 从全球战略出发，对具有全球影响力和进入大陆的海外优质广告资源合资与并购

1998 年之前尽管只有三起并购与合资，却是借助港/台资的形式进入中国大陆市场的。1997 年，WPP 集团旗下 Research International 公司对华

南国际市场研究公司的收购（没有控股）。1998 年，阳狮集团收购在华港资公司"恒威"（Adlink）；哈瓦斯集团收购在华台资公司"精实"，并都实现控股。

WPP 对三家全球广告集团进行收购。2000 年，以 47 亿美元收购全球排名十四的广告传播集团——扬雅集团（Y&R）及其旗下的博雅公关、朗涛（Landor）。2002 年，收购全球第九大广告传播集团科戴安特集团（Cordiant）。2004 年，收购全球第七大广告传播集团精信集团（Grey）。同时，实现了 21 世纪初对中国广告业三次最主要的并购。

2001 年 3 月，IPG 在经过与 Havas 的一番角逐后，收购 True North 传播集团，其子公司博达大桥广告（FCB，Foote Cone & Belding，世界上第三个上市的广告公司，世界上第二家最早的广告代理公司）正式被 IPG 并购。

二　以联合、并购、收买、控股、独资等方式，进行优势资源整合与地区市场争夺

2002 年之后，六大跨国广告公司在中国进行了广告公司的大并购。有以下趋势：

1. 并购优质公关、营销与品牌广告咨询企业，抢夺与构建战略营销网络

2002 年，WPP 下属的奥美并购本土大型公关公司西岸咨询、北京营销服务公司 Brandone，并各占 60% 的股份。2003 年 7 月，WPP、博报堂各拥有上海广告公司 25% 的股份。

2006 年，宏盟集团控股中国终端营销行业的领军企业上海尤尼森（Unisono），获得 22 个城市 100000 个终端服务点的营销网络。DDB（恒美）广告公司与国安广告公司建成战略同盟，控股 52%。

2006 年 3 月，阳狮集团收购本土专业营销服务公司百达辉琪市场拓展服务有限公司（Betterway Marketing Solutions）80% 的股权；2007 年 4 月，收购售后、零售、促销服务公司永阳绝大多数股份。

2007 年，奥美并购中国本土最大整合营销传播公司之一的广州达生（Dawson，在 500 个内地重要城市设有营销服务网点），控股 51%。

2. 加强地区市场的争夺与对民营广告公司的并购

（1）资本入盟，实施地区战略联盟

2003 年，WPP 与上海广告公司建成战略联盟，控股 25%。2004 年，智威汤逊与民营广告公司广东旭日因赛（NEWS – UN）建成战略联盟，进入华南市场，控股 30%，是华南地区最大的中外合资广告公司。2007 年，奥美与民营广告公司北京阳光加信（Ray Network）建成战略联盟，巩固北方市场，控股 49%。

（2）进入省级市场与西部地区，加强对民营广告公司的控股与合作

2004 年，奥美入驻福建民营广告公司奥华（Effort），控股 51%，是省级服务网络的第一次试水。2006 年，WPP 下属的达彼思入驻四川成都的阿佩克思，开拓西部市场，控股 51%。2010 年，奥美与阿佩克思成立阿佩克思（APEX）– 奥美品牌营销咨询公司，进一步巩固西部市场。

3. 在华外商独资广告公司的发展与融资

2004 年 6 月，新闻集团全资子公司星空传媒集团利用 CEPA 先机，在上海设立独资广告子公司：星空传媒（中国）有限公司。9 月，道琼斯公司成立道琼斯广告（上海）有限公司。2006 年，国安广告解除与 Grey、WPP 所有合作关系，精信广告成为独资公司。2007 年 4 月，英国博雯数码行销公司取得上海兰飞鱼有限公司（BFF）100% 所有权，成立博斐广告有限公司，成为我国首批全外资广告公司。

2004 年，WPP 伟达公关从合资转变为独资。2006 年，WPP 凯维公关独资进入。2007 年，WPP 的 Soho Square、IPG 集团的 Can Create 等作为独资广告公司登陆中国。

4. 外资独资公司融资

2008 年，韩国知名私募风险投资基金 KTB 与 Oak Creek Capital 公司，对七维传媒注入高达 1000 万美元的资金。2009 年 7 月，美国和中国台湾的风险投资基金 Innobridge Venture Fund 注资数百万美元在手机广告网络

公司 UUCUN（上海网村信息技术有限公司，日资公司）。

5. 对新媒体广告数字营销公司进行战略收购

2006 年，WPP 群邑（GroupM）入股中国最大网络购买商之一的华扬联众（Hylink），重命名为华扬群邑（GroupM Interaction），控股 49%；奥美公司收购北京世纪华美（Ctharmony），实现控股。由此，占据了 1/3 以上的国内品牌网络广告市场。

2006 年，智威汤逊为整合线上、线下营销服务能力，并购奥维斯，控股 65%。

2007 年，WPP 对社交网络服务提供商 My Space（中国）进行战略投资。

2008 年，WPP 属下公司伟门（Wunderman）收购中国在线网络广告公司安捷达（Agenda）；Digital 又少量收购专注于富媒体领域发展的互动通（HDT）的股份。

6. 搜索引擎谷歌（Google）以技术优势实现战略融资与构建战略伙伴关系

谷歌 AdSense 广告技术平台与付费展示广告排名算法让中国各种著名的网络公司与新技术广告公司对谷歌产生广告依赖症，而且能够轻而易举地在中国广告市场等方面实现战略融资与形成战略投资，比如，国内的搜索引擎公司百度与搜狗等均有谷歌的战略投资。

谷歌 AdSense 广告平台分成比例：内容广告方面，谷歌支付 68% 的广告收入给发布商；对于搜索广告，谷歌支付发布商 51% 的广告收入。在中国第一的互联网安全软件与互联网服务公司奇虎在收入方面对谷歌的依赖非同一般。奇虎委托的艾瑞咨询报告显示：奇虎为中国第三大互联网公司；截至 2011 年 1 月，奇虎每月拥有 3.39 亿的活跃用户，用户渗透率占中国的 85.8%。据 2011 年 3 月奇虎 360 向美国证券交易委员会提交的招股书显示：2009 年和 2010 年，Google 是奇虎的最大客户。2009 年和 2010 年来自 Google 的收入分别占总收入的 11.2% 和 21.1%，该部分收入是 Google 用来支付 360 安全浏览器和网址导航带去用户的费用。

三　六大主导中国广告市场的海外跨国广告集团在中国大陆地区的业务构成

六大广告集团以子集团为轴心，以独资与合资为主要手段，延伸经营业务价值链，通过多业务组合增强竞争优势，同时旗下集团相互配合，构成中国广告咨询业市场的航空母舰（见表 5 - 3）。

表 5 - 3　六大国际广告集团在中国大陆的业务构成（不完全统计）

集团名称	下属公司	业务构成
宏盟 （Omnicom）	DDB（恒美）、TBW（腾迈、李岱艾）、BBDO（天联）、天博广告（TBWA）、国安、浩腾媒体（OMD）、福莱公关、凯旋先驱、Porter Novelli、Brodeur Worldwide、Gavin Anderson、尤尼森等	广告代理、媒介计划与购买、公关与公共事务、专业传播、营销咨询等
WPP （Wire&Plastic Products）	奥美、智威汤逊（JWT）、精信（Grey 集团）、电扬（DY&R）、达彼思、传立媒体、尚扬媒体、灵立媒体、迈势媒体、博雅公关、凯维营销、朗涛形象策划、美旺宝、万事国贸、奥维斯、百帝广告、华扬群邑、伟门公关等	广告代理、媒介计划与购买、公关与公共事务、专业传播、营销咨询、互动直销等
IPG （Interpulic）	麦肯·光明、灵狮、万博宣伟、博达大桥、盟诺、睿狮、高诚公关等	广告代理、媒介计划与购买、公关与公共事务、营销咨询等
阳狮 （Publicis）	阳狮（Publicis）、盛世长城（Saatchi&Saatchi）、李奥贝纳（Leo Burnett）、实力传播（Zenith Optimedia）、星传媒体（Starcom Media Vest）、博睿传播（China Media Exchange）、明思力公关、CCG 互动营销公司（Communication Central Group）、永阳、百达辉琪等	广告代理、媒介计划与购买、公关与公共事务、专业传播、互动直销等
电通 （Dentsu）	北京电通、安吉斯、北京东方日海、中影电通太科广告公司、香港电通公司、电通中国、ISID 香港、上海电通信息服务、上海东派广告等	广告代理、营销咨询等
哈瓦斯 （Havas）	灵智精实等	广告代理、营销咨询等

资料来源：www.cnki.net。有整合。

据笔者查阅 1992～2008 年中国大陆广告公司广告经营额前十名资料发现，中国本土广告公司在前十名中的名额逐年减少，而跨国广告公司逐年增多。1996 年，前 10 排名广告公司中，前 5 名均为跨国广告公司。自

此开始，前 10 强里很少有中国本土广告公司进入年营业额前 5 名。在
1996～2008 年之间，中国本土广告公司平均每年有 3 家进入前十。跨国
广告公司一般占据前 10 强的 6～7 个席位，其强势地位尽显。即使分众传
媒（中国控股）2007 年、2008 年广告营业额排名进入第五、第一，但是
其受跨国公司与国际资本的影响越来越明显①（见表 5－4）。

表 5－4　1992～2008 年中国大陆广告公司广告经营额前十名

时间	跨国广告公司	本土公司（按营业额排名）
1992	电扬广告公司（第 8）	珠海东方、长城国际、上海广告公司、中广联、上海市广告装潢公司、广东省广、北京新世纪广告、金马广告、白马广告
1993	盛世长城（第 6）	上海广告公司、上海市广告装潢公司、北京新世纪广告有限公司、广东省广、中广联、中国国际广告公司、长城国际、海润国际、东方广告
1994	盛世长城（第 1）、精信广告（第 2）、麦肯·光明（第 8）	上海广告公司、中广联、北京新世纪广告有限公司、北京国安广告公司、广东省广、北京广告公司、中国国际广告公司
1995	盛世长城（第 1）、精信广告（第 2）、上海奥美（第 3）、北京电通（第 8）、麦肯·光明（第 9）	中广联、长城国际、中国国际广告公司、北京广告公司、广东省广
1996	盛世长城（第 1）、麦肯·光明（第 2）、智威汤逊－中乔（第 3）、上海奥美（第 4）、精信广告（第 5）、北京电通（第 8）	上海广告公司、长城国际、中广联、北京广告公司
1997	盛世长城（第 1）、麦肯·光明（第 2）、智威汤逊－中乔（第 3）、上海奥美（第 4）、精信广告（第 5）、北京电通（第 7）、上海灵狮（第 10）	中广联、广东省广、上海广告有限公司
1998	盛世长城（第 1）、麦肯·光明（第 2）、智威汤逊－中乔（第 3）、上海奥美（第 4）、精信广告（第 5）、上海灵狮（第 6）	长城国际、中广联、广东省广、上海广告有限公司

① 分众传媒 2005 年在美国纳斯达克上市。其广告营业额可能含有上市以来的利润。股东
有"总统俱乐部"之称的凯雷投资等美国投资公司和美国等相关海外基金等。2008 年，
复星国际（香港上市，00656.HK）宣布，其于 11 月 17 日至 12 月 22 日，以 1.5 亿美元
（约 11.7 亿港元）在纳斯达克公开市场购买了 1727 万份分众传媒（FMCN）美国存托股
份，相当于分众传媒已发行股本总额的 13.33%。此举已令复星国际一举成为分众第一
大股东。2010 年复星国际与凯雷投资签署协议建立战略合作伙伴关系。双方将共同设立并
管理一只联合品牌人民币基金，投资于高成长型企业，形成利益相关者和资讯共享者。

续表

时间	跨国广告公司	本土公司（按营业额排名）
1999	盛世长城（第1）、麦肯·光明（第2）、智威汤逊－中乔（第3）、精信广告（第4）、上海奥美（第5）、上海灵狮（第9）	广东省广、北京未来、上海广告有限公司、长城国际
2000	盛世长城（第1）、麦肯·光明（第2）、智威汤逊－中乔（第3）、上海奥美（第4）、精信广告（第5）、达美高（第6）、李奥贝纳（第7）、上海灵狮（第10）	广东省广、上海广告有限公司
2001	盛世长城（第1）、麦肯·光明（第2）、北京电通（第3）、上海奥美（第4）、智威汤逊－中乔（第6）、精信广告（第10）	北京公交广告责任有限公司、上海美术设计公司、北京未来广告公司
2002	盛世长城（第1）、麦肯·光明（第2）、上海李奥贝纳（第3）、北京电通（第4）、智威汤逊－中乔（第5）、上海奥美（第9）、上海灵狮（第9）、TOM户外传媒（第10）	北京未来、广东省广、上海广告有限公司、北京国安
2003	盛世长城（第1）、麦肯·光明（第2）、上海李奥贝纳（第3）、北京电通（第4）、智威汤逊－中乔（第5）、上海灵狮（第9）、上海博报堂（第10）	北京未来、广东省广、上海广告有限公司
2004	上海李奥贝纳（第1）、盛世长城（第2）、麦肯·光明（第3）、北京电通（第4）、上海中润（第8）、上海灵狮（第9）、TOM户外传媒（第10）	北京未来、广东省广、上海广告有限公司
2005	上海李奥贝纳（第1）、盛世长城（第2）、麦肯·光明（第3）、北京电通（第4）、智威汤逊－中乔（第5）	北京未来、广东省广、上海广告有限公司、北京大禹伟业、海南白马广告
2006	上海李奥贝纳（第1）、盛世长城（第2）、麦肯·光明（第3）、智威汤逊－中乔（第4）、北京电通（第5）	上海新结构、北京未来、广东省广、分众传媒（中国）、上海广告有限公司
2007	盛世长城（第1）、上海李奥贝纳（第2）、麦肯·光明（第3）、智威汤逊－中乔（第4）、北京电通（第6）、北京恒美（上海分公司）（第9）、广东凯络（上海分公司）（第10）	分众传媒（中国控股）、北京未来、广东省广
2008	麦肯·光明（第2）、上海李奥贝纳（第3）、智威汤逊－中乔（第4）、盛世长城（第5）、北京电通（第6）、北京恒美（上海分公司）（第9）、广东凯络（上海分公司）（第10）	分众传媒（中国控股）、北京未来、广东省广

资料来源：《中国广告年鉴》、《现代广告》杂志。

第三节　广告业投资多元化对媒体传播文化的影响与控制

广告业是大众媒体的命脉，广告资本投资影响与控制大众媒体传播文化。从中国广告公司融资态势来看，中国广告业还是一个比较稚嫩的产业。中国广告业加强与海外广告公司的合作，加快与资本市场的融合，有利于提升中国广告业积累国际化的管理经验，形成全球化的战略发展理念，影响世界广告发展格局，提高中国广告业在全球广告传播与媒体传播的影响力与传播力。从海外广告公司与广告资本市场在中国的业务与扩张来看，其对外扩展的动机主要有三个：服务现有跨国客户、关注国际市场信息和主动开拓新市场。对于广告新市场的开拓，现有风险资本投资、跨国广告客户与国际广告市场信息是对本地广告公司竞争的绝杀器，而且可以利用本地资源与文化，在市场经济的合法话语和广告与国际一体化的语境下构建新的战略与战术的传播竞争利器。

欧美广告业发展与成熟是一个线性发展的过程，企业、媒体和广告公司的成长与发展有市场规律与历史惯性。跨国广告公司与媒体购买公司的出现及其垄断，对欧美广告业影响与控制全球媒体传播文化和争夺世界广告市场起了推动作用。但是，在中国的广告主、大众媒体和广告公司三个主体发展不充分、不成熟，在经济转型期与社会转型期容易加剧恶性竞争，破坏民族企业利益和损害广告市场发展。在一定历史时期的投资融资悬殊对比中，中外广告业力量一定程度构成了对中国媒体传播文化的影响与控制。

一　对广告产业与传播文化的影响与控制

1. 海外跨国广告公司与风险投资公司等影响与控制中国广告业的发展方向。

跨国广告公司与风险投资公司以资本整合（上市、合资、独资、注资、融资）为契机，通过资源整合（客户资源、受众资源、媒介资源、人脉资源、政府资源等）、资产整合（品牌等无形资产与有形资产）、资格整合（广告公司评鉴等级、国际获奖等）、文化整合（生活习俗、语言文字、社会心理、宗教影响、音乐艺术、文学艺术、历史文化等）、技术整合等，对中国政府、经济界、传媒业、广告业、学术界形成重大影响力，影响中国广告业与中国广告公司的发展方向。

全球五大跨国广告集团在中国设立了50家左右的分公司，横跨广告、咨询、调查、公关、媒体购买等产业并占据产业链顶端，以行业布局、城市布局和媒介市场布局统领中国产业发展，分割和主导了中国的广告市场、媒体购买、品牌传播和产业布局。跨国广告公司不但掌控广告业、调查业、促销业、咨询业、公关业等，做精做细而成为细分市场的行家里手，而且完成了从中国一线城市（京沪穗等）的独资或控股到二三线城市合资控股的布局，形成了对主流城市、主流媒体、都市媒体的媒体市场布局。同时，通过本国政要、母公司、其他行业的跨国公司和有业务往来的跨国公司形成的全球影响力，直接或间接影响中国政府态度、法律法规制定、产业发展布局和媒体舆论格局。

跨国广告公司的融资途径、媒体经营与传播理论具有合法性与正当性，但是体现的是市场经济中"狼"的逻辑，在其现实操作的历时性发展螺旋中，我国本土的广告公司与广告业只能承受"羊"的命运。

2. 跨国广告公司及其母公司以融资投资为契机，凭借其资本、技术、影响力、市场份额、行业标准、市场操控力等优势，影响和操控中国广告市场和媒介购买市场，严重影响了本土广告公司在海内外的发展空间、媒介购买、资本整合、品牌影响力与市场竞争力。

3. 由于广告可以影响和控制媒体的内容生产、渠道传输和市场终端，跨国广告公司可以借此封杀我之声音，宣扬不利观点，可以对我国家主权形成潜在挑战。

作为国际组织的跨国广告公司及其母公司，身兼国家政策工具和市场行为体的双重身份，不仅是巨型产业公司和传播公司，而且与所在国政府、媒体与金融资本等具有千丝万缕的利益关联，具有与政府、公众和舆论相对抗的威胁能量。因此，跨国广告公司能够主导中国产业发展、资本市场、新闻评论报道与舆论发展导向，可以通过海外母公司、业务公司、其他跨国公司及其利益联盟主导和操控行业发展方向、舆论传播导向和意识形态逻辑。凡或有不利于其在中国的发展等情况，或不利于公司所在国核心利益的维护等情形，或我党和政府失去主导中国的能力等情势，跨国广告公司可以与反华、抑华、排华的海内外政治势力、跨国公司和非政府组织等力量联手，扶植海内外反华力量和国内异己分子等，可能与中国政府和中国人民叫板，充当反华的舆论先锋和制华的有力帮凶；其意识形态观必然是"在商言政"、"谈民主、自由、人权"，构建毒化执政党与政府形象的意识形态表达和舆论发展环境。

4. 大型跨国广告集团形成对中国市场和世界市场的集中与垄断局面，进而影响世界经济与中国经济的和谐发展与可持续发展和形成潜在的文化安全。

在经济全球化的语境下，跨国广告公司及其母公司和其他行业的跨国公司的广告封杀、咨询误导、行业打压、公关斩首、媒体操纵、舆论控引、联动影响等形成的合力，促进其本国产业及其品牌的发展、扩张与垄断，不断保持、抢夺与蚕食海内外优势客户资源与民族产业品牌，是中国企业在海内外市场发展、资本融合、技术更新与资源争夺等方面的控制瓶颈，乃至成为遏制中国未来经济发展、文化产业与生态平衡等方面的"夺命神针"。

5. 海外跨国广告公司与风险投资公司的资本逐利性与意识形态性容易构建中国负面的国际形象。这种构建或是对中国文化缺乏了解与无意的，或是对中国文化的漠视与践踏。尤其在2008年中国北京奥运会前后，跨国广告公司完全没有考虑中国国情与民众感受，甚至故意挑战中国媒体传播文化底线，乃至辱损中国人民的文化底线、民族感情与国家利益。

2008年年初，在西班牙大报《国家报》上刊登的一幅雪铁龙广告是雪铁龙公司为庆祝其年度销售冠军而做的全副页面广告，画面的主角并不是雪铁龙汽车的形象，而是中国已故领袖毛泽东的照片，而且毛泽东的形象被广告设计者进行了肆意篡改。雪铁龙在广告语中写道："毫无疑问，我们是王者，对于雪铁龙，革命远远没有结束。我们将在2008年对所有已有的技术优势进行到底。来吧……"① 广大中国网民通过网络被看到该广告后，很多人对广告内容表示强烈抗议，雪铁龙公司为此对中国民众道歉。

2009 年 4 月，德国第二大广告公司——Grey Worldwide 公司（在上海设有办事处）把毛泽东与拉登、希特勒并列，构建"精子"头符为安全套广告主角，引起中国民众与华人的强烈抗议。

2008 年 7 月，李岱艾 TBWA、萨奇（盛世长城）、恒美广告公司三幅"辱华"广告设计，选用游泳、举重、射箭三个项目的画面，借奥运体育项目来影射中国的某些现象，在每幅广告的右下角，均附有"奥运之后，争取人权的战斗必将继续下去"字样，居然拿了"戛纳国际广告节"铜狮奖。跨国广告公司制作如此诬蔑中国的"奥运广告"，其背后的雇佣者正是打着人权旗号的大赦国际。在 anti-cnn. com 网站上，一位名为"空气稀薄"的网友率先披露了此信息："广告委托方是大赦国际"。

2008 年 6 月，菲亚特旗下蓝旗亚品牌最新两厢车 Delta 的广告，开始在意大利电视台播放。某个支持"藏独"组织的主席，59 岁的美国男演员李察·基尔出演该部广告片的男主角。这则广告虽未在中国播放，但网友们早就通过视频网站看到了它，并在各大论坛上发出了"抵制菲亚特"的帖子。6 月 19 日，菲亚特致函各大媒体，发表了道歉声明。声明中表示，"就蓝旗亚 Delta 的广告宣传可能引致对公认的菲亚特集团的中立性的误解，菲亚特集团谨向中国政府和中国人民表示歉意"，同时，声明还强调"菲亚特集团重申其对政治的中立，无论涉及国内或国际"的中立立场，以期获得中国民众的原谅，并平息网友们的抵制行为。②

二 对大众媒体与传播文化的影响与控制

海外跨国广告公司与风险投资公司通过对中国媒体的影响与控制，影响与控制传媒传播的内容及其表达方式。

---

① 《车企为何频陷"广告门"》，《广州日报》2008 年 6 月 30 日，TT3 版。
② 《车企为何频陷"广告门"》，《广州日报》2008 年 6 月 30 日，TT3 版。

　　跨国媒体购买公司向媒体采编领域渗透，凭借资本的力量潜在主导媒体报道与新闻评论。2007 年 6 月，成都传媒集团与 WPP 达成意向，采取前者提供部分媒介资源，后者提供资金、客户、咨询以及服务网络的方式，共同投资 6000 万元至 1 亿元成立新公司，展开深入合作。WPP 集团作为广告公司，以与成都传媒集团合作的形式，打开了影响电视媒体内容服务的通道，使跨国广告公司对我国电视媒体内容的影响迈出关键性的一步。①

　　国内研究者认为：跨国媒体购买公司参与媒介节目内容的制作，影响媒体的未来发展。跨国媒体购买公司、企业赞助商、媒体或节目制作公司形成新的利益组合，媒介内容的商业化、娱乐化倾向将愈发明显。跨国媒体购买公司目前在中国介入内容市场主要是植入式广告运作，例如，传立媒体与其客户联合利华同北京响巢国际传媒有限责任公司紧密合作，将联合利华旗下多芬沐浴乳、清扬去屑洗发露、立顿奶茶等品牌自然植入电视剧《丑女无敌》剧情中。综观全球媒介购买公司发展，参与媒介内容策划与制作必将成为一种趋势。②

　　海外跨国广告公司不但可以通过巨额资本与巨额广告费用，拥有杂志、报纸、电视台、互联网等媒体的广告发布权（在海外拥有杂志、报纸、电视台、互联网等媒体），而且可以通过媒体购买公司等，实现跨媒体、跨行业、跨地区、跨国家的资源整合与整体经营。这一潜在的危险是，巨额广告费、媒体购买不但可以绑架商业媒体，而且有可能通过对广告投入的控制弱化、分化强势的主流媒体。不容忽视的是，由于海外跨国广告公司得到了有着长期业务合作关系的国际品牌的支持，以及具有应对媒体的丰富经验，对中国社会转型期的大众媒体，尤其是商业性媒体，具有不容置疑的影响力与控制力，可以对中国媒体的新闻报道与评论产生影响与控制作用，间接对中国执政党与中国政府施加影响。

---

① 刘瑞生：《西方媒介购买公司"渗透"中国风险何在》，《中国党政干部论坛》2012 年第 5 期。

② 廖秉宜：《欧美媒介购买公司的发展、影响及对策分析》，《新闻与传播研究》2011 年第 3 期。

三 对公司文化的影响与控制

中国广告市场是跨国广告公司或风险投资公司全球布局的一颗螺丝钉或一枚棋子，跨国广告公司或风险投资公司的资本控制与影响，在一定程度上能够导致中国广告公司中国意识的文化基因的破碎与幻灭。

强大的海外跨国广告公司的母公司或风险投资公司抓住中国改革开放的发展机遇获取政策优惠，通过资本并购等投资策略，利用中国港台资源与大陆人力资源以减少进入中国市场的文化摩擦，占领与主导中国广告市场。

国际广告代理公司在中国的分公司是母公司下属直接从事经营活动的分支机构或者下属机构，分公司不是真正意义上的公司，没有自己独立的财务权与人事权，其使用财产列入母公司资产负债表，母公司以全部资产对分公司经营中的负债承担连带清偿责任，分公司不独立承担民事责任，利润由母公司合并纳税。

海外跨国广告公司的母公司或风险投资公司的媒介购买、风险资本与企业品牌具有世界影响力与话语权，合资企业或融资公司在全球范围内长期形成的文化传播力、传媒影响力与口碑形象力，使合资或融资的中方公司话语权大打折扣，合资公司或融资公司的人事安排、财权处置与发展战略基本上听命于海外母公司或风险投资公司。在大多合资的跨国广告公司中，中方公司没有多大话语权，合资公司是跨国广告公司全球战略的一颗螺丝钉。大多融资的中国广告公司是风险投资公司全球战略的一个资本利益支点，赢得股权的风险资本在其广告市场上具有最大的话语权。因此，中国广告市场是跨国广告公司或风险投资公司全球布局的一颗螺丝钉或一枚棋子。

四 对资本文化的影响与控制

资本的逐利性要求广告企业通过并购、风险投资、IPO 实现赢利狂欢，这导致在新闻报道与评论中的大众媒体的本位价值与新闻价值转换为资本价值，广告业的传播价值转换为投资价值，以致出现资本泡沫、产业危局与行业发展问题，使得广告企业在市场的赢利追求中缺乏风险意识、大局意识、长远规划与社会责任。

　　分众传媒的融资上市刺激了户外广告的融资与兼并潮，而 2008 年金融危机导致追求广告业与传媒业上市潮步伐戛然而止。上市后的户外广告公司在海外市场表现不佳。华视传媒自 2007 年上市后，股价连涨，在 2008 年曾触及 25 美元高位。经 2008 年金融危机后急剧下跌，2008 年年末股价仅剩 5 美元。2009 年年末，新华悦动传媒收盘价为 0.85 美元，2010 年年末股价仅 0.19 美元，年内累计跌幅 77.65%。在 2010 年中国概念股跌幅榜中，悦动传媒被摘牌除名，华视传媒一年内跌幅达 57.51%（见表 5 - 5）。

表 5 - 5　2010 年中国概念股跌幅榜

单位：美元

代码	公司名	2009 - 12 - 31	2010 - 12 - 31	涨跌幅(%)	最新价
RINO	绿诺科技	27.65	4.04	- 85.39	已除名
CIIC	中国基础设施投资	3.28	0.69	- 78.96	0.46
XSELD	新华悦动传媒	0.85	0.19	- 77.65	已除名
CAB	中视控股	1.74	0.55	- 68.39	0.48
CAEI	大华建设	4.2	1.59	- 621.14	1.02
NWD	新龙亚洲	0.13	0.05	- 61.54	0.05
WH	WSP 控股	3.11	1.34	- 56.91	1.26
VISN	华视传媒	10.92	4.64	- 57.51	3.94

　　广告企业的并购并不一定能够实现广告业的优化组合与做大做强。分众传媒赔本卖掉好耶。香港 TOM 户外媒体百亿投资落空，遭大面积摘牌。2010 年 1 月，华视传媒完成对 DMG 的并购。这桩耗资 1.6 亿美元的并购不仅没有帮助华视走出困境，反而导致其第二季高达 9320 万美元的亏损。新华悦动传媒成长路线走的是疯狂并购的路子，可通过大举收购扩展复杂的财富链没能在经营上生效。2009 年起，该公司的经营行为从不竭收购变为不竭出售资产。2010 年 5 月出售北京经世经观广告有限公司与北京经观信诚有限公司两大子公司的全数股权。

　　上市公司遭国际做空机构做空。2011 年 3 月，中国高速传媒遭国际做空机构浑水公司的做空，被纳斯达克停牌。5 月 19 日，CCME 公告宣布接到纳斯达克摘牌通知书，股票转至粉单市场恢复交易。11 月 22 日，分众传媒遭到做空，市值一日蒸发 13.6 亿美元。

五 对消费文化的影响与控制

消费文化对消费群体的符号认知、口味文化与生活方式等产生"文化殖民影响"，潜在地解构乃至扼杀中国文化自身的独特性。

在全球化语境与市场经济发展中，广告与生活认知必然出现对生产符号传播的认知变异，如海信、海尔、TCL、康佳等国内品牌用英语商标符号传播。中国文化具有"海纳百川"的文明内涵，传播市场与消费市场一般能够接受这些传播符号。但是，各种民族品牌如"上海"牌等在市场中消失，广告构建出了洋货强于国货的传播观念，同时跨国广告公司一系列强权广告或霸道广告对中国传统文化与中国产品传播产生歧视。

2001～2005 年，在中国努力加入世贸以图与世界经济接轨之际，大型跨国广告公司从 2001 年年底开始联手通过"零代理"与媒体市场扩张等手段，牺牲本土广告公司的利润利益、市场份额和发展空间，完成对中国本土广告业合围与媒体市场的布局。在该时期跨国广告公司试图构建自己消费文化精神，或许在无意识中对中国传统文化进行了前所未有的打击，代表作有丰田"霸道"、"陆地巡洋舰"广告，立邦漆"龙篇"广告与麦当劳《"讨债篇"》广告。

2003 年 11 月，盛世长城广告公司为一汽丰田汽车公司"陆地巡洋舰"、"霸道"与"达路特锐"三款新车代理平面和电视广告，而它代理的"霸道"与"陆地巡洋舰"两则广告引发"丰田问题广告"风波。

在这两则广告中，争议最大的是"霸道"车的广告。在广告画面上，"霸道"越野车威武地行驶在路上，而两只石狮蹲坐路旁，一只挺身伸出右爪向"霸道"车作行礼状，另一只则低头作揖。配图的广告语写道："霸道，你不得不尊敬。"（见图 5 - 1）石狮是中国传统文化中威武阳刚的代表图腾，向"霸道"越野车敬礼作揖是中华文化向消费文化的屈服与商业文化从属。"霸道，你不得不尊敬。"的广告语太过霸气，有商业征服嫌疑，损伤了中华民族的感情。

图 5 – 1 丰田车广告："霸道，你不得不尊敬"

　　另一则是"陆地巡洋舰"的广告。该画面是：在可可西里无人区的崎岖山路上，一辆丰田"陆地巡洋舰"迎坡而上，后面的铁链上拉着一辆笨重的、军绿色的、看似"东风"的大卡车。在画面左侧，还挂着追捕盗猎者所用的军大衣、冲锋枪等（见图 5 – 2）。"陆地巡洋舰"的广告用丰田车拉着看似"东风"的大卡车跑，有贬低中国落后的嫌疑。

　　网友舆论把抨击矛头指向了丰田公司、广告制作公司与刊登广告的《汽车之友》杂志，要求他们赔礼道歉。一网友甚至针锋相对地模仿"霸道"广告制作了一幅广告：画面上狮子把霸道车按在了爪子之下，配有广告语："霸道，不得不拿下！"（见图 5 – 3）由于整个事件有从"问题广告"向"日资企业在华经营风波"方向转化的趋势，《汽车之友》杂志、丰田公司、盛世长城广告公司不再找借口推脱，先后向社会表示道歉。

　　2004 年 9 月，《国际广告》杂志刊登了李奥贝纳广告公司广州分公司为立邦漆设计的"龙篇"广告作品。该广告画面上有一个中国古典式的亭子，亭子的两根立柱各盘着一条龙，左立柱色彩黯淡，但龙紧紧攀附在柱子上；右立柱色彩光鲜，龙却跌落到地上。画面旁附有对作品的介绍，

图 5 - 2　丰田汽车"陆地巡洋舰"的广告

图 5 - 3　网友广告：霸道，不得不拿下！

大致内容是：右立柱因为涂抹了立邦漆，把盘龙都滑了下来。评价称："创意非常棒，戏剧化地表现了产品的特点……结合周围环境进行贴切的广告创意，这个例子非常完美。"（见图5－4）龙是中国的图腾，在一定意义上是中华民族的象征，是神圣威武不可侵犯的中华文化符号。立邦漆是日本品牌，"立邦"译为日语是"日本"。该广告中的中国"盘龙"因为"日本"漆而滑落是对龙的一种侮辱，是对中华传统文化的一种隐性扼杀，引起龙的传人对日本及其产品的强烈反感。也许，广告主及其制作者料到了这种跨文化的广告传播与创意引起的文化风波，但是没有想到掀起的文化风浪是如此地汹涌澎湃！

图5－4　李奥贝纳广告公司广州分公司为立邦漆设计的"龙篇"广告作品

2005年6月，麦当劳开始在中国市场的上海、郑州、西安等地分别通过不同媒体投放由李奥贝纳广告公司制作的"讨债篇"广告，在这30秒的广告中有一个不到5秒钟的镜头，叙述一名男子跪在几个酷似讨债者的彪形大汉面前苦苦哀求，随即旁白说明"幸好麦当劳了解我错失良机的心痛，给我365天的优惠……"（见图5－5）。其中的"下跪"镜头引起当地受众的反感，麦当劳中国公司向"社会各界人士表示歉意"。

图5-5　李奥贝纳广告公司为麦当劳制作的"讨债篇"广告

　　麦当劳广告旨在构建消费主义的拟态环境，这不但有可能加大社会阶层的鸿沟，而且在消费与传播中可能构建出消极亚文化，乃至侮辱中国传统文化与民族文化的尊严，潜在解构中国文化的独特性。其中，丰田车在清明节做"过清明—开丰田车—光宗耀祖"的广告（见图5-6），是对中国传统文化的一种羞辱。"清明时节雨纷纷，路上行人欲断魂"，清明节是中国人吊念先人与逝者的悲伤日子。尽管中国人有光宗耀祖的文化传统，但不会在清明节光宗耀祖。丰田车创意该广告以吸引眼球来促动消费，在跨文化广告传播上是对中国传统文化的无知。

六　对品牌文化的影响与控制

　　跨国广告公司对中国本不够成熟的广告公司造成巨大生存压力，同时导致中国民族企业品牌消失，洋品牌风行与主导社会生活，并成为中国流

图 5－6　丰田车广告：过清明·开丰田车·光宗耀祖

行文化主流与年轻人的文化主流意识与生活方式。

按照优胜劣汰的丛林法则，中国诸多民族品牌在市场经济的竞争与兼并中走向消亡是一种不可避免的现实。但是，国人一般忽略了海外广告公司或风险投资公司是加速诸多民族品牌"安乐死"的催化剂。其中，天府可乐就是一个典型案例。

1981 年，天府可乐配方在重庆诞生。1988 年，中国天府可乐集团公司下属灌装厂达到 108 个，创产值 3 亿多元，利税达 6000 多万元。1990 年，天府可乐在前苏联首都莫斯科建立了第一个灌装厂。同时，日本风间株式会社主动代理，在美国世贸大厦设立公司，专销天府可乐。中国国产可乐一举打入可乐型饮料的鼻祖国美国市场。

1994 年，百事与天府共同成立合资公司——重庆百事天府公司。据资料显示，百事当时出资 1070 万美元现金，天府则以土地、厂房和生产设备（折价 730 万美元）为出资。按照双方约定，合资公司生产的天府可乐应不低于总饮料产量的 50%。但让天府方面未料到的是，在成立合资公司后，原先拥有 75% 以上市场份额，且为 20 世纪 80 年代中国八大饮料厂之一的天府可乐却连年亏损，销量逐年骤降。最终，天府可乐品牌在市场上几近绝迹。同时由于债务缠身，2006 年，天府方面将持所有股权以 1.3 亿元的价格出售给百事公司，自己则变成重庆市的特困企业。至此，天府集团以品牌消亡、市场尽失、资产归零为代价，换来了账面上的零负债。

2008 年，天府踏上了追讨品牌之路。2008 年 11 月，天府方面给《国际金融报》发表声明称："自 2008 年 10 月 15 日以来，中国天府可乐集团前后累计向百事公司方面寄送 6 次正式的公函与律师函，但百事公司不予理会。"百事相关负责人则多次对《国际金融报》记者回应："不对任何天府百事之争及相关的传闻作任何评判。"

2010 年 12 月，重庆市五中院一审判决，百事可乐停止使用天府可乐的技术，并限期返还技术秘密和相关资料。但没有支持天府可乐 100 万元的索赔。①

七　对法律文化的影响与控制

海外跨国广告公司与风险投资公司等受所在国法律的限制与保护。如前所述，由于跨国广告公司的母公司均不在中国本土，其设在中国本土的分公司又不具有独立法人资格，采用中国法律追究其责任难度很大，而其母公司所在地的法律又对其具有一定的庇护作用，比如美国的《海外投资法》、《海外反腐法》等。

善于借鉴海外广告公司股权改革经验，善于利用法律武器进行海外维权。1990 年，FCB 开始与阳狮（Publicis）结盟，公司总裁 Bruce Mason 对公司进行改革，并对外积极进行收购兼并。1994 年，把 FCB 改组成股份公司，并在其上建立 True North 传播公司。因为发现阳狮有收购 FCB 的企图，在经过 2 年的法庭争斗后，FCB 终止了与阳狮的联盟关系。

---

① http：//baike. baidu. com/view/1725005. htm.

第六章
信息传播技术的影响与控制
——以搜索引擎为例

第一节　搜索引擎发展概况

托马斯·弗里德曼在《世界是平的：21世纪简史》一书中认为，"搜索技术革命"与"网络诞生"是21世纪将地球铲平的推土机。在连通全球、信息过量的网络时代，搜索引擎的出现解决了海量储存和科学搜索这两项至关重要的信息处理能力，是对网络社会信息爆炸、信息过剩、信息焦虑和信息成本的一种解放。

搜索引擎（Search Engine）是运用特定的计算机程序，为用户提供信息检索服务的通道系统与信息传播平台，根据一定策略从互联网上搜集并排列信息，进而将检索的相关信息展示给用户。搜索引擎作为一种独特的新媒体构建的搜索引擎文化与广告生产方式，成为各个群体共同享有的结构化的社会生活方式，开创了新的传播模式与广告话语传播模式，形塑出新的生活方式，培育出巨大的网络产业与广告产业。各搜索引擎在全球与中国的市场格局与发展趋势，不但对全球政治、经济与文化会产生日益深远的影响，而且对全球与中国的媒体市场发展与广告市场繁荣产生重大推动作用，对构建信息话语权与广告话语权具有主导力量。

一　搜索引擎的全球格局

1. 全球市场份额

据美国市场统计公司 comScore 公布的数据，2007 年 12 月全球搜索引擎市场份额排名顺序依次为：谷歌（Google）为62%，雅虎（Yahoo）为12.8%，百度（Baidu）为5.2%，微软必应（Bing）为2.9%，韩国NHN（naver）为2.4%，易趣（eBay）为2.2%，时代华纳（timewarner）为1.6%，问搜索（Ask）为1.1%，俄罗斯Yandex为0.9%，阿里巴巴（alibaba）为0.8%。Google市场份额最大，达62%市场份额，排名其后的九大搜索引擎占全球市场份额的近30%，其他搜索引擎公司瓜分余下近8%的市场份额。

据comScore统计数据显示，2009年12月，Google全球市场份额为68%，高居榜首，搜索次数达878亿次，同比增长58%。雅虎位居第二，市场份额为7%，搜索次数为94亿次，同比增长13%。百度排名第三，市场份额为6.5%，搜索次数为85亿次，同比增长7%。微软必应排名第四，市场份额为3%，搜索次数为41亿次，同比涨幅高达70%。排名第五位至第十位的依次为eBay、NHN、Yandex、Facebook、Ask和阿里巴巴。据2011年1月美国互联网流量监测机构Net Application最新数据显示，2010年12月全球搜索引擎的市场份额顺序：谷歌84.65%，雅虎6.69%，百度3.39%，微软必应3.29%，问搜索（Ask）0.56%，美国在线搜索（AOL）0.42%。搜索引擎巨头Google以近85%的全球市场份额独占鳌头，其他搜索引擎占有近15%的市场份额。这六大搜索引擎占全球市场份额的99%，其他搜索引擎占有1%的市场份额。据Alexa最新全球网站流量排名显示[①]，Google排名第1，Yahoo.com第4，Baidu第7，微软必应（Bing）第19，俄罗斯Yandex第23，问搜索（Ask）第46，腾讯搜搜（Soso）第54，搜狐搜狗（Sogou）第113，韩国Naver第203，网易有道（Youdao）第224，优酷搜酷（Soku）第285，迅雷狗狗（Gougou）第406。

虽然调查公司数据不尽相同，但是都基本上正确反映了Google、Bing、百度等搜索引擎的市场份额座次情况。

---

① 取样时间：2011年3月18日。谷歌（Google）旗下有多家分搜索引擎网站进行前500名，鉴于同属一家搜索引擎服务提供商，故在此仅选取其主网站即Google.com的排名。

2. 搜索引擎在不同国家与语种运用上的发展情况

拥有独立搜索引擎技术并被市场认可的国家，主要是美国、中国、俄罗斯和韩国；从使用语言来看，英语搜索引擎主导全球发展方向，中文、俄文、韩文等在其母语地区形成区域优势和市场，与英语搜索引擎形成互补。

全球搜索引擎市场中，95% 以上以英语为主要语言。21 世纪初，雅虎和 Altavista 控制全球搜索市场，谷歌后来居上，以其技术力量、市场流量、广告份额、一百多种语言界面成为主导。

中文百度是全球第一大非英语搜索引擎。据 Alexa 最新全球网站流量排名，中国本土搜索引擎进入前 500 强有 6 家，但都是以提供中文搜索服务为主，大多不涉及其他语种的搜索服务。中国本土搜索引擎的表现，更多是基于中国庞大的人口基数，而非真正像谷歌（Google）、雅虎（Yahoo）、微软必应（Bing）、问搜索（Ask）等提供多语种服务。

俄罗斯 1997 年开始运行的 Yandex（Yet Another iNDEX 的英文缩写），是全球第二大非英语搜索引擎，而且是门户网站、社交网络和类似 PayPal 的金融交易服务网站。据 TNS Gallup и Comscore 调查显示，Yandex 拥有俄罗斯、白俄罗斯、乌克兰、哈萨克斯坦等十几个俄语系国家 80% 以上的访问量。Yandex 目前的估值已高达 46 亿美元左右，每天用户访问量达 800 万人。2010 年 Yandex 公司营收为 125 亿卢比（约合 4.2 亿美元），同比增长 43%。根据俄罗斯媒体调查，Yandex 搜索用户约占据俄语市场的 62.8%，Google 为 21.9%，其他份额分别为 Yandex 旗下的 Mail. ru 和 Рамблер（1996 年投入使用的俄罗斯搜索引擎）互联网公司纳入囊中（Mail. ru 为 9.1%；Рамблер 为 3.2%）[1]。

在韩国，韩语搜索引擎占据绝对市场。Naver 是韩国最大搜索引擎及门户网站，1999 年 6 月 NHN 的 Naver 搜索引擎正式启动。2009 年 6 月，登陆日本；9 月在日本推出 Beta 服务；11 月，Naver 放弃雅虎搜索广告技

---

[1] "Интернет в России Состояние, тенденции и перспективы развития", Document Transcript。参见张丹《俄罗斯网络新媒体发展报告（2000～2010 年）》，尹韵公主编《中国新媒体发展报告（2011）》，社会科学文献出版社，2011 年 7 月。

术。据韩国网络咨询公司 KoreanClick 显示：2006 年谷歌在韩国搜索市场的份额仅为 1.5%，Naver 控制了 70% 的搜索业务，Daum 的市场份额为 12%。2009 年 11 月，Naver 网站占搜索次数的 66%，Daum 占 21%，SK 电信门户网站 Nate 占 6%，雅虎韩国站点约占 3%，谷歌仅有 2%。其中，Naver 销售利润达到 3.25 亿美元，市值高达 87 亿美元。

3. 优势美国，强势谷歌

在新技术创新环境下，美国知名高校的学生与教师共同开发和引领全球搜索引擎的发展潮流。1993 年，内华达大学 Martijn Koster 开发可索引文件和检索网页的搜索系统 ALIWEB。1994 年年初，华盛顿大学 Brian Pinkerton 开发互联网上第一个支持搜索文件全部文字的全文搜索引擎 WebCrawler。斯坦福大学 Jerry yang（杨致远）和 David Fifo 共同开发可搜索的 Yahoo 数据目录。卡耐基 - 梅隆大学的 Michael Mauldin 将 spider 程序接入到其索引程序中，创建了 Lycos。1995 年，华盛顿大学 Eric Selberg 和 Oren Etzioni 开发第一个元搜索引擎 Metacrawler。1996 年，加州伯克利分校 Eri Brewer、Paul Ganthier 创立的 Inktomi 公司开发强大的搜索引擎 HotBot。1998 年，斯坦福大学 Sergey Brin、Larry Page 创建了具有里程碑意义的 Google（谷歌）；2005 年 12 月 14 日，美国有线新闻网（CNN）在对互联网历史的十大瞬间评选活动中，Google 荣登榜首。

Google 占有世界搜索引擎绝对市场份额，其网站流量处于世界各国前列，奠定了美国的搜索引擎强国地位与大国优势。据 Alexa 最新全球网站流量排名显示[①]，谷歌用户使用谷歌子域名如下：67.14% 用户使用 google.com，22.83% 用户使用 mail.google.com，1.46% 用户使用 docs.google.com，1.32% 用户使用 adwords.google.com，0.96% 用户使用 maps.google.com。Google 的用户遍布世界，美国 31.7%，印度 8.1%，中国 4.6%，英国 3.1%，德国 2.9%，巴西 2.9%，俄罗斯 2.6%，伊朗 2.5%、日本 2.4%、意大利 2.2%、墨西哥 2.2%、法国 1.8%、西班牙 1.8%、加拿大 1.7%、印尼 1.6%、澳大利亚 1.2%。在美国、印度、德

①　2010 年 3 月 19 日检索。

国、巴西、俄罗斯、伊朗、日本、法国等国家和地区的 Google 公司搜索流量均已进入前 500 名的全球网站流量排名。

4. 欧亚诸国实施搜索引擎发展计划

谷歌至今仍是欧洲与日本等国的主要搜索引擎，这些国家日益认识到搜索引擎事关国家利益，积极发展与建设搜索引擎系统，以抵制美国操控全球信息。

2005 年，法德两国为打破美国网络搜索的垄断，携手共进，计划建设真正的 "多媒体搜索引擎"，即欧盟搜索引擎——"Quaero"（拉丁语，意为 "我搜"），最后不了了之。2006 年，法国推出卫星地图搜索引擎（Geoportail）。2006 年 7 月，日本经济产业省和日本东京大学等研究机构联合起来，着眼于 Google 尚未涉及的领域，拟开发世界最新的搜索引擎 "情报大航海项目" 计划。2007 年，欧盟批准投资 1.2 亿欧元开发德国的 Theseus（特修斯）搜索引擎项目，其意均在对抗谷歌。2010 年，英国搜索引擎 Zoombu 正式上线，利用点对点（邮政编码）进行旅游搜索。

俄罗斯致力于满足国家需要，以确保安全信息接入和过滤禁止内容，将发展搜索引擎纳入 "国家基础设施建设" 的一部分。Yandex 股东是荷兰 Yandex N. V. 公司，由外资控制。2009 年年底，俄罗斯大众传媒与通讯部开始讨论 Yandex 和 Rambler 搜索引擎的替代方案。2010 年年初，提出建设没有外资参与的全球首个国家搜索引擎，旨在维护俄罗斯的国家利益。

2009 年 12 月，土耳其政府发起 Anaposta 计划，拟建立一个国家搜索引擎，并为每一个土耳其人建立一个国家电子邮件系统。2010 年 2 月初，伊朗宣布建立国家电子邮件系统，以绕过 Google 的电子邮件系统。

二　搜索引擎在中国的发展概况

1. 用户使用情况

第 27 次《中国互联网络发展状况调查报告》显示：2010 年中国搜索引擎用户达 3.8 亿人，用户覆盖率为 82.3%，跃居各种网络应用使用率的第一位。据中国互联网信息中心（CNNIC）第 1 ~ 27 次《中国互联网络发展状况调查报告》显示，中国网民的搜索引擎使用比率一直呈现逐步上升趋势（见图 6 - 1）。

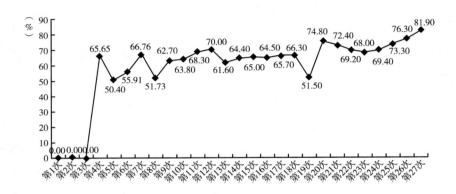

图 6 - 1　中国网民搜索引擎服务使用情况发展趋势

据艾瑞咨询数据统计显示，2009 年第 4 季度搜索引擎网页搜索请求量达 539.6 亿次，2010 年第 4 季度，网页搜索请求量达 640.2 亿次，同比增长 18.6%（见图 6 - 2）。

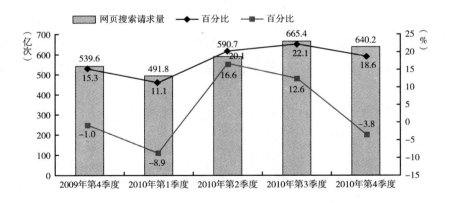

图 6 - 2　2009 年第 4 季度至 2010 年第 4 季度中国网页搜索请求量规模

据艾瑞咨询数据统计预测，中国搜索引擎用户的覆盖率会进一步得到提升，从 2010 年 3.8 亿用户提升到 2014 年的 5.77 亿用户，增幅总量将达到 152%（见图 6 - 3）。

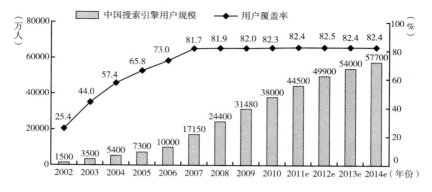

图 6 - 3　2002～2014 年搜索引擎用户覆盖率

2. 两寡头竞争、其他争鸣

2000 年 1 月，李彦宏、徐勇在北京中关村创立百度（Baidu）公司。2001 年 8 月，百度发布桌面搜索 Beta 版。2003 年成为全球最大的中文搜索引擎。2005 年 8 月，在美国纳斯达克上市。2005 年 5 月，谷歌推出中文 Beta 版，宣布正式进入中国市场；谷歌 AdSense 成为中国最大的网络广告联盟。2006 年 4 月，Google 拥有全球中文名称"谷歌"。2008 年谷歌发布中文广告管理系统。2010 年退往香港经营中文搜索。

2003 年之前，百度与谷歌在中国的市场份额，在第一和第二的位置上互有置换。2003 年 6 月，百度超越谷歌成为中国网民首选，七年以来，一直是全球最大的中文搜索引擎。2005 年，谷歌市场份额为 32.8%，百度为 56.6%。从 2006 年财报上看，百度与谷歌在 2006 年达到了高峰，而百度净利润增长率超过谷歌达到了 556%。据艾瑞咨询报告，2010 年在 109.8 亿元的市场营收总额中，百度占 71.6%，谷歌占 26%。

市场竞争格局动中有变。2007 年以前，百度、谷歌、雅虎是中国主要的中文搜索引擎。2007 年，百度、谷歌为第一梯队，雅虎份额下降，与中搜、有道等为第二梯队。据艾瑞咨询统计：2008 年，百度、谷歌市场份额均有上升，二者市场份额之和超过 90%；雅虎中国为 7%；搜狗、中搜、网易以及新浪仅占 2% 的市场份额。2009 年，百度市场份额为 63.1%，谷歌为 33.2%，两寡头共计为 96.3%，其他为 3.7%。

1998 年 1 月，台湾的中文搜索引擎 Openfind 在鼎盛时期，同时为三大著名门户新浪、奇摩、雅虎提供中文搜索服务。2000 年后，其市场份额逐渐被 Baidu 和 Google 瓜分。

2009～2010 年，中国搜索引擎的格局发生着悄然的变化，中国本土搜索引擎的市场份额逐步做大，谷歌（Google）在华市场份额逐步减少，必应（Bing）在华市场份额基本稳定地维持在 0.3% 上下；其他搜索引擎在华的总份额在过去一年最高不超过 0.6%（见图 6 - 4）。

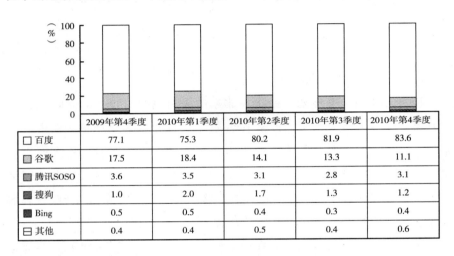

	2009年第4季度	2010年第1季度	2010年第2季度	2010年第3季度	2010年第4季度
□ 百度	77.1	75.3	80.2	81.9	83.6
▨ 谷歌	17.5	18.4	14.1	13.3	11.1
▥ 腾讯SOSO	3.6	3.5	3.1	2.8	3.1
■ 搜狗	1.0	2.0	1.7	1.3	1.2
■ Bing	0.5	0.5	0.4	0.3	0.4
▯ 其他	0.4	0.4	0.5	0.4	0.6

图 6 - 4　2009 年第 4 季度至 2010 年第 4 季度中国网页搜索请求量份额

3. 门户网站与专业网站竞相开发搜索引擎

1996 年 8 月，搜狐公司成立，制作中文网站分类目录。1997 年，北大天网正式在 CERNET 上提供服务；2000 年年初，收录网页约 6000 万，利用教育网优势，有强大的 ftp 搜索功能。2002 年 9 月，慧聪搜索与中国互联网新闻中心，成立国内最大的，以搜索引擎应用为基础的联盟组织——中搜联盟，成为当时国内最大的跨平台、跨行业、跨区域的搜索排名服务平台。新浪、搜狐、网易、TOM、中华网等七大门户网站采用其搜索引擎技术。2003 年 8 月，正式推出第三代智能中文搜索引擎；12 月，独立成立中国搜索（中搜）。2004 年 2 月，中搜发布桌面搜索引擎网络猪 1.0；9 月，推出行业搜索引擎。

2004 年，网易开始与谷歌长达三年的搜索合作；12 月，GOGO 北京科技公司发布全球首个手机无线搜索引擎 CGOO。2005 年谷歌的高股价刺激了国内搜索引擎开发热。2005 年 6 月，新浪开发爱问（iAsk）搜索引擎；12 月，腾讯开发搜搜（Soso）引擎。2007 年 3 月，搜狐旗下的搜狗（Sogou）搜索公司成立；7 月，网易有道（Youdao）引擎全面使用。

专业网站进一步分割了中国的搜索引擎市场。迅雷创立了资源搜索引擎狗狗（Gougou）；2004 年，视频网站优酷（youku）创立搜酷（Soku）视频搜索引擎。

据 Alexa 最新全球网站流量排名显示，除新浪爱问（iAsk）、中搜、北大天网、CGOO 外，以上所述搜索引擎都进入了世界 500 强流量排名。

4. 人民搜索（Goso. cn）与盘古搜索（Panguso）的出现

国家为维护国家信息安全，推进新媒体产业强劲、健康、有序发展，国家强力建设搜索引擎。2010 年 6 月，人民网与谷歌技术联手的"人民搜索"上线运营，邓亚萍出任掌门人。2011 年 6 月底，"人民搜索"正式启用新域名"即刻搜索"（jike）。

2008 年年底，新华网推出新华搜索的新闻搜索系统，为用户提供信息综合查询平台与新闻搜索服务。2010 年年初，新华社与中移动在新闻搜索基础上筹备盘古搜索。2010 年 12 月，推出盘古搜索测试版。2011 年 2 月，盘古搜索运行。该搜索以建设"国内一流、世界领先"为主要目标，尝试对互联网服务与移动通信技术全面融合，为搜索引擎市场开创出全新的服务模式。

5. 海外资本在华的搜索投资

百度被 Google 注入相关战略投资；资源搜索引擎狗狗（Gougou）的母公司迅雷一半的股权被 5 个战略投资者控制，至 2007 年 1 月就进行了三次融资，不但有富达基金及美国 IDG 集团、联想投资等重要投资机构，还包括 Google 的战略投资。融资与股权资本对搜索业务可能产生影响。

第二节　搜索引擎的影响与控制

以谷歌与百度等为代表的搜索引擎，既是媒体信息汇集与为广告主服务的媒体，又是全球最大的广告主之一。一方面，搜索引擎为用户提供了获取与传播信息的便利，推动了传播技术的发展，是信息社会发展的里程碑。另一方面，广告主利用搜索引擎，通过技术、资本、广告与市场优势，控制信息传播通道，形成绝对市场垄断，控导网络广告市场，垄断国际信息话语权与广告话语权，对全球可持续性发展与填平信息鸿沟形成巨大威胁。

一　控制信息传播通道

最大搜索引擎谷歌覆盖世界 200 多个国家与地区，拥有 100 多种语言界面，互联网上搜索引擎使用量达 85% 以上，已形成全球信息垄断与计算机桌面的传播垄断。谷歌形成的信息传播通道控制，已经引起世界主要国家的警觉和行动。

2008 年 1 月，互联网流量监测机构 comScore 公布各大搜索公司在全球各大搜索市场的比重，Google 在世界各地区的各发达国家和影响力大的市场占据信息流量主导地位（见图 6 - 5）。

Google 在欧洲市场除在俄罗斯只有 32% 市场占有率之外，其他主要国家在 70% ~ 94% 之间。Google 在北美的市场占有率是：加拿大 78%，美国 53%。Google 在欧洲各国的市场占有率分别为：葡萄牙 94%，西班牙 93%，瑞士 93%，芬兰 92%，比例时 9%丹麦 92%，奥地利 88%，意大利 84%，荷兰 84%，法国 83%，挪威 81%，瑞典 80%，德国 80%，爱尔兰 76%，英国 73%。

Google 在亚洲与拉丁美洲都占有极高的比重。亚洲及大洋洲市场分别为：印度 80%，澳大利亚 77%，新西兰 72%，新加坡 57%，马来西亚 51%，日本 40%。在拉美市场为：智利 93%，委内瑞拉 93%，哥伦比亚 91%，阿根廷 89%，巴西 89%，墨西哥 88%，波多黎各 57%。

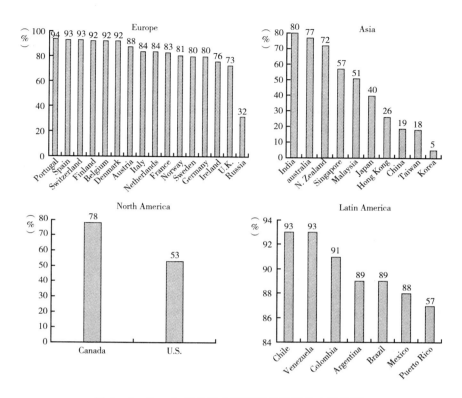

图 6－5　Google 在世界主要国家与地区的市场份额

二　形成绝对市场垄断

Google 通过"关键词广告"盈利模式与技术转让与创新等手段，获取全球最大的搜索引擎市场份额。同时，通过市场竞争、技术开发与战略性并购，形成搜索引擎的绝对市场垄断地位，对本国、其他国家和地区进行广告营销、媒体并购、商业控制与信息屏蔽。

加强市场竞争，收购优质资源，打压竞争对手，获取发展先机。2008年，谷歌通过各种手段使欧盟委员会无条件批准谷歌斥资 31 亿美元收购互联网广告经纪商 DoubleClick 的交易。2009 年，与苹果公司抢购硅谷初创公司；微软指责欧盟的判决令谷歌获益。2010 年，收购美国大型团购网 Groupon 受阻，拟推团购服务与 Groupon 竞争。为形成市场垄断，谷歌强力实施战略性并购。2006 年，谷歌收购世界上最大的视频网站 YouTube。2008 年，收购互联网广告经纪商 DoubleClick。2009 年，收购视频压缩技术公司 On2、互联网电话服务公司 Gizmo5。2010 年，收购视觉搜索引擎初创公司 Plink、移动广告商 AdMob 公司和 eBook Technologies 公司等。2011 年 8 月，谷歌以 125 亿美元收购摩托罗拉移动。

谷歌的市场垄断、商业控制与信息屏蔽，以致多国对其进行反垄断诉讼与其他法律诉讼。2007 年，谷歌收购 DoubleClick 引发微软担忧，并遭欧盟反垄断调查。2009 年，意大利反垄断机构对谷歌涉嫌滥用市场支配地位展开调查。2010 年是谷歌收购最多的公司一年（达 48 家），也是遭受反垄断最厉害的一年。美国消费者团体呼吁对谷歌采取反垄断行动，美国司法部有多次对谷歌实施反垄断的提议。欧盟多次对有关谷歌滥用网络搜索市场支配地位的指控启动反垄断调查。英国、法国、德国等 10 个国家联名致函谷歌，要求其提高对用户隐私的保护。法国反垄断机构责令谷歌 AdWords 在线广告服务在四个月内将其程序透明化，裁决谷歌必须接受 Navx 广告。德国对谷歌非法获取公民数据提起申诉，计划强化本国的隐私法。

三 控导网络广告发展

付费展示广告排名算法是谷歌在广告市场的竞争利器，2009 年 12 月谷歌开发测定广告效果的软件工具 Campaign Insights，帮助广告投放商进行广告投放选择，主导网络广告市场发展方向。

高价收购国内外著名的特色广告公司，以提高"商誉"（goodwill）标准。2008 年，以 31 亿美元收购互联网广告经纪商 DoubleClick，成为唯一占据统治或控制地位的互联网广告经纪商或发布商。2009 年，收购 Teracent 公司，该公司能提供基于特定需求的横幅广告色彩、语言及其他元素的自定义技术。2010 年，收购展示广告公司 InviteMedia 与谷歌移动广告公司 AdMob（以 6.81 亿美元收购），后者能够帮助谷歌提供更好的广告服务，帮助广告商将影响力覆盖到移动用户。谷歌 2010 年财年第三季度财务报告显示：谷歌 Android 移动搜索广告业务年收入为 10 亿美元。

据艾瑞网消息：谷歌囊括美国移动广告市场（价值 8.77 亿美元）59% 的市场份额。

收购大型特色网站，提高显示广告业务。2006 年以 16.5 亿美元收购 YouTube（五周年当天浏览量突破 20 亿次），并把 YouTube、谷歌财经以及第三方 AdSense 发布商等资产整合到一起，推出一款名为"谷歌展示网络"（Google Display Network）的展示广告网络。谷歌 2010 年财年第三季度财务报告显示：YouTube 给谷歌带来 25 亿美元广告收入。

谷歌 AdWords、AdSense、AdMob 广告平台让著名网络公司对谷歌产生广告依赖症。2005 年诞生的谷歌 AdSense 广告平台分成比例：内容广告方面，谷歌支付 68% 的广告收入给发布商；对于搜索广告，谷歌支付发布商 51% 的广告收入。在中国第一的互联网安全软件与互联网服务公司奇虎在收入方面对谷歌的依赖非同一般。奇虎委托的艾瑞咨询报告显示：奇虎为中国第三大互联网公司；截至 2011 年 1 月，奇虎每月拥有 3.39 亿的活跃用户，用户渗透率占到中国的 85.8%。据 2011 年 3 月奇虎 360 向美国证券交易委员会提交的招股书显示：2009 年和 2010 年，Google 是奇虎的最大客户；2009 年和 2010 年来自 Google 的收入分别占总收入的 11.2% 和 21.1%；这一部分收入是 Google 用来支付 360 安全浏览器和网址导航带去用户的费用。

四　垄断国际传播话语权

搜索引擎产生和创造价值的一个方面，是其在满足传播与受众需求的信息搜索之时，具有潜在的控制大量在线活动的能力，使网民容易患信息搜索引擎依赖症。而谷歌等强势搜索引擎通过对技术、信息、新闻、广告、市场等方面的控制度、传播度、影响度与参与度，与所属国政府、利益相关者集团、利益集团和非政府组织等形成利益关联与战略联盟，不但潜在地影响和控制世界各国政府、行业、学界、媒体与公众等方面的认知态度、行为方式与思想观念，乃至主流意识形态，而且其形成影响和操控相关国家与地区的技术更新、产业发展、媒体报道与意识形态的话语权，具有与国际社会、政府组织和公众舆论相对抗的威胁能量。同时，具有技术优势和市场垄断的谷歌等搜索引擎，日益成为其所属国家对外政策与法律执行的利剑和全球战略政策执行的"马前卒"，所造成的信息鸿沟使相关国家与地区在其国内外的市场发展、资本融合、技术更新、资源争夺与品牌竞争等方面失去传播力与竞争力，已严重地损害了世界信息结构发展的不平衡、相关国家的国家利益与信息发展能力和参与国际事务应属的话语权。

五 搜索引擎日益成为影响与控制大众媒体与广告传播的技术工具

在缩小信息鸿沟、强化社会责任与增强公信力方面，发展的搜索引擎不但会进一步面临国际压力、行业压力、技术压力、法律压力和舆论压力，而且会遭遇本土化困境。谷歌等巨头加大加剧全球搜索引擎的市场份额竞争，其战略性收购会蚕食其他有利于搜索引擎发展的行业与领域，同时会遭遇反垄断诉讼和知识产权、隐私权等相关问题的法律诉讼，在语言、文化、市场等方面进一步面临搜索引擎本土化困境。但是搜索引擎在未来的发展具有如下发展趋势，日益成为影响大众媒体与广告传播及其发展趋势的技术工具。

1. 国家搜索引擎进一步得到发展。搜索引擎是国家软实力的重要表现，国家搜索引擎日益成为一种维护国家信息安全的一种战略工具，更是国际斗争的一种信息制衡工具。

2. 与社交网站融合发展。2010 年，谷歌收购社交游戏初创企业 SocialDeck 公司、初创公司 Angstro，筹划推出社交网络服务，与 Facebook 进行抗衡。同时，也是应对微软公司和 Facebook 公布一个合作计划，即微软利用 Facebook 用户的社交关系数据优化微软必应搜索引擎的搜索策略。韩国最大门户网站 Naver 结合旗下所有资源的最新社交网络服务 Naver Me。

3. 成为工具性的多"媒"体。搜索引擎功能不但是公共信息检索平台和新闻媒体整合功能而且是真正的多"媒"体，是媒体帝国、广告帝国和技术巨无霸的聚合，日益成为改变媒体生产方式、广告投放方式和人类生活方式的一个媒体发展典范，成为影响世界政治、经济和文化发展走向的一个重要工具。

4. 走向即时、精准的无线（移动）搜索与桌面搜索。搜索服务向移动平台转移过，用户可以在脱离电脑时或不开网络浏览器的情况下任意使用搜索服务。

5. 走向技术主导的智能搜索、多媒体搜索与个性搜索。把信息检索从目前基于关键词层面提高到基于知识或概念层面，对知识有一定理解能力与处理能力，有选择性地为用户提供个性化的搜索服务，提供纯文本到视频、音频、图片和图像等各种多媒体信息，实现对用户的信息需求从被动接受到主动智能化地理解。

6. 云计算搜索得到大力发展。云计算的超大规模性为搜索引擎提供有力保障，用户从使用云计算到提供云计算服务，云计算搜索会得到广泛运用。

第七章
美国大广告主对大众媒体的影响和控制

美国广告几乎成为美国的"第二空气"。当代美国广告不仅是美国经济乃至世界经济的晴雨表之一，而且对美国乃至世界的社会文化、社会心理以及价值观念、生活方式、思维方式产生极为重要的影响，作为话语的广告形成了一种话语权。这种广告话语权的拥有，无疑会对美国乃至世界产生极为重大的影响。然而这种权力不是大众媒体的，也不是政府的，更不属于普通民众，而是大广告主的。

美国大广告主是指以美国工商业、农业与银行等经济势力为代表的大企业。美国大广告主的广告话语权是通过影响和控制美国大众媒体而实现的。首先体现在广告话语的合规律性与合目的性，其次是大广告主利用"反应单位"，通过广告影响与舆论把关时期和公共关系与媒介集权时期两个阶段，直接或间接控制大众媒体的议程设置等，从而掌握国际话语权与媒介话语权等资源，建构其"合法化—权威"地位。这种控制的历时性发展建构了美国的核心国家利益。

第一节 广告话语的合规律性与合目的性

大广告主对广告话语权的追求是建立在广告话语的合规律性基础之上的，是在合规律性的基础上追求其合目的性的，旨在构建"合法化—权威"地位。

　　大广告主实施广告话语权是在尊重广告话语的自在规律上进行的。广告话语的文本符号如图像、音乐、文字等，通过能指（signifer）与所指（signified）诉诸消费者心理，实现情境化，必须符合认知规律，符合传播规律，体现市场规律。

　　著名的威尼斯圣马可广场的鸽子"Coca-Cola"广告照片是广告话语合规律性与合目的性的控制构建。① 可口可乐公司在"Coca-Cola"这个广告话语方面下了很大功夫。1987 年，资助给巴西足协一大笔钱，唯一要求是将每个球员的球衣上都印上可口可乐的标志，这获得了相当惹人注意的视觉效果，影响与反映相当好。通过对 1988 年汉城奥运会的赞助，将可口可乐广告歌的精髓巧妙地编进开幕式表演歌曲《你感觉到了吗》之中。"Coca-Cola"的广告话语在广告发展中使其目的性融入其规律性，体现为符号化的消费主义意识形态。一位可口可乐高级主管曾不无得意地对部下说："你们已经走进了人们的心中，比包括基督教、伊斯兰教在内的意识形态更为深入。"② 甚至被用来指代西方文明。可口可乐成为一个真正具有全球意义的公司，是一个对大众媒体尤其是电视有巨大影响力的大广告主。

　　"群体生活的社会过程创造和维持那些规则，而不是规则创造和维持群体的生活。"③ 这是大广告主实现控制消费大众与影响大众媒体的前提条件。作为广告商谋士与战略伙伴的广告公司与调研公司等，根据大广告商的消费诉求，利用比较科学的研究工具，使用比较适用的调查方法，遵循广告话语自在规律，在合规律性基础上的合目的性行动，实现大广告主诉求意愿与广告话语权。广告公司与调研公司对产品市场与消费者的科学调研，对广告文案的创意制作与对媒体选择的严谨分析，有利于把产品行销体现在大众媒体的结构与内容和消费者的社会意识之中。

---

① 参见第一章第二节。
② 〔美〕大卫·克林：《可口可乐争霸传》，http://book.vbqq.com/show_book_3312.html。
③ 〔美〕杰弗里·亚历山大：《社会学二十讲》，贾春增、董天民译，华夏出版社，2003，第 168 页。

从广告公司等的研究工具来看，在 20 世纪八九十年代三种运用最为广泛的市场调研工具是：斯坦福研究所国际公司的价值观念与生活形态分析系统，克莱瑞特斯按照邮递区号划分的市场的潜在排名指数，以及扬克洛维奇监控系统。价值观念与生活形态分析工具的开发者断言，这样的分类能够预测人们的购买方式，能够暗示广告主们应该使用何种消费诉求，以说服具有不同价值观与生活形态的消费者进行购买，以刺激消费，构建社会现实。如美林投资公司在使用了价值观与生活形态的数据后，把广告"美林对美国有信心"改为"美林：卓越不凡"。① 麦肯广告公司为了找到正确的促销方式，为可口可乐公司花了近三年的时间深入研究，《商业周刊》的记者形容他们是"游过动机研究的深海"。寻寻觅觅，他们终于发现"可口可乐扮演的主要角色是社交催化剂"。尼尔森调查公司和规划标准公司等，都向广告主提供思考社会及其组成部分的最有利可图的各种方式，而且还向大众媒体等提出建议，希望帮助它们找到探究消费大众特性的方法，使得消费大众对广告商有吸引力，从而对大众媒体产生影响与控制。广告公司与调查公司等的调查研究得出的"规则"，对大广告主的广告行销产生消费导向作用，通过广告话语及其传播规律影响消费群体，从而达到控制大众媒体。广告公司与调查公司、大广告主利用"规则"和消费者实现互动，实现消费利益诉求最大化。"整个资讯过程，都受到了广告行业的巧妙控制，而广告行业的收入则来自生产大量消费品、提供消费服务的全国性大公司"，② 达到了大广告商"合法化—权威"的目的。

美国广告公司在海外市场扩张过程中作用重大，大广告主通过本土化与国际化广告话语争夺国际传播话语权。美国广告公司是国际信息的制造者，③ 大广告主利用媒体等手段制造的商业传播的目的是保护美国企业在

① 〔美〕约瑟夫·塔洛：《分割美国：广告与新媒介世界》，洪兵译，华夏出版社，2003，第 40 页。
② 〔美〕Herbert I. Schiller：《思想管理者》，王怡红译，远流出版事业股份有限公司，1996，第 153 ~ 154 页。
③ 〔美〕Herbert I. Schiller：《思想管理者》，王怡红译，远流出版事业股份有限公司，1996，第 157 页。

国外的经营活动，倡导个人主义价值观和消费主义形态。美国广告公司的国际化是美国本土化的延伸，是美国大广告主在海外扩展的重要部分与扩张利器。早在 1970 年，在美国的 25 大公司中，只有两家公司尚未在国外设办事处。80 年代末，海外广告约占出口额的 14%。2000～2004年，美国广告业市场价值每年年均在 300 亿美元以上（见表 7－1）。现在世界各地，都没有逃脱充斥于国际的美国广告公司的渗透。可见，美国大广告主的广告话语权不但是美国的，也是世界的。但世界的也是美国化的即国际化的，或者是美国文化基因的本土化。这是美国大广告商"合法化—权威"目的的进一步扩大化，是资本本能与市场经济的必然扩张。

表 7－1　2000～2004 年美国广告业市场价值

单位：亿美元，　%

年份	年广告业价值	年增长率（%）	年份	年广告业价值	年增长率（%）
2000	316		2003	327	6.20
2001	309	－2.20	2004	340	3.90
2002	308	－0.10	2000～2004		1.9

　　资料来源：Advertising in the United States, Industry Profile Code：0072－0420. Publication date：Oct. 2005。

　　为了打开产品行销局面，大广告主在国外推行的广告话语尽量实现本地化与本土化。20 世纪 30 年代可口可乐设计了一个全球通用的广告，画面是：一个穿着礼服的人正在喝可口可乐，还特别把可口可乐的荷色裙瓶子凸显出来。广告里唯一出现的文字是："CocaCola"。这种广告方式在许多国度都可能闹笑话，如中国人称为"抠咳抠蜡"，可口可乐费尽心机才根据"可快乐，口快乐"而将其名称为"可口可乐"。但画面、口味与文化还是美国化的。一本教科书中一篇名为《人类的未来》的课文中，附有一张照片。这张照片的主人公是一个犹太长老，他在可口可乐的商标下看着报纸。图片说明写着，"可口可乐流行全世界，某些人看来，这是单一世界文化形成的前兆。"一向以温和著称的杂志《国际通讯杂志》

批评说："广告让一些贫穷的第三世界国家的人民产生不切实际的想法和愿望。"① 美国文化基因的本土化衍生的商业文化是对他国商业文化的一种侵蚀，在金钱本能与市场经济语境中，美国强势话语权势不可当。美国广告作为其商业的代理人，是"一种世界性语言，一种世界生意语"，是一种具有世界影响力与传播力的广告霸权话语。"国际社会充满了商业信息。这些信息大多源自美国跨国公司的市场需求。国家传播系统的结构、这些系统所提供的节目，都按国际市场卖主的特点亦步亦趋"，"美国生产公司无处不在操纵的大众媒介，已被用来促进美国消费品在全球的销售和服务的开发"。② 对于悬于海外的美国商业利益，不仅是美国的国家利益，而且是文化渗透的利器，更是美国的国家形象与国家利益。美国大广告主的根本目的就是利用广告话语，实现其国际话语权，彻底控制所有大众媒体，使其沦为商业文化的工具。

第二节　大众媒体的利润本能与新闻舆论把关

美国"宪法第一修正案"宣扬的民主一直是美国大众媒体与民众的观念性牌坊，新闻自由与社会责任是大众媒体的旗帜性口号。然而事实上，美国传播媒介所有制和广告收入的致命性，决定了大众传播所有权的垄断、媒体经营的规模、所有者的财富以及利益的倾向性。这构成了美国大广告主对美国大众媒体的控制和对资本主义意识形态支配的深层基础。因此，"自由"、"民主"等口号是大众媒体张本的旗帜，而媒介所有制的利润宗旨决定了其为企业广告主服务的本性。

广告从18世纪中叶开始成为报纸收入的重要来源，19世纪以后广告成为报业经营的主要内容时，大众媒体经营者非常重视广告主的利益，成为广告主尤其是大广告主的"喉舌"与"奴仆"。媒体经营者知道损害广

---

① 〔美〕大卫·克林：《可口可乐争霸传》，http://book.vbqq.com/show_book_3312.html。

② 〔美〕Herbert I. Schiller：《思想管理者》，王怡红译，远流出版事业股份有限公司，1996，第156页。

告主特别是大广告主的利益，就是损害自己的根本利益，在市场竞争中无异于自杀。可以说，广告主在哪里，大众媒体的心就在哪里。大众媒体垄断规模越大，对大广告主的依赖越大。"不管新闻媒介是作为一股政治力量还是公众教育的一种工具，它首先被看作一个为读者提供有关购物消息的机构，一种商业性机构，或者更确切地说，它就是一件商品"。① 作为一件商品，即大众媒体被广告商购买了版面与时段，其价钱相当不菲，尤其大广告商筹码更高。"自从编辑部版面的销路与广告版面的销路越来越密不可分，报刊业变成了某些私人的一种机制；也就是说，变成了有特权的私人利益侵入公共领域的入口"。② 广告主是整个广告活动范畴的中心机构，他们的支付决定整个行业的规模。广告是工商业的一面镜子，广告商作为市场经济中的一个主体角色，处在广告流程行为中的原动地位并起决定性影响，是发布方（大众媒体）和中介方（广告公司）的"奶牛"。全美有近 2400 亿美元的广告，③ 占世界广告总额的一半。在美国大企业中，至少有 81% 的企业每年要花 1 亿美元左右的巨额广告费，④ 如可口可乐公司一年就达 6 个亿。本·H.贝戈蒂克安指出，广告主 29% 的广告费给了报纸，21% 给了电视，7% 给了广播，6% 给了杂志。报纸收入的 75% 来自广告，大众化杂志为 50%，广播电视为 100%。"对消费性杂志和报纸的出版商来说，广告主的赞助等同于他们收入的 50%"。⑤ 通过买卖自己这件"商品"，美国报业成为美国的第三大产业，多年来一直是十种最赢利的产业之一。近 150 位广告主提供了广播网 96%～97% 的收入。⑥ 大众媒体从广告主尤其是大广告主那里尝到了财富的甜头，获得了

① 〔美〕赫伯特·阿特休尔：《权力的媒介》，黄煜、裘志康译，华夏出版社，1989，第67页。
② 〔德〕哈贝马斯：《公共领域的结构转型》，曹卫东等译，学林出版社，1999，第220页。
③ 明安香：《美国：超级传媒帝国》，社会科学文献出版社，2005，第5页。
④ 唐小兵、姚丽萍：《WTO：中国新闻界的契机——析中国加入世贸组织对国内新闻界的影响》，《新闻与传播》2000年第1期。
⑤ 〔美〕约瑟夫·塔洛：《分割美国：广告与新媒介世界》，洪兵译，华夏出版社，2003，第11页。
⑥ 美国新闻自由委员会：《一个自由而负责任的政府》，展江等译，中国人民大学出版社，2004，第38页。

发展的动力，实现了行业更大的垄断。而广告主尤其是大广告主控制了大众媒体，获得了影响力的工具，获得了话语权。

"媒体的历史表明，报纸及其现代变种都为有钱人的私利服务的，但同时它们又给自己塑造了一个为大众提供新闻服务的面目。"① 广告收入的致命性是大众媒体心甘情愿为广告商服务的根本原因，新闻自由与社会责任在广告主尤其是大广告主"八卦"炉里练就的空谈。广告主们体面地利用这些旗帜用于商业竞争，树立企业形象，而不是大众媒体与公众的利益。

某位药品商要求赞助建造自由女神像（1886 年），条件是在神像基座上树个特大广告②。在有钱可赚的时候，美国人似乎大都乐意忍受民主和人权掩饰下的虚伪（见图 7 – 1）。

图 7 – 1　广告主绑架"自由女神"图（笔者根据网络图片撰改）

我们从《先驱报》老板班内特 1836 年对一位读者赤裸裸的回复可窥知一二。班内特对一位读者对布兰德斯医生刊登的医药广告的恣意吹嘘提出抗议时，回复道：

　　请给我们比布兰德斯医生送来更多的广告——付给我们更高的

---

① 张巨岩：《权力的声音》，三联书店，2005，第 232 页。
② 〔美〕大卫·克林：　《可口可乐争霸传》，http://book.vbqq.com/show＿book＿3312.html。

价钱——我们会断绝布兰德斯医生的活路——至少削掉他广告的篇幅。生意是生意——钱就是钱……我们绝不会让傻瓜来妨碍我们的生意。

　　班内特对读者的回复反映了诸多满口"仁义道德"的大众媒体的心声。到了 20 世纪后期美国许多媒体已经完全"班内特化"了。为了广告主尤其是大广告主的利益，在 20 世纪 90 年代，大众媒体的领导者把有利于保持新闻公正自由与媒体社会责任的重要保障的形式——兴起 20 世纪初叶主导于 20 世纪中期的编辑过程与媒体所有者和广告商的监督的"政教分离"——用"火箭筒"政策公开轰掉，跟班内特一样，把采编与广告经营"两分开"原则废除，赤裸裸地为广告主服务。1997 年，时代－镜报公司的首席执行官马克·维尔斯担任全美有重大影响的《洛杉矶时报》主编，上任就取消新闻与商业的界限，并说："每当下属拿这堵墙拒绝我的指令时，我就对他们说，如果你们不拆除它，我就拿火箭筒轰掉它。"而且对包括新闻部的报纸各部门作了大幅度调整。"现代新闻史上第一次新闻任务不在由记者出身的编辑来掌握，而是由助理编辑们控制，他们其中之一来自报纸的市场与营销部门"。①开新闻人员参与客户广告项目的先河。20 世纪 90 年代末，时代华纳等媒体公司的杂志出版商成立"联合市场部"，专门负责杂志与广告商的联系工作，使杂志成为"广告信息的一部分"；《时代周刊》等杂志实现由一位广告商部分或全部介入杂志编辑工作的制度，允许广告商不同程度地参与编辑的制定。Beam 在 1996 年以问卷调查方式访问全美 215家报社的 893 位资深编辑发现，在报社以市场为导向的经营思考影响下，多数资深编辑表明，在新闻生产过程中，他们越来越加增与新闻部门以外单位的互动。②

　　大众媒体所有权高度集中，大广告主通过实现人事渗透成为大众媒体

---

① 〔美〕本·H. 贝戈蒂克安：《媒体垄断》，吴靖译，河北教育出版社，2004，第 20 页。
② R. A. Beam, *What it means to be a market-oriented newspaper*, Newspaper Research Journal, 19 (3), 2－20. 1998.

的后台老板，达到控制大众媒体的目的。全美前十家报纸集团拥有全国
1/5 的日报。集团所有者许多大广告主利益紧密联系在一起，它们董事会
成员的相互交叉有利于调节大公司大企业潜在利益的冲突，而这些公司又
相互控制着美国大部分大众传播媒体。20 世纪 70 年代中期，报业连锁中
董事会成员与管理人员已经相互交叉与共享（见表 7 - 2），^① 我们从此可
窥知大广告主通过对大众媒体的人事布局和利益渗透已经高度影响与控制
大众媒体。

表 7 - 2　大广告主对媒体的人事布局和利益渗透

大众媒体集团	拥有该大众媒体董事会成员与管理人员的大广告商
甘尼特集团	美林证券、俄亥俄标准石油公司、二十世纪福克斯、科莫吉、麦·道格拉斯飞机制造、麦克戈林黑尔、东方航空公司、飞利浦斯石油公司、克罗戈公司、纽约电话公司
《纽约时报》	默克、摩根·戈兰特公司、布里斯托尔·迈尔斯、查特石油、约翰斯·曼维尔、美国快递、贝斯勒汗钢铁公司、阳光石油、斯科特造纸公司、IBM、波士顿第一集团
时代集团	美孚石油、美国电话电报公司、美国快递、梅隆国家公司、火石轮胎和橡胶公司、亚特兰大·雷福德公司、通用动力、施乐、（大多数）国际银行

这种情形在 20 世纪 90 年代有过之而无不及。六大公司（时代华纳、
迪斯尼、维亚康姆、默多克新闻公司、贝塔斯曼、通用电气）和五大报
业公司（《纽约时报》、《华盛顿邮报》、时代 - 镜报公司、甘尼特公司、
奈特 - 里德报业集团）的董事会成员有在另外 144 家公司任职，它们都
是《财富》杂志排名前 1000 位的公司。如时代华纳董事在 7 个公司任
职，通用公司有 17 名董事在十个巨型媒体的九个公司任职。^② 这意味着，
一个董事既为媒体服务，又为排名前 1000 位的某公司效力。由此可见，
媒体报道这些公司的负面新闻，或对其舆论监督，或与其公司谈公平正
义，是对媒体自己生存空间的自残与自毙，只有如班内特所说的"傻瓜"

---

① 〔美〕本·H. 贝戈蒂克安：《媒体垄断》，吴靖译，河北教育出版社，2004，第 69 页。
② 〔美〕Robert W. McChesney：《富媒体　穷民主：不确定时代的政治传播》，谢岳译，新华出版社，2004，第 36 页。

才会干这种愚蠢之事。

再次，大广告主顺理成章地显性或隐性控制与审查大众媒体的新闻报道内容，进行新闻舆论把关，如建构消费的拟态环境，控制与支配节目制作与清除"异类"编辑与记者，大发软性新闻等。其结果是大众媒体为大众消费者建构社会叙述，构建大广告主需要的社会现实，制造消费主义的共同意识。

贝尔 & 豪维尔总裁说："我们必须记住喜剧、探险和逃避主义是推销产品的最好环境。"① 通用电气的公司传播部总管说："我们对节目环境的要求是，它能强化我们公司的信息。"默多克的福克斯（Fox）电视网与制片公司和迪斯尼等一直是如此观点的坚定执行者。即使 1996《传媒法案》要求电视网每星期至少播放三个小时的儿童教育节目，他们也没有切实执行。对大力推广产品的大广告主来说，非常廉价的色情、暴力与满嘴脏话和低级下流的信息娱乐等节目是最好的。这种省时省力省钱省事的内容同质化的好事，同样符合大众媒体的胃口。大众媒体越来越没有兴趣花大量时间与大量金钱做严肃新闻，越来越忽视最基本的公共利益需求表达，因而使得制作廉价的节目与新闻充斥于银屏与版面。大众媒体内容以市场主导的消费方式和以消费主义为主的情形在美国与全球已蔚然成风。这种情形诚如心理学家威伦·詹姆斯评价《先锋报》、痛斥世风时所说的观点。他说："第一眼瞧见《先锋报》，我就脊梁骨僵硬、呼吸停滞，感觉像一团屎尿打在我脸上。将来我们报刊上全是恶心透顶的新闻，这怪物正飞速成长；报纸的字里行间充斥着广告词，广告话语在报刊的地位，仅次于自杀、谋杀、打斗、诱奸、强奸……"。② 詹姆斯之词不泛片面的深刻与深刻的片面，确实有普适性。

为了大广告主的利益，媒介公司为他们提供越来越多支配节目制作的机会。大众媒体按照广告主尤其是大广告主的要求进行新闻报道，而且允许购买广告时间的商家影响新闻节目内容，这类现象在电视台司空见惯。

① 〔美〕本·H. 贝戈蒂克安：《媒体垄断》，吴靖译，河北教育出版社，2004，第 178 页。
② 〔美〕大卫·克林：　《可口可乐争霸传》，http://book. vbqq. com/show _ book _ 3312. html。

美国报纸在"二战"后所增加的版面都是为服务广告客户而创刊的，有的集团电视节目刻意讨广告主的欢心。1970 年可口可乐食品公司高层审查对 NBC 休斯顿台播放与可口可乐有关的节目《移民》，对其画面极不满意，大骂这家电视台"对可口可乐做出这种狗屎事"。可口可乐已经买下 NBC 当年价值 200 万美元的全年广告，所以这家电视台的主管很礼貌地接听电话。最后 NBC 表示，同意在片中加进有关可口可乐"重大计划，可口可乐宣称会改正"的一句话，同时删去一句说可口可乐为整个行业树立了不良典范的话。美国公共电视台的重要广告商——美孚石油公司（Mobil Oil）曾为自身的业务利益，要求公共电视台不准播出一部会触怒该企业的石油伙伴国沙特的电影作品。世界上最大的广告商之一普罗克特-甘布尔公司，与哥伦比亚三星电视台和维亚康姆的派拉蒙电影公司签订了合作电视节目的合同。1997 年《华尔街日报》报道，在同意刊登广告之前，一些全国性的广告商希望了解杂志刊登的其他内容；时隔不久它又报道了多起广告商审查杂志内容的事件。

考尔斯媒介公司（Cowles Media）的首席执行官认为，报纸在撰写迎合主要广告商的文章时不应当有所顾虑。1999 年麻省报纸《先驱新闻》向广告商的许诺：有一寸广告，就有一寸广告商生意的新闻报道。正因为如此，广告式社论等软性评论与软性新闻充斥于版面与荧屏。这些情况的历史与现状混淆了新闻编辑人员的视听，削弱与腐蚀了新闻职业道德与操守。Soley and Craig 对美国 250 位日报的主编对广告商影响新闻内容进行问卷调查，研究结果发现，有高达 93% 的主编表示曾遭遇到广告主试图以广告预算来干预新闻内容，其中有 37% 的主编承认，他们曾屈服在广告客户的压力下。[1] 媒体公司党同伐异，对不相与谋的记者与编辑驱之压之而后快。1997 年新闻公司一家电视台两位记者在撰写有关蒙桑托（Monsanto）公司调查报告中，因拒绝该公司夸大其词、无中生有的要求而遭解雇。1998 年哥伦比亚广播公司负责 1996 年耐克在越南的劳工丑闻

---

① L. C. Soley & R. L. Craig, *Advertising pressure on newspaper*, *A survey*. Journal of Advertising, 21 (4), 1 - 10. 1992.

的著名记者罗伯塔·巴斯金，由于对哥伦比亚电视记者身着耐克公司的产品出现在当年冬奥会现场极端不满，遭到降职处罚，并且失去了当家记者的地位。顺我者昌，逆我者亡，编辑与记者成为广告主利益运转的"螺丝钉"，成为广告主消费主义理念的推销员。广告话语连贯产生的作用，建立在大众媒体与读者长期共享的知识体系之上，"媒介既反应又塑造我们的文化，为我们进行选择并作出解释，它们还为我们提供一个理解事物的框架和创造对现实的感觉"，① 实现了广告话语对消费大众的统治与广告主的话语权利益。

第三节　公共关系与媒介集权

阿尔·里斯父女提出的"公关第一、广告第二"理论风行，得到了业界与学界的公认。在美国，不了解公共关系行业的重要性，就无法细致探讨和全面了解美国大众媒体的运行及其方式，也难以了解大广告主是如何影响与控制大众媒体，更难以理解大众媒体和各种权力之间错综复杂的关系。大广告主运用公关武器，使用新闻话语与广告话语，把消费意识形态融入"乌合之众"中制造大众意识，以群体的无意识代替个体有意识的行为，造就大众消费。以大广告主为代表大企业主等利益集团掌控了话语符号，控制了大众媒体与大众舆论。在广告话语面前，大众消费的情感被发泄到一个共同的目标上，即消费品，而真正的思想被取消了。新闻话语的喧嚣能使得消费者认知它，但不会完全危及广告主的根本利益与话语权。

公共关系是社会控制的利器。曾被人誉为美国"公共关系之父"与"舆论工程师"并提出了著名"晶化理论"的贝奈斯认为，美国民主社会是精英统治，是由智慧的少数来组织和引导大众的民主；塑造公众的方法主要是制造情境以设定思维定式，人格魅力化，接触能影响其他公众的领

---

① 〔加〕玛丽·崴庞德：《传媒的历史与分析——大众传媒在加拿大》，郭镇之译，北京广播学院出版社，2003，第103页。

导者。

第一，设置议程，制造认同。大广告主在其企业发展中逐步认识到公共关系的重要性，或聘请公关公司，或设有公关部、传播部等相关部门，处理公关事务。公关部门根据广告主的消费诉求，利用媒体传播规律，为大众媒体提供新闻线索与提供稿件等，或进行新闻策划等媒体事件，对大众媒体与消费大众施加影响力，为媒体与受众设置消费议程，制造受众的认同感。

以一毛五分的汉堡建立一个麦当劳王国传奇的克罗克在古柏高公关公司的策划下，接受得过普利策奖的美联社记者鲍埃的采访。鲍埃大笔一挥，克罗克创业传奇就富有新闻价值了，在第二天早上闻名于600家报纸。此后，《时代》、《生活》、《新闻周刊》、《华尔街日报》、《富布斯》等著名报社、杂志社争相报道麦当劳的各种消息，克罗克也不断地接受采访。从此，麦当劳占领媒体版面，宣扬自己品牌，时时受到大众的关注。麦当劳得到了广大消费者的品牌认同，分店遍地开花，遍布全球。

谁控制着信息渠道，谁就决定大众获取信息。公关部门按照广告主要求与诉求以公关材料直接提供大众媒体，充实新闻采访的内容。大众媒体直接或间接援引公关材料，客观上成为广告主的宣传语。20世纪80年代一项研究表明，美国的大众媒体每周会收到240万份公关方面的材料，其中约10%被媒体采用，有的媒体甚至高达80%。[①] 1979年10月4日《华尔街日报》当日新闻中提到的111家公司，据调查就有70家给了公关材料，70家中53家（72%）的新闻完全基于公关材料，32家（48%）的公关材料被一字不改地采用，20则（29%）新闻被署名"华尔街日报记者"。[②]《纽约时报》、《华盛顿邮报》有时有2/3的内容是从公关渠道得来的。[③] 有人甚至认为，最好的报纸几乎有一半内容来自公关行业发送的材料，而次一些的报纸几乎所有的内容都直接或间接来自公关

---

① 张巨岩：《权力的声音》，三联书店，2005，第235页。
② 张巨岩：《权力的声音》，三联书店，2005，第236页。
③ 张巨岩：《权力的声音》，三联书店，2005，第120页。

部门的产品。① 大众媒体面对如此浩大的公关材料的遴选，真正能够引起其注意的，是与媒体利益攸关的，与媒体和社会生活关系密切的，公众比较关注的，抑或有新闻价值的。而真正能够刊登的公共关系稿一般都是有影响力的大广告主为代表的大企业主。大众媒体有意无意地充当了大广告主们的吹鼓手，为公众设置了新闻报道议程，制造了消费的共同狂欢。

第二，进行赞助，树立形象。赞助是树立企业形象、扩大影响力的一种极为有效的手段。因此广告商尤其是大广告商们对公益事业、基金会、体育运动、国际会议等不遗余力地以金钱、产品等进行大量赞助，大力推销自己。赞助是大广告主与公众联系沟通的润滑剂，是与大众媒体关系蜜月运转的万能油，是与民间团体和公益团体关系紧密的黏合剂。

第三，包装明星，赢得视点。明星话语推销的是一种定格的亲善形象与定势的舆论情境。明星是受众的偶像，大广告主利用广告与大众媒体包装明星，制造明星话语，制造消费神话。名人广告效应与媒体明星效应的互动不露声色地培植与设置了眼球议程，获取了公众的眼球青睐与关注。如耐克运用 NBA 乔丹等明星效应，发展成为身价 20 亿美元的运动王国。② 此种情形，学者文章分析颇多，本书不再赘述。

第四，联姻政治，扩大影响。

美国的民主制度决定了政党与政治家们先天性地离不开以大广告主为代表的大企业主的影响与控制。政党候选人要成为政府与立法部门的"掌门人"，必须筹措大量选举资金支持竞选，而赞助者大多是实力雄厚的以大广告主为代表的大生产商，政党及其候选人成了他们在政治上的利益代理人。如可口可乐的"哥们"总统就有卡特、克林顿等。卡特任总统后，任用了一大批可口可乐人，如邓肯成为其国防部副部长。像邓肯这样的"政经双栖动物"式的"内线人物"（insider）③ 比比皆是。尼克松副总统在同苏联领导人赫鲁晓夫激烈地争论美国资本主义的优点时，尽管面临非常紧张的局面，但他依然履行了他对百事可乐国际销售部主管唐·

---

① 张巨岩：《权力的声音》，三联书店，2005，第 118 页。
② 顾阳：《耐克创造的神话——独步全球》，中国言实出版社，1997。
③ 张西明：《新美利坚帝国》，中国社会科学出版社，2003，第 150～169 页。

肯道作出的承诺。在记者们的镁光灯下，他把赫鲁晓夫领到百事可乐的摊位上，甜言蜜语地哄骗这位苏联领导人品尝一下百事可乐。尼克松似乎成了百事可乐的推销商，而赫鲁晓夫似乎充当了"形象代言人"。①

　　广告主通过游说政府决策者的活动方式通常有两种：一种是直接院外活动，另一种是间接院外活动。后者包括运用新闻媒介影响或形成社会舆论。游说者可以向地方报纸提供新闻、分析或社论，然后将有用的剪报送给国会议员。游说者还可以购买议员家乡报纸的广告版面，几乎每天《华盛顿邮报》都登有游说者购买的半版或整版广告。广告主还能直接或间接对大众媒体施加压力，改变其新闻报道和评论方针，为政府与立法机关设置议事议程。

　　1975年，麦当劳成立了一个"政府关系"部门，较为技巧地利用政府运转的关系，从而把自己的意见与信息传达给政府官员及立法者，公关效果良好。美国参加"二战"时，可口可乐高层与公关部门就游说军政部门，说服他们让可口可乐"随军参战"，并给予可口可乐相关特权。参战的洛伯·史考特上校在畅销书《与主同航》中赞美道："打下第一架日本战斗机的目的是为了美国、民主和可口可乐。"② 可口可乐在"二战"中威震世界，似乎与美国同命运，与民主同呼吸了。

　　美国众议院秘书办公室一份文件曝光了2009年第四季度，美国各车企游说与通过媒体影响美国国会和联邦政府的费用。数据显示，在美国汽车市场的福特、通用、克莱斯勒、丰田、本田与日产六大车企中，福特以175万美元的游说费用位居第一。以下为这六家车企的游说费用，以及他们的游说内容。

　　第一名：福特，175万美元
　　2009年第四季度，福特汽车的游说费用为175万美元，与2008

---

① 〔美〕大卫·克林：《可口可乐争霸传》，http://book.vbqq.com/sho w_ book_ 3312. html。

② 〔美〕大卫·克林：《可口可乐争霸传》，http://book.vbqq.com/show _ book_ 3312. html。

年同期相比减少了 17 万美元，与 2009 年第三季度的 175 万美元相持平。

福特汽车游说的内容主要包括：新能源车的税收优惠、支持车用电池研发、禁止驾驶员在开车过程中发短信、支持处于财务困境中的零部件供应商。除此之外，福特汽车曾就中国轮胎出口问题游说美国政府。2009 年 9 月，奥巴马政府宣布对中国进口轮胎征收 35% 的进口关税。

第二名：通用，148 万美元

2009 年第四季度，通用汽车的游说费用为 148 万美元，与 2008 年同期的 332 万美元和 2009 年第三季度的 154 万美元相比有所下降。

通用汽车的游说的内容主要包括：全球气候变化、汽车燃油经济性标准、汽车安全、驾驶员隐私、政府贷款援助、交通运输经费、电信服务、中美关系和贸易壁垒。

第三名：丰田，140 万美元

2009 年第四季度，丰田汽车美国分公司共花费了 140 万美元用于游说美国国会和联邦政府，高于 2008 年第四季度的 125 万美元和 2009 年第三季度的 120 万美元。

丰田汽车游说的内容主要包括：步行者安全、禁止驾驶员在开车过程中发短信、新消费者保护法和支持电动车研发。

第四名：日产，100 万美元

日本汽车制造商日产汽车在 2009 年第四季度的游说费用为 100 万美元，与 2008 年同期的 73 万美元和 2009 年第三季度的 71 万美元相比，有所增加。

日产汽车游说的内容主要包括：制造业政策、新消费者保护法、新能源问题和汽车燃油经济性问题。

第五名：克莱斯勒，88 万美元

与前几名车企相比，克莱斯勒 2009 年第四季度的游说费用要少得多，为 88 万美元。2008 年第四季度，克莱斯勒的游说费用为 120 万美元，主要用于游说美国政府为克莱斯勒提供 155 亿美元的贷款援助。2009 年第三季度，克莱斯勒的游说费用为 82 万美元。

2009 年第四季度，克莱斯勒汽车游说的内容主要包括：克莱斯勒 789 家经销商的关闭重组问题、卫生保健改革、新能源车技术资金支持、禁止驾驶员在开车过程中发短信和立法允许美国邮电业（Postal Service）购买电动车。

第六名：本田，58.5 万美元

2009 年第四季度，本田汽车的游说费用为 58.5 万美元，略高于 2009 第三季度的 57 万美元，但低于 2008 年同期的 83 万美元。

本田汽车游说的内容主要包括：汽车技术（如燃料电池和乙醇混合燃料技术）费用支持、车用电池运输、税收、新消费者保护法。另外，本田还曾就包括 H1N1 在内的流行病防治等相关问题游说过美国政府相关部门。[①]

美国大广告主为了制造跨越一大片地理区域的广告受众，为了赢得市场与政治影响，制造了大众媒体竞争的消失与传媒业的垄断，实现了所有权的集中与媒介集权，从而主导与控制了媒介话语权。前十家报纸集团拥有全国 1/5 的日报，集团所有者（拥有不止一家报纸的公司）拥有美国每天出版的报纸中的 4/5。20 家公司控制着 50% 以上的杂志年收入。威斯汀豪斯拥有 175 家美国广播电台，超过一半的全国电视台是广播网的分支机构。几乎所有的美国电影都是由六个大工作室中的一个发行，录音产业的绝大部分利润被六个主要的唱片公司获得。美国前六家图书出版公司占图书出版业年收入的 40%。1997 年出售的将近 9/10 的电脑使用微软公司的操作系统。通过一个产业内的所有权集中，交叉媒介所有权，联合经营所有权，垂直整合使媒体所有权和媒体权力更加集中，[②] 集中的结果既有集中能够提供更多资源的优势。这种媒介集权的情形是大广告主希望

---

① 《曝光美国汽车集团政府公关费》，http://blog. sina. com. cn/s/blog＿5ebf99910100 hru0. html。

② 〔美〕雪莉·贝尔吉：《媒介与冲击：大众媒介概论》，赵敬松译，东北财经大学出版社，2000，第 333~336 页。

的，是媒介系统自在规律和社会宏观环境等所导致。广告主实现了"多家媒体，一种声音"的愿望，达到了媒介集权的客观性效果。研究表明，报业集团更可能在竞选中将一个集团 85% 或者更多的报纸支持同一候选人。[①] 这样使政治候选人选举和法律的制定等受广告主等生产企业主的影响与控制，选举结果与法律制定符合自己的利益诉求。

1996 年出笼的《传媒法案》在很大程度上是大广告主与大众媒体等利用时势游说立法机关与国家行政机关的杰作，从而实现了跨行业、跨媒体的媒体大兼并。

《反垄断法》与 1934 年《通讯法案》等对大众媒体的垄断与集权作出了相应的行业规定，有利于保证大众媒体传播的公共性质。在《传媒法案》未获通过前，尽管大众媒体兼并与垄断日益加强，但基本上保障了大众媒体其媒体特征的同一性与统一性。全美 25000 多家大众媒体在 1983 年大兼并浪潮后就由 50 家超级联合公司所控制。《传媒法案》获得国会与政府的通过，大公司、大广告主对大众媒体的控制创造了新的"媒体工业联合体"。在短短几年之内，6 家公司（时代华纳、迪斯尼、维亚康姆、默多克新闻公司、贝塔斯曼、通用电气）统治了美国所有的大众传媒，而且相互拥有对方各自的股票。2000 年美国历史上最大的"美国在线－时代华纳"并购案，资产额达 3500 亿美元，"美国在线－时代华纳"成为全球最强大的广告力量。"这一变化加剧了母公司对其下属的新闻机构的控制与压力，迫使它们在新闻选择上更注重服务于公司的利益，而不是坚守传统的新闻道德。"通用电气的公司传播部总管说："我们对节目环境的要求是，它能强化我们公司的信息。"[②] 媒体报道与这些大公司利益直接相关的事物，如对税收、反垄断、立法等进行新闻选择，使整个社会的新闻报道倾向于维护公司的利益，博取公众最大的同情，赢得政府的政策支持。大众媒体"事实上是在为具有特权的社团言论做辩

---

① 〔美〕雪莉·贝尔吉：《媒介与冲击：大众媒介概论》，赵敬松译，东北财经大学出版社，2000，第 339 页。
② 〔美〕本·H. 贝戈蒂克安：《媒体垄断》，吴靖译，河北教育出版社，2004，第 7、179 页。

护，更多地为投资者而不是为公民选择做辩护，为特大型企业组织审查个人听、读、看选择的权力进行辩护。"① 大众媒体的这种"辩护"使大广告主的企业利润与广告利益最大化，赢利空间得到空前扩大。

大众媒体的高度垄断与集权，是媒介集权主义与消费主义等因素的必然产物。大广告主等经济势力与垄断集团是影响与操作大众媒体的"看不见的手"，是无形的政府，是统治美国的真实权力。这正如美国有识之士的认识，"我们被统治，我们的头脑被塑造，我们的口味被定型，我们的思想被暗示。……他们是牵着控制大众头脑的那些线。"②

第四节　广告是"自由媒体"的燃料与国家利益的化身

美国媒体可以找理由谩骂式地批评美国总统与国会，但绝对不可以批评自己的老板与后台老板。其中原因多多，前人之述备矣，而美国著名历史学家查尔斯·比尔德（Charles Beard）论述尤为独到精深。他在《国家利益理念》一书中评价道："美国国家利益的核心不是国家安全，而是经济利益。……政党所代表的是不同的经济利益集团，其制定的外交政策反映的则是区域经济集团的经济愿望与要求。"③ 其实，美国国内相关媒体政策等莫不如此。因此，从根本上说，控制与影响大众媒体的大广告主等工商企业势力与金融寡头是"区域经济集团"的代表，代表了美国的核心国家利益。

从广告发展与媒体关系发展的历时性来看，美国核心国家利益是其社会内部各利益集团利用各种手段长期斗争与相互妥协的产物。19世纪初，两党各有约150多家党报相互党争。南北战争，出现了支持林肯派与反林

---

① 〔英〕约翰·基恩：《媒体与民主》，邰继红、刘士军译，社会科学文献出版社，2003，第81页。
② 张巨岩：《权力的声音》，三联书店，2005，第108页。
③ 何英：《美国媒体与中国形象》，南方日报出版社，2005，第93页。

肯的南方"眼镜蛇报纸"①。大众化报纸的出现与商业大众媒体的普及，最后以垄断与行业相互渗透了之。在 19 世纪至 20 世纪 50 年代，尽管广告主对大众媒体的生存与发展存有巨大影响，但是诸多媒体秉持新闻之本性，严格自律，体现媒体应有的社会责任。冷战时期，大众媒体有意无意地充当了冷战的机器，但对资本主义世界实现了意识形态统一性的传播，国内寡头们的利益逐步实现了融合。因此，在各个历史时期，为了避免国内利益集团矛盾尖锐化与社会矛盾激化，大众媒体在政府与政党利益之间、在利益集团与公众利益之间充当了调和的角色，同时占领着国际舆论和行为准则的"道义高地"。"冷战"以西方所谓的"自由世界"胜利而结束，信息革命与全球化浪潮到来，美国试图打破信息藩篱，以实现"自由世界"一统。在企业界、广告界与传媒界等寡头们的极力推动下，联邦传播委员会、联邦贸易委员会、反托拉斯部门、国会与联邦法院都均倾向于新自由主义的市场哲学，《传媒法案》终获国会与政府通过。到 21 世纪，新自由主义完全成为主流与主导力量，媒介集权化置于巅峰，媒体被大力垄断与空前控制。正如 J. V. Cuilenburg, D. McQuail 指出："传播政策的产生源于政府的国家利益诉求和商业/工业企业运作之间的互动。双方都期望通过特权、规定以及约束来实现互利。政策一般都与为达到某些目标所制定的建议性方法与时间表。政府政策的具体内容反映了在某一特定时间和地点所作出的决断，以及政府与产业之间的权与利的平衡。"②

"商业以及整个自由企业体系需要媒体的支持"，③"美国媒体实际上代表了共同的美国利益"，④《密苏里人报》的训示云："广告是自由媒体的燃料"。从美国各利益集团相互斗争和妥协的媒介历史看，客观上似乎是工具理性与价值理性的历史构建，实际上是"社会秩序和社会控制的

---

① 陈力丹：《世界新闻传播史》，上海交通大学出版社，2002，第 171～172 页。

② J. V. Cuilenburg, D. McQuail, *Media Policy Paradigm Shifts: Towards a News Communications Policy Paradigm*, European Journal of Communication, 18（2）.2003.

③ 〔美〕本·H. 贝戈蒂克安：《媒体垄断》，吴靖译，河北教育出版社，2004，第 93 页。

④ 〔美〕Robert W. McChesney：《富媒体　穷民主：不确定时代的政治传播》，谢岳译，新华出版社，2004，第 36 页。

范式及其过程的力量在特定行为者所使用的逻辑，这种逻辑使特定的行为方式介入时间的和空间的秩序之中"，[①] 上百年的发展是一个民间私有企业及其精英和国家的结合与发展的过程，发展到一定程度时尤其是进入垄断资本主义时，是国家和垄断集团结盟，加速了国家对外的经济扩张。其控制范式在本质上是大广告主的一种霸权民主，是垄断大资本广告话语权的集中表现，而民主在广告主那里只是一种攫取利益的工具和向外进行利益扩展的手段。企业广告主尤其是大广告主对大众媒体历时性的影响与控制构建了美国的核心国家利益（见图 7 - 2）。

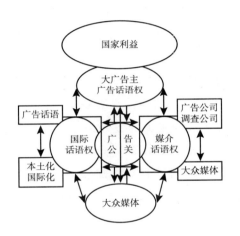

**图 7 - 2　美国大广告主对大众媒体历时性的
影响与控制构建国家利益**

① 〔美〕戴维·阿什德：《传播生态学：控制的文化范式》，邵志择译，华夏出版社，
2003，第 34 页。

第八章
结　论

第一节　广告传播过程中的噪音"路径依赖"与影响

一　广告传播过程中的噪音"路径依赖"

传播过程产生噪音，噪音在传播学意义上是指"任何非属信息来源原义而加之于其信号的附加物"。① 噪音是传播过程中不可避免的产物，大众媒体的广告传播过程产生噪音。大众媒体被广告主企业，尤其是大广告主影响以致控制的原因是广告传播过程中的噪音"路径依赖"（path dependence）。大众媒体广告传播是广告主通过广告话语在媒体传播给消费者，产生传播效果，实现消费生产的目标。知识、财富与暴力构建广告话语，反映了广告主、政府、大众媒体、广告公司和消费者等群体的利益。在传播过程中产生噪音，溯源是广告主的利益噪音、媒体的利益噪音、中介的利益噪音、政府的利益噪音和官员利益噪音等，引导消费者消费，实现广告主预期的消费传播效果，生产出广告话语产生的合法利益、正当利益和噪音利益等利益（见图 8-1）。

噪源与噪音来自于"路径依赖"，"路径依赖"为广告话语在媒体赢

---

① 〔美〕沃纳丁·塞弗林、小詹姆斯·坦卡特：《传播学的起源、研究与运用》，陈韵昭译，福建人民出版社，1985，第 47 页。

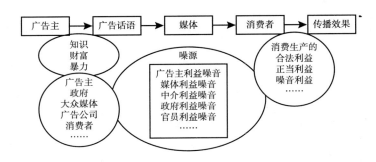

图 8 - 1　广告传播过程中的噪音

得巨大影响力与控制力，因而导致大众媒体被广告主所影响和控制。

　　"路径依赖"的思想最早见于经济史学家、美国斯坦福大学教授 Paul A. David 在 1975 年出版的《技术选择、创新和经济增长》一书，经 1993 年经济学诺贝尔奖得主诺斯（Douglass North）在阐述经济制度的演进时使这一原理声名远扬。"路径依赖"是制度经济学中关于制度变迁的一个重要分析方法。它是指在制度选择过程中，初始选择对制度变迁具有相当强的影响力、制约力与控制力，人们一旦确定了一种选择，就会对这种选择产生依赖性，并具有自我积累放大效应，从而不断强化初始选择。Bebchuk 和 Roe 把路径依赖与公司治理联系起来，提出了公司所有权与公司治理中的路径依赖理论，还区分了两种不同形式的路径依赖：一种是结构驱动的（structure-driven）路径依赖；另一种是规则驱动的（rule-driven）路径依赖。"路径依赖"会产生良性和恶性路径依赖的两种结果，即自我强化和锁定状态的情形。①

　　广告话语权的形成是生产者主权与媒介者主权对计划者主权的规则驱动产生路径依赖，计划者主权对媒介者主权产生影响和控制，既可以起到自我强化作用，又可产生锁定状态的情形。

---

①　参见刘汉民《路径依赖学说与中国的国有企业改革》，http：//www. 66wen. com。又见，Bebchuk，L. and Roe，M. J.（1998），*A theory of Path Dependence in Corporate Ownership and Governance*. In Corporate Governance Today：575 - 599. The Sloan Project on Corporate Governance at Columbia Law School. New York：Columbia Law School 。下文中引用 Bebchuk 与 Roe 的话语，均来自本注释，不再另行注明。

　　生产者主权与媒介者主权在所有制上从属于计划者主权，政府负有对国有企业增殖保值责任，从而出现生产者主权与媒介者主权对所有权政策的规则驱动的路径依赖，政府对大众媒体具有相当强的影响力、制约力和控制力。政府主要是依靠法律法规和有效管理维持所有权的运行。Bebchuk 和 Roe 用于解释法律规则路径依赖的原因有两个：一个是效率；另一个是利益集团政治。首先，即使假定法律规则只为效率的原因而选择，初始的所有制形式也会影响可供选择的公司规则的相对效率。有效率的规则即依赖于一个国家现有的公司结构和制度的形式。其次，一个国家初始的公司结构形式会影响不同的利益集团在产生公司规则的过程中的权力，企业内部的地位优势将转化为国家政治中的地位优势，这种效应会强化初始的所有权结构。具有广告主身份的企业尤其是大中型企业，在所有权性质上属于国有与集体，主流强势媒体属于国家所有，大量商业媒体在市场化过程中，尽管企业与媒体两者存在局部利益的矛盾冲突，这是属于人民内部矛盾，党和政府可以调和，并能够促成民众理解与支持。在经济转型期与社会转型期间，大众媒体对国企广告主等企业的负面形象和违法行为等的矛盾处理尽量"软化"，不以揭露与批判为主调，而是对企业加强沟通与引导，主要是为了国有企业自我纠正和稳定发展的政治环境。同时，中国媒体内参机制是媒体通过政府对企业形成监督效果良好的一种方式。这种具有中国特色的舆论监督方法与特殊处理措施具有积极意义。政府在管理与决策上对生产者与媒介者施加影响形成利益关联，对国家利益起到保障作用，实现国家最大利益，而政府主导的政府行为与政策趋向是对包括广告主企业在内的企业经济利益的路径依赖。而生产者与媒介者依赖政府对其自身的人事安排、经营管理与优惠政策，从而产生对行政权力路径的固定偏好。政府部门及其执行官员维护生产者主权的利益关联，导致生产者对计划者与计划者对生产者产生路径依赖，从而对媒介者主权形成影响与控制的合力。经济发展事关国计民生，政府对企业的扶持势在必行，媒体对经济发展的支持十分必要。该"路径依赖"的自我强化对企业发展、经济生活与改善民生产生积极作用。

但是，在社会主义初级阶段与社会主义市场经济发展过程中，政府无法完全充当宏观调控、市场指导与公共服务的角色。市场经济的不完善，政府职能转变的不彻底，法制建设的不健全，地方政府发展经济的迫切性，地方官员升迁等原因，地方政府利益与企业发展存在极大的利益相关，有的地方政府充当了地方利益的代表。地方政府与政府官员为了地方经济利益或私利的操作管理，为企业广告主影响与控制媒体提供了机会。由此形成的依赖"锁定"作用尽管是一定历史阶段的产物，但其所构建的路径依赖产生的消极结果不会由此消失。

大众媒体的自身改革发展与新闻报道等受法律与宣传纪律的约束，从而产生了对政府或主管部门的路径依赖。我国大众媒体是党、国家和人民的喉舌，党和政府代表人民管理媒体，宪法赋予新闻媒体新闻报道的自由，媒体的自身改革发展和新闻报道活动必须遵守法律法规与职业道德。因此，大众媒体在法理上与学理上享有媒介者主权。地方政府部门对媒体的权力管理，一方面保证与构建了大众媒体运作的规范性、有效性和公共性，另一方面大众媒体对权力主管部门形成依赖，而权力主管部门及其官员等导致大众媒体的监督缺位等事实屡见不鲜。在某些官员 GDP 综合征与五年任期制下，地方政府容易被生产者主权的企业主导与控制，从而大众媒体被政府利用为企业广告主服务，对生产者缺乏应有的监督与引导，最终导致大众媒体被广告主间接或直接影响和控制。

其次，在社会主义市场经济中，计划者、生产者、媒介者、代理者和消费者相互博弈的角色与行为依赖构建主体间性。[①] 在关系交往和博弈过程中，各主体在主观上自我强化主体地位，但是在宏观状态下存在锁定状态的情形，可能会导致主体间性的"返祖"，即主体对客体的影响和控制关系将长期存在，难以消失。

几方力量博弈的结果贯穿于广告话语的历时性发展。博弈者从各自的目标函数出发，都企图最大限度地发挥对体制变迁方向和路径的影响力，

---

① 主体间性是主体和主体之间的平等关系，不是传统含义上的主体和客体之间的关系。

其变迁的结果是两方或三方、四方、五方博弈均衡的结果。从计划经济到市场经济的过程中，计划者给予生产者以主体地位的发展，生产者主权地位在社会主义市场经济中逐步发展和成熟，其确立和巩固有赖于消费者的市场认可。生产者得到消费者的认可，一是广告话语构建的产品及其品牌须具有规律性与目的性的统一性、符号与意义的一致性和自在与他在的和谐性；二是生产者通过中介者对广告话语的创意与策划，在对大众具有公信力与影响力的大众媒体发布与宣传，获得消费者的接受、认同与传播。在中国大陆改革开放的过程中，每方均有各自的目标函数。从计划者目标函数来看，一方面，政府希望通过改革开放，建设与完善社会主义市场经济，促进经济发展，改善民生，减少成本，维护国家利益，维持执政地位；另一方面，政府维护社会各群体、利益集团与个人，如生产者、媒介者、中介者和消费者的合法利益，维持社会稳定、公平与正义。生产者希望通过改革发展，倾销商品，树立良好社会形象，维护与实现其最大的经济利益。媒介者希望维持媒体自身的公信力与产业影响力，吸引阅听者的注意力，引起广告主的青睐。中介者希望在市场竞争中发挥其最大的中介作用，获取最大的佣金收入。消费者希望政府能够保证其合法权益，希望在市场上能够买到价廉物美的商品，丰衣足食，安居乐业。从理论上看，消费者主权在话语权交往关系中主宰其他主权，其表征是市场经济中各自角色的力量定位。以经济建设为中心的改革开放，扩大了生产者主权，在关系交往中带动了媒介者、中介者和消费者等市场主体地位的确立。

对主体间性的发展和完善一方面确立了效益原则，另一方面在发展过程中存在某些主体的缺位和某些主体的越位而导致自我锁定，如权力寻租现象。关系交往过程中的博弈使某些主体某种程度缺位，如广告代理。"1995 年开始实行的《中华人民共和国广告法》出人意料地对代理制只字不提，使得代理制在此后的十年中处于地位暧昧不明的尴尬境地。由于官方权威话语的缺位，十年来，'是否应当广泛推行代理制'的问题引起了各方广泛的议论，代理制也被与当前中国广告业存在的诸多不尽如人意之处联系在一起，成为其原因或表现之一，同时受到肯定或诟病。"①

在几方利益的博弈过程中，主体间性的潜规则作用影响巨大。潜规则是相对于宏观状态下的国家管理权力的一种微权力，同样是社会秩序的控制力量之一。在中国特有的人情社会下，"人际关系是一种生产力"。② 个体之间的潜规则能够发挥小群体的力量，乃至"蝴蝶效应"，形成与发展的主体间性可以从国家行政权力部门中施加影响，并在中国特有的人情社会下制造潜规则的经济伦理、政治伦理与社会伦理，构建与重组社会力量，加大社会分层，形成利益集团与垄断集团，其影响社会、政府与国家的能量甚至比制度大，比法律大，比政府大。"集政治、经济甚至文化资本于一身的特殊社会群体，由于善于从体制和市场两个领域中动员和吸纳资源"，"占据经济生活的命脉，并且开始对政治生活形成重大的影响。最近，我们甚至在关于国家的产业政策的讨论中也可以时常听到他们强有力的声音"。③ 也就是说，这种路径依赖最大的消极作用与严重后果是主体间性的自我锁定即"返祖"，即主体和客体关系的产生，以企业与广告主独大，它作为社会生活的权力主体对大众媒体、消费者、中介者和消费者等市场客体进行利益相关的构建与社会结构的重组。

最后，媒介者主体在社会主义市场经济中形成结构驱动路径依赖。

大众媒体经营结构依赖形成一种强烈的结构路径依赖。在市场经济中大众媒体的发展和壮大，媒体逐步"断奶"，进行自我经营，自我发展，照章纳税。媒体收入靠发行与广告等维持，主要收入是广告，而房地产、汽车、医药医疗器械与保健品广告主是媒体的广告大户。媒体为了经济利益不得不向广告主让步、妥协，甚至成为其工具。媒体广告部成为媒体的一个创收部门，大众媒体新闻报道在广告部的策划下成为广告新闻、公关新闻、专题新闻与有偿新闻。广告公司打最低折扣或零代理，使具广告业

---

① 陈刚等：《广告代理制目前存在的问题与原因》，http://media.people.com.cn。
② 参见第二章第四节第一部分。
③ 李培林、李强、孙立平等：《中国社会的分层》，社会科学文献出版社，2004，第66~67页。

务陷入一种恶性竞争和恶性循环，[①] 而使媒体对广告公司产生依赖，并被广告公司影响与控制。

二　大众媒体被广告主影响和控制产生的消极影响

生产力决定生产关系，经济基础决定上层建筑。广告是经济发展的风向标，大众媒体作为上层建筑的一部分，受到广告主影响和控制具有必然性。广告话语具有内在影响和控制的力量，尤其是广告产品在传播过程中形成的口碑与品牌，具有一定传播影响与自在控制。这是广告话语在传播和主体关系交往过程中产生的积极影响和客观控制。

从社会学理论上看，中产阶级是社会的主体群体，是现代社会走向稳定与文明的重要结构因素。广告话语创造和引导消费，刺激经济发展，有利于构建和形成社会的中产阶级，而中产阶级是引导社会消费的最主要的群体。当中产阶级达到社会多数时，中产阶级的生活方式保证了社会庞大稳定的消费市场，造就了主体间性，从而构建市场生产和消费的良性循环，社会在良性环境里保证了经济与社会和谐发展，保证了社会各阶层和谐共荣。这是广告话语在传播和主体关系交往过程中产生自然性的影响和控制。

大众媒体是社会的"皮肤"，其信息传播、环境监视与社会协同功能一方面保证广告话语信息与新闻话语信息的传播，另一方面是媒体对市场中的各主体进行舆论监督与社会协调。这保证了传播过程中主体的关系交往与和谐运行，保证了各主体的利益安全与社会的稳定发展。

但是，中国"没有中产阶级"，只有"一种中产阶级的替代"，即"类中产阶级的城市居民"。[②] 广告主把大量的广告资源和主体关系交往立足于城市，政府等权力部门着力经营城市，大众媒体报道聚焦于城市社会

---

① "今天就算是品牌过硬的一些4A合资广告公司，在收取广告代理服务费时，很少有能够超过10%的，一般都在8%以内，本土综合性广告代理公司一般能够拿到3%～5%就算不错，'零代理'服务一下子打得中国广告市场一片混乱。"参见潘亚莉《谁谋杀了广告代理费?》，《广告大观》2004年第5期。

② 李培林、李强、孙立平等：《中国社会的分层》，社会科学文献出版社，2004，第57～58页。

生态，从而使具有一定教育基础、经济基础和社会关系基础的广告主、媒体人士和政府人士群体成为社会的主流群体和精英阶层，逐步掌握和拥有各种政治资本、经济资本和文化资本等资源。在社会转型期与经济转型期中，各种政治资源、经济资源和文化社会资源会转到"精英团体"手中。在资源重组的过程中，他们是利益的既得者，实现总体性资本①的积累。这种总体性资本垄断社会各种资源，会侵害众多社会阶层的利益，会妨碍中产阶级的形成。如房地产商在20世纪90年代呼吁放松银根，影响了政府的社会决策，后来房价飙升。大众媒体受广告等利益的影响而没有对房地产商进行有效舆论监督与引导，使消费大众缺少表达利益的渠道，形成"沉默的螺旋"，加剧社会分化与社会矛盾，影响社会公平与正义。其中最为严重的发展趋向是国家与垄断组织结盟，其偏好主导社会选择某些体现对社会主义计划体制带有强烈路径依赖特点的制度框架和社会安排，形成官僚—垄断状态下的市场经济。②

　　广告话语权是广告主的话语权，其中对媒介话语权的影响与控制会导致消费者认知的自然性贫困。广告话语作为一种社会构建理论，是规律性和目的性的统一。但是，广告主在广告市场中的分量越大，其影响与控制媒体的能量越大。在社会主义初级阶段，在不完善的社会主义市场经济中，广告话语的目的性凌驾于规律性之上，在媒介传播过程中使消费者失去话语传播权、知情权和媒介接近权，使消费者"无条件地放弃了自己的批判能力，形成了无思想的划一主义"。③ 广告主在与大众媒体、广告公司交往过程中构建的广告话语权，通过广告、技术与资本控制媒体，操纵社会，使得竞争激烈的媒体对广告话语依赖加大加深，同时加大信

---

① 孙立平、李强、沈原：《中国社会结构转型的近中期趋势与潜在危机》，1949年后中国内地建立起的是一个总体性社会，即一种结构分化程度很低的社会。在这种社会中，国家对经济以及各种社会资源实行全面的垄断，政治、经济和意识形态三个中心高度重叠，国家政权对社会实现全面控制。总体性资本是总体性社会的经济表现。参见李培林、李强、孙立平等《中国社会的分层》，社会科学文献出版社，2004，第44~75页。

② 李培林、李强、孙立平等：《中国社会的分层》，社会科学文献出版社，2004，第73页。

③ 〔日〕清水几太郎：《社会心理学》，东京岩波书店，第143页。转引自郭庆光《传播学教程》，中国人民大学出版社，2001，第173页。

息鸿沟，加剧信息不对称传播，加重了处于信息底层的消费群体的自然性信息贫困，使社会失去公平与正义，导致主体间性消失与"返祖"，使各市场主体在市场经济中缺位，严重影响社会主义市场经济的发展与完善。

　　"无论是新闻从业人员、广告商或节目制作人做出何种决定，其结果将衍生一种世界观。"① 广告主是整个广告活动范畴的中心，广告主及其行为规范对广告业及其行为规范产生主导性作用，广告主的价值标准和行为准则对中介服务机构和大众媒体行为及其行为规范，乃至社会风气与社会道德产生重要影响与推动。广告主产品在媒体做广告的过程实现市场对其产品销售、品牌效应和企业形象的认可与支持。在中国改革开放过程中，广告主在推进经济发展和社会进步作出了巨大贡献，但是为了获得利润与影响消费者的消费态度，在社会发展过程中运用"看不见的手"影响和控制大众媒体。广告主影响和控制媒体的内容和版面与时段，操纵舆论为己服务，维护自己的"噪音"利益，对社会价值、社会风气、社会道德与社会心理形成负面效应，其消极后果是市场中的各个主体放弃其话语主权，自动沦为广告主影响和控制的有效客体，失去维护社会公平和正义的义务，严重毒化和癌化社会有机体的各项自我保护机能、自我反馈与调节制约作用，导致信仰的缺失和市场的无序。在中国改革开放过程中外来资本与文化等权力话语的影响和控制下，大众媒体失语产生话语危机，舆论失灵、法律失效、信仰缺失与市场无序将使中国政治伦理、经济伦理、文化伦理与社会伦理等会失去应有的保护机能，会导致其免疫机能混乱与整个有机体失常，从而使中国政治、经济、文化和社会在外来资本的异化下被外国经济、政治等势力所影响和控制，失去民族尊严与国家自立。

　　同时，必须指出的是，社会是一个复杂的系统，各个主体存在的博弈，使得各个主体互相协调与妥协，最后在利益的平衡点可能达到共识与共赢。

---

　　① 〔美〕贾米森、坎贝尔：《影响力的互动》，洪丽译，北京广播学院出版社，2004。

第二节　政府对广告的有效管理与治理

包括广告消费在内的当代社会的媒介消费，"它实实在在地富有各种利益含量和权利价值"，"它本身就是一种需要国家、社会提供保障，需要法律加以保护的利益与权利"。① 本章第二节、第三节从政府对广告的有效管理与治理和法制与法治的角度加以分析。

管理是主体对客体施加的影响和控制等作用的一种模式，试图使客体按照主体设定的运行轨道行驶，而本书的治理内涵则是主体间性在市场经济中的一种表现。人类进入文明社会后，先后运用敬畏神灵、国家强力、法官说服三种方式来塑造民众的信仰以实现有效的社会管理，在现代社会的市场经济中治理是社会各个主体和谐发展的一种模式。治理有五种概念与观点，② 其基本内涵的共同点是主体间性在市场经济条件下各自合作与有效运行。中国现今各个主体之间的关系是政府主导、市场主体缺乏均衡制约，由政府大力推动与促进产业发展与主体间性的发展与成熟。中国广告市场管理模式是一种主体对客体的影响和控制模式，最多是一种有效的管理，缺乏必要的治理，广告管理现状不容乐观。

在广告管理方面，各行政管理部门分权管理，职责不明，各自为政，出现管理上的真空地带。工商行政管理部门，主要是监督和管理组织实施对广告发布及其他各类广告活动的监督管理，组织实施广告经营审批及依法查处虚假广告，指导广告审查机构和广告行业组织的工作。质监总局管理产品的质量标准和质检，药监总局管理药品以及医疗器材的审批与监

---

① 宋小卫：《媒介消费的法律保障——兼论媒体对受众的低限责任》，中国广播电视出版社，2004，第23页。

② 第一，治理意味着其主体是一系列来自政府，但又不限于政府的社会公共机构和行为者；第二，治理意味着在为社会和经济问题寻求解决方案的过程中，存在着界线和责任的模糊性；第三，治理明确肯定了在涉及集体行动的各个社会公共机构之间存在着权力依赖；第四，治理意味着参与者最终形成一个自主的网络；第五，治理意味着办好事情的能力并不限于政府的权力，不限于政府的发号施令或运用权威。参见林商立、刘晔：《理性国家的成长——中国公共权力理性化研究》，重庆出版社，2005，第178~179页。

督，广电总局管理电视和广播的违法非法广告，新闻出版总署管理平面媒体的广告，城管局管理户外广告的执法。中央相关管理广告的行政部门对地方违法广告有宣布处罚的权力，而执行者是地方政府行政部门。部门利益与地方利益等因素，在执行过程中打折扣与执行不力的现象屡见不鲜，以致出现管理漏洞。

法制不健全，管理队伍素质参差不齐，缺少有效的监督，以致各个市场主体利益受干扰。广告法律法规主要有 1994 年《广告法》和工商行政管理总局颁布的法规，此外，还有《反不正当竞争法》、《消费者权益保护法》等，质监总局、药监总局和管理新闻媒体部门的一些法规。法律法规有内在的一致性，但是也存在表达、管理和执行的不一致性。随着社会经济发展和时代的推进，相关法律法规存在不合时宜的地方。由于管理队伍素质参差不齐，存在有效监督不到位的情形。

一　各主权主体构建的平衡与共生的主体间性是治理发展与成熟的必然途径

各个主体在市场确立自己的主体地位和行使各自的主权，使主体间性保持市场经济系统的生态共生与平衡。市场的有序运行依赖于各个主体在市场运行过程中各自主权主体地位的确立，主体间性在各自领域历时性发展过程中的有序共时性的确立、发展与成熟。市场发展逻辑是各个主体在市场发展过程中形成了一个以消费者为中心的"星系"，生产者、中介者、媒介者与计划者各个主体子系统围绕消费者主体在社会宏观体系里而有效和有序运行，主体平等与主权独立，完善市场中的主体间性（见图 8 - 2）。

自改革开放以来，计划者主体主导生产者主体促进经济转型与社会转型，推动消费者主体的逐步确立，媒介者主体在转型中逐步获得主体角色，中介者主体获得发展。几种主体自在和他在的不成熟在经济转型与社会转型中是一种客观现实。改革开放与中国加入世贸使中国面临与世界接轨的内外压力，各个主体在市场中逐步确立、发展和成熟已经成为一种历史的必然。如何保持各个主权主体自在的运行机制，有赖于计划者主体、

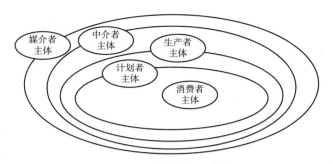

图 8 – 2　市场经济中各权力主体的有序与有效运行完善主体间性

生产者主体、媒介者主体与消费者主体的自在与他在的发展与完善。各个主体平衡和共生构建的主体间性，是治理发展和成熟的必然途径。

二　计划者主体职能由管理向有效管理与治理发展

西方经过了"守夜人政府"（管得最少的政府是最好的政府）、"积极干预的政府"（全面干预经济的政府是最好的政府）和"与市场合作的政府"（管得适当的政府是最好的政府）三个阶段。我们政府还在市场经济中发展和完善。合作治理是理性化权力的运作状态，是我们政府发展的必然目标。在走向合作治理的过程中，政府的积极干预是必要的，其目的是实现合作治理的目标。

为确立生产者、媒介者、中介者与消费者等主权主体地位，为完善公共领域的和谐构建，为发展较为成熟的公民社会与消费社会，市场化是公共权力在社会主义市场经济中理性化的内在要求，有效政府是中国市场经济发展的政治逻辑，政府的管理与引导角色与作用尤为重要。"一方面中国需要大力（甚至是不惜矫枉过正地）鼓吹市场经济自发秩序的有效和优越，同时又必须承认现代经济活动中大量国家干预的合理性；他迫切需要构建一个有别于外在于国家自主的社会，同时又不能不接受社会国家化和国家社会化的现实；它需要一个强有力的国家以保证社会转型的顺利完成，同时又必须在许多方面对国家所有权能够予以限制以完成对国家的改造。"①

---

① 梁治平：《市场社会与公共秩序》，北京：三联书店，1996，第 4～5 页。

政府正在进行和完成政府改革历程中第一、二、三阶段的任务，至于第四阶段模式在中国是否适用还需要讨论，[①] 但肯定是在适合中国国情的条件下进行改革。必须指出的是，第一、二、三阶段的任务还在一个发展和完善的过程之中（见表 8－1）[②]。

表 8－1　政府改革分四个阶段

阶段 I	阶段 II	阶段 III	阶段 IV
建立法制	国有企业私有化，向市场经济发展	建立支持市场经济的政府能力	改革政府，超越传统的官僚体制范式

中国经过 30 多年的改革开放，最缺少的是软制度以及软制度的真实执行者与信奉者共同构建的话语环境。宏观管理权力被"微权力"解构，社会被潜规则等"微权力"所影响与控制。政府必须加强软制度建设与培养软制度的真实执行者，树立国家权力的公信力。从工商行政、广告公司、媒体对广告的多层监管失范可窥知：消费者等主体"有权享有，无力享用的自由，仍然是一种自由中的不自由"。[③] 软制度在市场经济条件下的根本表现是各个主体在各自轨道的域限里运动，坚守信用，遵守法制，依法治理。如果有主体出轨，就有真实的执行者如政府或行业团体、消费者等社会力量，积极的、主动的按照相关法律法规与行规加以管理、规范与引导，以他律与自律维护各自主权主体在市场经济中的地位与均衡。

我国广告主影响与控制大众媒体影响大，政府部门如何管理广告，是一个大问题。作为在发展前进中的广告话语及其话语权，也是一个发展和完善的过程。笔者认为从如下措施加强治理。

---

① 林商立、刘晔：《理性国家的成长——中国公共权力理性化研究》，重庆出版社，2005，第 116~117 页。

② 依莲·修拉·卡马克：《全球化与公共管理改革》，载于约瑟夫·S. 奈、约翰·D. 唐纳胡主编《全球化世界的治理》，世界知识出版社，2003，第 206 页。转引自林商立、刘晔《理性国家的成长——中国公共权力理性化研究》，重庆出版社，2005，第 109 页。

③ 宋小卫：《媒介消费的法律保障——兼论媒体对受众的低限责任》，中国广播电视出版社，2004，第 18 页。

第一，管理机构设置科学化。通过严格的层级划分与专业化分工，确立法制化和非单位与非个人原则，政府监督与管理是反欺骗广告与违法广告等的主要威慑单位与主要责任单位。由国家工商总局牵头，整合政府各部门的职能，切除部门与个人利益相关，将所有广告经营的监督和管理等权力集中于工商管理部门，代表国家与政府加强工商执法，对所有媒介与广告公司广告加强监管与引导，避免多头管理，执行不力。工商行政管理部门在垂直管理的基础上，政令统一，执行有力。

美国政府部门的广告管理经验值得借鉴。美国广告管理由以下政府机构共同承担。1914 年成立的联邦贸易委员会（FTC），能够"制止妨碍竞争或者欺骗及伤害消费者的商业行为"。食品和药品管理委员会（FDA）监督在食品商标或包装上的声明。联邦电信委员会（FCC）制定管理广播电视媒介的规则。FCC 对广播产业的管辖权使委员会能够管理广播电视广告。其他政府机构，如环境保护机构和消费者产品安全机构，可以对广告内容提出质疑。广告代理机构成立国家广告审核委员会（NARB），主要听其对广告代理机构的批评。

第二，从政策性走向法治性，进行法治化治理，切实做到有法可依，有法必依。加强对工商行政执法管理人员的培训与教育，提高执法管理人员的认识水平、思想水平与执法水平及其素质与能力，切实做到执法必严，违法必究。

第三，管理机构设置的科学化必须与权力运行的规范化相结合，规范行政程序、完善监督体制与执法责任追究，以确保各市场主体主权公平合理。各级政府主管部门与司法部门加强对广告违法犯罪案件的受理力度，上级工商行政部门加强对下级工商行政部门的监管，同时接受社会舆论与新闻舆论监督。

第四，从文化产业角度，加强对广告创意与传媒产业的支持。广告创意是一种生产力，是一种竞争力，是一种品牌，是一种专利，是一种产权。广告话语创意有利于广告走向广告业的发展与成熟，是广告主、大众媒体与广告公司走向自在发展与拥有自我的标志。政府积极提供产业政策与投资环境，为广告话语创意与知识产权提供法律保护，促使创意广告话语走向市场与世界，促进广告产业发展与市场繁荣，推动经济发展与社会文明。

第五，积极进行市场调研与科学研究，为广告发展与繁荣提出有建设性建议，推进广告的规范化、科学化与市场化。

三　生产者主体的自我完善与发展有利于其主体间性的发展与完善

生产者主体在政府扶持下或通过自我发展与国际接轨，主动进行技术创新，加大产品的技术含量，积极参与国际竞争，并通过公关与广告手段，在国内外树立自己的企业形象与产品品牌，振兴民族产业。

享有国家优惠政策的企业既要积极参与经济建设，又要加强如慈善等社会公益活动，与媒体新闻报道找切合点。企业慈善等社会公益活动既是一种社会反哺的贡献行动，又是一种树立企业形象的公关活动。

生产者主体在广告活动与公关活动中，遵守法律法规，坚持他律与自律相结合，树立遵纪守法的良好企业形象，避免不必要的公关与广告浪费。

建立良好的企业文化、积极进取的企业精神，以赢得消费者青睐和社会支持与尊重。

四　媒介者主体的自我完善与发展有利于其主体间性的成熟

如何把媒体做大做强，如何保持媒体活力，如何摆脱新闻广告化，如何保持新闻的独立性，我们可以从以下方式中获得改善。

1. 媒体竞争的优胜劣汰、传媒集团对资源的整合与媒体跨地区、跨行业兼并是媒体打破路径依赖的出路。大众媒体在有序竞争中优胜劣汰与媒体资源的重新整合，有利于保障新闻与广告的受众资源，也是中国新闻改革的一大难点与亮点。尹韵公先生在评价《中国传媒集团发展报告》时指出：“事实上，这个报告在总结现状的同时，也为下一步传媒集团的发展提出了许多问题和设想，譬如中国传媒集团究竟能不能打破行业、领域的限制等。这些问题既是发展的起点，又是事业的推力。”[①]

---

① 尹韵公：《独具特色的〈中国传媒发展报告〉》，中国社会科学院网站。

2. 媒体要以科学思想武装人、以正确的舆论引导人、以优秀作品鼓舞人、以高尚精神塑造人；以新闻专业主义原则，以媒体产品质量为本位，以其高度的责任心生产优秀节目，通过绿色受视率和阅读率，提高媒体影响力与媒体话语权。时统宇研究员认为绿色受视率有利于提高媒体公信力，唯受视率是中国电视发展的歧途，他说："电视台生产的东西不是一般的产品，电视节目本身属于精神文化产品。用收视率来考量文化品位，等同于白日做梦……有些收视率是不能去追求的，当今的中国电视，应该有一批首先不考虑叫座，而是要叫好的节目。"[1] 被采访的几个媒体老总认为，大众媒体存在着被广告主影响的事实可能，但他们所在的媒体不存在被控制的现实，原因是他们是具有影响力的媒体，媒体在受众的品牌效应与话语权影响是广告主不能控制的。这表明了媒体坚持以产品质量为本位是媒体话语权的保障，大众媒体节目等构建文化品位将是抗拒广告主影响与控制的不二法宝。

3. 对新闻广告化现象，2004 年台湾广告主协会有委托调查的结果。[2] 该调查结论从新闻伦理与技术层面加以区分、思考与实践，对我们当今之现实具有参考意义与指导价值：

（1）新闻伦理

媒体应该报道商业活动新闻；报道商业活动新闻必须符合公众利益；报道商业活动新闻应具有新闻价值；报道商业活动新闻应注意查证。

（2）技术层面

具有创新性商品，可报道厂商名称；

曾进行或正在进行广告活动之商品，除非有特殊新闻性，否则不适合再予以报道；

新闻报道商业活动新闻不应推介特定商品之使用方式、效果；

媒体报道商业活动新闻不得鼓吹观众来电、入会、购买商品或参加活

① 《时统宇　漏网之语》，联合早报网·漏网之语 2006 - 11 - 22。"绿色受视率"等问题的论述，参见时统宇《受视率导向研究》，四川出版集团、四川人民出版社，2007。
② 郑自隆、林育卉：《"避免'新闻广告化'认定标准"之建构：修正式德菲法研究》，财团法人广播电视事业发展基金，2004，第 99～101 页。

动；

新闻报道宣布赠奖内容时，可强调其特性、功能与价格，但应避免提及商品名称；

业务活动咨询电话或网址不应在新闻活动中以叠印方式播送；

新闻制作单位感谢赞助商时，应于节目结束时，再制作人员名单、以字幕方式播送；

主播或新闻口语不应报道商品或交易方式。

4. 允许平面媒体、电视媒体和网络媒体互相监督和"意见交流"，有利于主体间性的发展与成熟。房地产商主要把广告投放在平面媒体、电视媒体、网络媒体可以进行监督。社交网络媒体如博客等，有利于对各个权力主体的有效监督。绝大多数媒体不敢批评中国房地产商大鳄任志强、潘石屹，而上海的时寒冰在其个人博客上与两人进行房价的探讨，其中相互不泛批评、指责和对骂，但这是一个很好的意见交流平台。

五   加强本土广告公司建设，建设中国特色的广告大国，有利于市场经济中主体间性的发展与完善

我国是世界第四大广告大国，与英国相当。虽然 GDP 已超日本，而 2009 年我国广告市场规模只及日本（约 4457 亿元人民币）的一半，是美国的 1/8。因此，我们必须以金融危机为机遇，以政府资本参与、政策扶持与本土文化滋润等方式，借鉴美、日等国成功经验，加强本土广告公司建设，建设中国特色的广告大国。

或购买与控股跨国广告公司、或组建本土的广告航母或母公司（包括出版公司、电视网、广播网、互联网、新闻社、咨询公司、市场营销公司、明星商业集团、电影公司、广告公司以及这些公司大大小小的子公司），或打造出一批具有国际竞争力的媒体广告公司、企业广告公司和专业广告公司等，或以咨询传播、市场调查、公共关系为主打的综合型广告公司，或区域型广告公司，形成集约经营和规模经济，全球性地参与媒介购买和广告竞争，与跨国广告公司形成互动关系，成为产业扩张、市场规范与市场标准的重大共享者、参与者和制定者。

利用金融危机的良好机遇，国家大力扶助中国本土大型广告公司的海外战略。扶持对海外跨国广告公司进行购买、兼并、重组、联盟、上市、控股等，利用跨国广告公司在海外的传播路径、管理体制和经营方式，参与海外广告竞争与媒介购买，实现中国广告产业的战略转型，扩大中国产品的影响力和竞争力。

目前大型合资广告公司的中方公司，必须改变只持股而不参与经营和管理的思维观念与经营模式。中方公司要主动地、积极地、全面地参与和学习合资公司的先进的国际理念、独到的市场发展方略、完善的经营战略、成熟的运作方式与科学的管理经验。在合作合资合营的合同期内，中方争取尽快改变合资公司的经营管理格局，以防外资进一步掌控股权、中方公司边缘化、空壳化。

六　培育与发展社会中介组织有利于市场经济中主体间性的发展与完善

社会中介组织是指介于政府与企业之间、商品生产与经营之间、个人与单位之间，为市场主体提供信息咨询、协调、培训、经纪、法律、评价、评估、检验、仲裁等各种服务的机构或组织。改革开放 30 多年来，社会中介组织已成为政府转变职能的重要载体，是政府实行间接管理的重要助手。

为了主体间性的维持、发展和成熟，一方面要强化社会中介组织管理社会和服务社会的功能，另一方面则要限制社会中介组织作为市场主体利益代表者的功能。为此，一方面对公证性中介机构、服务性中介机构、经纪业务中介机构实行市场化运作；另一方面对半官方性质的社会中介机构、行业自律（维权）组织实行计划运作，逐步脱离独立发展。

加快社会中介组织立法的步伐，制定《社会中介组织法》，以法律的形式规定社会中介组织的性质和发展宗旨，同时防止其进行"颜色革命"，以维持主体间性的自然生态性，避免主体间性受到外来控制因素的影响而遭到"生态"破坏。政府加大整合力度，使社会中介组织朝着专业化、市场化、产业化方向发展。

第三节　广告法治完善主体间性——以郭德纲"广告门"事件为例

　　某大学某权威的环境科研机构得到一家汽车公司资助的研究项目，该项目得到的科研结论是：中国城市环境污染不是由汽车造成的，而是由自行车造成的。科研机构接受企业资助得出企业要求的结论或对企业有利的结论，是企业利用学术界的名气和影响为自己做的一个活广告。这是被学术界点名批评的典型学术腐败案例，和大众媒体受广告话语权影响与控制如出一辙。

　　广告主或广告公司等不仅利用学术界的专家学者为其唱赞歌以引起消费者的重视和信任，而且通过影视歌星与运动员等名人的名气和影响做广告。诸多广告主企业及其产品名不见经传，通过影视歌星的一个广告而声名鹊起，企业及其广告品牌一夜成名。大腕影视歌星通过做广告获取丰厚的广告代言费，[①] 而某些影视歌星在影视歌坛不红，却通过在大众媒体代言一个品牌广告而一炮走红并家喻户晓。企业广告主或广告公司与影视歌星等名人通过广告形成利益共生体。影视歌星等诸多名人为厂商及其广告产品赢得了影响力与传播力，但是也有由于其虚假广告与违法广告而受到消费者的不认同与舆论的抨击。亿霖木业传销公司非法所得高达 16 亿元，就因为有葛优"代言人"的成分与因素。[②] 2007 年

---

　　① 《600 明星身价网上被公开　公布者称为开展业务》，2005 年 12 月 02 日 08：56：05。资料来源：京报网/北京娱乐信报。周润发代言每两年 1200 万港币，张学友代言每年 500 万港币，刘德华代言每两年 800 万港币，范冰冰代言每两年 250 万，刘亦菲代言每两年 300 万，倪萍代言每年 150 万，濮存昕代言每年约 100 万，李宇春代言每两年 180 万，蒋雯丽代言每两年 160 万，徐帆代言每两年 150 万，张靓颖代言每两年 150 万。

　　② 《葛优涉及传销案　为 300 万代言费引信誉危机（图）》，2007 年 02 月 12 日 08：31。资料来源：《解放网－新闻晨报》。该新闻透露：北京市公安局副局长将"亿霖木业案件"定性为"北京迄今为止最大的传销案"，9 名传销骨干已被刑拘。早在 2006 年 9 月，"亿霖木业"广告被全面叫停，禁止播出葛优那句"合作造林，首选亿霖"的电视广告词。据悉，亿霖木业经营时间不过两年多，非法所得高达 16 亿元。
　　　　在该公司的其他宣传材料上，"葛优代言"被称为投资的"七大理由"之一，"葛优都买林子赚钱啦，你还等什么呢"等宣传语比比皆是。不少受害人宣称，自己受骗投资，很大程度上是受葛优代言的影响。据透露，葛优代言费高达 300 万元。

央视"3·15"晚会曝光的郭德纲代言"藏密排油茶"形成一时的舆论热点。

郭德纲是中国著名的相声、电视剧演员与电视脱口秀主持人,其大腹便便的风趣幽默形象赢得了亿万观众的喜爱。郭德纲代言"藏密排油茶"减肥广告,在广告里说自己瘦了,然而事实并非如此,他在荧屏上还是那么大腹便便。中央电视台 2007 年"3·15"晚会把郭德纲代言"藏密排油茶"的虚假广告披露给亿万观众,并认定郭德纲使用了非法广告话语,该广告属于名人虚假广告(见图 8-3)。

图 8-3　相声演员郭德纲代言“藏密排油茶”广告

自 3 月 16 日起，郭德纲为此陆续在其搜狐博客发表《那一夜，我梦见百万雄兵——关于藏秘排油广告的声明》[①] 等三篇文章，以讲相声的形式申

① 郭德纲：《那一夜，我梦见百万雄兵——关于藏秘排油广告的声明》原文如下：

昨。

3·15。

央视。

电光闪处，屏幕中。

藏秘排油，千夫所指，万人切齿。

人在三更梦，祸到大门前，一个声音低声道：毁他……

1. 有人找我代言，产品是藏秘排油，我算谨慎的，要了一些喝着看，挺好。又让街坊朋友试喝，亦可，才放下心来。演员代言，我不是第一，但试产品，我得排前几名，未必所有产品代言人都试过。

2. 又让厂家把相关文件取来，见俱是权威认可，大放心。如今说不行，呵呵，问权威去！如文件是假，那我也是受害者，咱们一块冤去。话又说回来，倘藏秘排油这么多的不是，那我们的相关监察部门竟然放纵其一年之久，在全国大卖，食纳税人血汗，就是这么为人民服务的吗？央视掴监察部门这掌极狠！

3. 每人体质不同，故不敢保证世上所有人喝藏秘均奏效。购买时应详细询问销售人员，依体质而行。如人参，有人吃强身健体，有人吃顷刻毙命，你能说人参是毒药？

4. 有人质疑广告上写着迅速抹平大肚子，说不灵。呵，这是矫情。方便面袋上印着大虾肉块，也没见人上方便面厂上吊去。藏秘排油广告画上还有四个藏族姑娘呢，您也要？

5. 所有相关的减肥产品若照这种方法挑错，全都适用。是全办还是只办郭德纲？如只办郭德纲，那请来个说话利嗖的解释一下。

6. 又问道，六块钱成本一份的藏秘排油卖二十多？这事您还不能别扭。大饭店的炒土豆丝就是五十多，您要是在卧室里自己种土豆，便宜着呢。您觉着不合适，就算了，何必呕气呢？

7. 天下的事难说的很，大明星代言某医院，专治不孕不育。你不能要求这明星完全了解妇科，更不能要求来治病的个个都怀孕，您把曾祖母搀到医院，怀孕失败，你扭头骂那代言的明星？错了，您得埋怨曾祖父。（转下页注）

辩其所受的委屈，暗示了他受央视的暗算与打击，以解构央视 3·15 "藏密排油茶" 负面形象。同日，北京工商部门开始查证郭德纲代言产品。该代言产品在全国陆续被封存或下架。19 日，国家药监局认为 "藏秘排油" 严重篡改审批广告内容。22 日，国家工商总局表示，保健品不是药品，"藏秘排油" 在广告中宣传疗效，属于违法行为。中央电视台就郭德纲博客辩说声明就事论事以澄清嫌疑，并继续跟踪报道。郭德纲博客《那一夜，我梦见百万雄兵——关于藏秘排油广告的声明》9 条声明在两天之内被点击达几十万次，网络上热烈讨论，由此形成 "护纲派" 和 "砸纲派"。网络媒体形成热烈讨论，电视媒体和平面媒体后续报道，反思中国明星代言问题，反思中国广告管理及其广告制度。

这就是郭德纲 "广告门" 事件。

一 郭德纲 "广告门" 事件的责任在谁

1. 郭德纲暗示自己没有上春晚而受到央视暗算和打击的观点不成立

郭德纲因代言 "藏秘排油茶" 广告在 2006 年 7 月被消费者告上法庭，并被相关媒体曝光，中央电视台曝光只是一种重复，没有超越消费者诉讼的范围，事实准确，证据确凿。而郭德纲对于 2006 年立案、被告上法庭对媒体采访的答复与《那一夜，我梦见百万雄兵——关于藏秘排油广告的声明》9 条声明的相关说法如出一辙，在为自己广告代言寻求说法，以求解脱舆论困境。

北京市崇文区 61 岁居民王先生声称，自己在看到刊登在《保定晚报》上郭德纲的 "藏秘排油茶" 减肥产品广告后，出于对名人的信任，于 2006 年 4 月与 6 月分别在保定购买了该产品，但服用后并没有

（接上页注①）8. 世上的事戏剧性极强，3·15 的白天，藏秘排油 2007 年的新广告紧张的拍摄中，厂方代表兴致勃勃的憧憬着未来。晚间，致电厂方，询问揭黑一事。厂方大笑，道：一年来，类似的事情已数件，大部分为同行落井……

9. 忽闻门外小童议论：不上春晚，糟报应了吧。吾大怒，出门斥责：蠢子无知，竟敢乱言！似此混账，汝终生不得上春晚耶！

自四月起，天桥乐剧场正式归德云社所有，我每天都在。上至神仙，下至禽兽，均可来访，面谈吧，我很期待。

达到广告中宣传的效果。为此，他将郭德纲、产品公司以及《保定晚报》告上法庭，要求三被告在北京市和保定市两地的报纸上公开道歉，同时双倍返还货款 116 元。而郭德纲说："他并没有夸大产品疗效，因为产品效果会因人而异，'一句话，人参有人能吃有人不能吃，你能说人参不好吗？'"① "在接受记者采访时为自己辩护，明确表示确实服用过该减肥产品，且效果不错。"② 王先生还在起诉书中提出 4 点质疑：（1）广告宣传的功效没有那么神；（2）广告未标明广告批准文号，属于虚假宣传，郭德纲具有欺骗性；（3）广告未如实宣传产品的成分；（4）经在中国保健食品网上进行查询，藏秘排油茶所标的批文号为"卫食健字 1998 第 512 号"，而该批文号下的保健品是"百草减肥茶"，而这是在冒用其他产品批号和审批范围，属违法产品。③

中央电视台提出了一个名人广告问题，充分发挥了舆论监督作用。央视没有操控消费者王先生买产品和把郭德纲告上法庭，然后再在央视"3·15"曝光。2006 年 5 月"藏秘排油茶"广告因为冒用"百草减肥茶"相关批号而被工商部门立案调查。④ 央视"3·15"的披露和后续报道⑤ 在消费者王先生四点的质疑范围之内，没有刻意夸大嫌疑。政府职能部门对"藏秘排油茶"广告采取的执法行动证实了该广告存在王先生所说的四个问题，以及央视报道的严肃性与权威性。2006 年 7 月，

---

① 《郭德纲代言广告惹官司 减肥产品涉嫌虚假宣传》，http：//ent. sina. com. cn 2006 年 07 月 18 日 01：02《新京报》。

② 《郭德纲驳代言减肥产品成被告 称人参也非都受用》，http：//ent. sina. com. cn 2006 年 07 月 18 日 06：40《新闻午报》。

③ 《郭德纲代言减肥产品惹官司 广告宣传效果夸大？》，http：//ent. sina. com. cn 2006 年 07 月 17 日 02：22《北京娱乐信报》。

④ 《郭德纲代言的"藏秘排油茶"被立案调查》，央视国际 www. cctv. com 2007 年 03 月 19 日 09：21 来源：新华网。

⑤ 央视的 3·15 跟踪报道：《藏秘排油虚假宣传广告制作过程》（3 月 16 日）、《"藏秘排油"的受害者与获利者》（3 月 16 日）、《推卸假广告责任 街头热议"藏秘排油"》（3 月 16 日）、《3·15 编后》（3 月 16 日）、《北京："藏秘排油"减肥茶下架》（3 月 17 日）、《3·15 晚会后续 国家药监局："藏秘排油"严重篡改审批广告内容》（3 月 20 日），等等。

《新京报》、《新闻午报》、《北京娱乐信报》跟郭没有恩怨，而三家媒体报道了郭德纲涉嫌产品虚假宣传而惹上官司的事件。大众媒体具有环境监测与社会协调的功能、责任与义务，央视也不例外。由此可知，从已成事实、发展逻辑与传播理念上看，郭德纲说央视打击他的观点不成立。

中央电视台"3·15"之所以受到舆论抨击，是因为中央电视台同样受到广告主的影响与控制。2007 年 3 月 19 日，人民网在《郭德纲事小，广告事大》① 一文一针见血地指出：

郭德纲的事其实算不上什么事，但既然说开了，咱就得接着说说广告的问题。就像去年曝光欧典地板假冒洋品牌出身一样，今年央视3·15 晚会曝光"藏秘排油"减肥茶涉嫌虚假宣传，无疑是做了一件大好事。但央视3·15 晚会是一个节目，其运作得有经济基础，得追求广告收入。据报道，央视在节目中曝光"藏秘排油"减肥茶，在节目间隙却反复播放一种名为"珍奥核酸"的保健品的广告。就是这个保健品，2001 年 3 月曾因不实宣传被卫生部通报批评，去年 9月又因申报材料内容虚假和不实宣传等问题被商务部暂扣直销经营许可证，然而，就因为他们向央视奉送了大笔广告费，于是连续几年在央视3·15 晚会上隆重登场，大肆宣扬……

"藏秘排油"和"珍奥核酸"都有问题，央视何以打一个扶一个？好事者了解到，"藏秘排油"没有在央视投放广告，欧典地板最初在央视也投过不少广告，最近几年在央视的广告停了，于是很快就被央视曝光了。原来，央视3·15 晚会曝光的产品，"全是没有在央视投放广告资金的主儿"。央视3·15 晚会曝光了郭德纲代言的产品，自己"代言"的产品又被别人曝光，好不尴尬？

央视曝光"藏秘排油"减肥茶，是不是为了报复后者没在央视

---

① http://society.people.com.cn/GB/8217/79836/79843/5491981.html.

投放广告呢？我没有证据，不敢作"诛心之论"。但如果有人说央视是报复"藏秘排油"没投广告，我看至少要比说央视是报复郭德纲拒上春晚更可信。我愿意相信，在央视的工作安排中，郭德纲事小，广告事大。郭德纲如果想安全代言，很简单，找一家已经或即将在央视投放广告的产品，就准保没事。

2. 郭德纲必须承担相关责任

郭德纲代言"藏秘排油"获利200万，为代言公司创近1亿元的销售额。郭德纲在他博客文章里有点百般狡辩，玩世不恭，拒不道歉，为大众媒体与诸多网民不认同，引起诸多网民们的强烈愤慨，参与讨论的媒体与大量网民认为郭德纲有责任，认为郭应该勇敢地承担自己的责任。

参与讨论的诸多媒体认为，在代言虚假广告中，名人与商家已构成合伙欺骗大众的关系，理应承担相关责任。为此，媒体进行了广泛的评论。红网《郭德纲该认错时就要认错》评论认为，在确定藏秘排油茶为虚假广告的铁证面前，郭依然认为自己行为得当，认定产品有效，还在为"藏秘排油"新广告忙活，郭德纲的做法实在令人吃惊。"道歉"还是承担相应的法律责任，郭德纲应该做好准备。《扬子晚报》在《不能把信任当成是赚钱的工具》评论中指出，名人不能把公众对他们的信任当成是赚钱的工具，而广告内容更应该是一种实在内容的体现，不能当成"演戏"。《新京报》评论说，名人一再从代言丑闻中成功脱身，竟然有人能持续从一种错误行为中获得巨大利益，竟然有人只享受利益而不承担相应责任，这是一个法治社会的耻辱。《半岛都市报》在《郭德纲自己在"砸纲"》评论说，郭德纲本人说广告词不是由他负责，自然他不能承担责任。而消费者买产品是冲着你郭德纲去的，没有这层关系，郭德纲也不可能拿到200万代言费，作产品代言应该负起责任，不能拿了钱，出了事，就把责任推脱得一干二净。郭德纲这是自己在"砸纲"。北方网和《工人日报》认为，社会和消费者必须施以明星代言扣紧道德"枷锁"与法律"紧箍咒"。

郭德纲代言虚假广告死不认错，使诸多"护纲派"变为"砸纲派"。① 在中央电视台"郭德纲代言事件"追踪的投票中，② 对"郭德纲在这起事件中是否应当负主要责任"投票总数为6477票，投票结果认同郭德纲应当负主要责任的网友赞成票为3515票，占54.27%，大部分人认为郭有责任（见表8－2）。③ 对于郭德纲在"藏秘排油曝光事件"中的表现的投票总额为5056票，投票结果对郭德纲持反对态度的网友赞成票为2412票，占47.71%，与支持者、同情者两者总和基本持平（见表8－3）。④ 由此可知，至少有半数以上网民对郭德纲有责任表示赞成，对郭的表现表示不认同。

表8－2　郭德纲代言虚假广告藏秘排油事件调查

您认为郭德纲在这起事件中是否应当负主要责任？			
1	应当负主要责任	54.27%	3515票
2	不应当负主要责任	40.65%	2633票
3	不好说	5.08%	329票
			投票数:6477票

投票时间：2007/03/16 － 09：19：08——2007/04/15 － 09：19：08

表8－3　对于郭德纲在"藏秘排油曝光事件"中的表现持的观点

对于"藏秘排油曝光事件",您对郭德纲持什么观点？			
1	反对	47.71%	2412票
2	支持	34.71%	1755票
3	同情	12.62%	638票
4	无所谓	4.96%	251票
			投票数:5056票

投票时间：2007/03/20 － 13：51：21——2007/04/19 － 13：51：21

① 《代言虚假广告死不认错　九成郑州市民反感郭德纲》，2007 － 03 － 21 15：06：59。来源：《东方今报》。
② 笔者拷贝时间：2007 年 4 月 17 日 18：20。
③ http：//finance. cctv. com/vote/see7546. shtml. 拷贝时间：2007 年 04 月 17 日 18：20。
④ http：//finance. cctv. com/vote/see7561. shtml. 拷贝时间：2007 年 04 月 17 日 18：20。

2007 年 3 月底《东方时空》栏目关于明星代言广告的调查中，有 66% 的消费者表示不喜欢某明星代言的不孕不育医院的广告；而在明星叫卖的药品和保健品中，95.5% 的消费者表示不相信明星们真正用过；对于夸大其词的明星代言，有 90% 的消费者认为会直接影响他们对明星的印象，并且应该对广告承担责任。中国消费者协会和某门户网站于 2006 年 6 月 21 日～8 月 18 日共同举办的"广告公信度"网上问卷调查活动中显示，超过 2/3 的网民对商业广告不信任，其中"很不信任"和"较不信任"的比例分别为 46.4%、21.2%。调查结果显示：78.2% 的网民表示，如果名人代言的广告被认定为虚假违法广告，应承担连带责任。[①] 由此可见，中央电视台对郭德纲"藏秘排油"的新闻调查是客观的，陷入"广告门"事件的郭德纲作为名人代言虚假广告，应承担相关责任。

3. 广告主（生产商与策划公司）是"主犯"，大众媒体是"协从犯"，监管部门"渎职"

郭德纲代言的"藏秘排油"减肥茶广告不仅涉嫌虚假宣传，还篡改了药监部门的审批内容。国家商标局网站显示"藏秘排油"只是一个还在受理中的商标。央视"3·15"晚会上，央视记者经过调查认为"藏秘排油"改头换面、虚构研制单位。药监部门只批准了北京澳特舒尔保健品开发有限公司（"藏秘排油"减肥茶生产厂家）的三个瑞梦牌百草减肥茶的广告审批号：一个电视版本，两个文字版本。但是，该公司在全国刊发的广告都不是这三个版本，而是擅自篡改后的版本。[②] 广告内容：藏秘排油茶，3 盒抹平大肚子……。广告中极力推荐的产品"藏秘排油"四个大字格外醒目，不仅出现了代言人和消费者现身说法推荐减肥产品，还使用了绝对化的语言，实际发布的内容和经过审批的广告内容完全不一致。在经过审批的电视广告样本中，画面只有 15 秒，并无"藏秘排油"或者藏茶成分的文字、画面的内

---

① 李彦：《明星代言之惑》，《北京青年报》2007 年 4 月 1 日，B8。
② 《郭德纲代言的减肥茶广告篡改审批内容》，2007 年 03 月 20 日 19：26 来源：金羊网 – 新快报。

容；而且误导性的广告用语是《广告法》以及相关法律法规中明令禁止的。

而这些广告话语是由广告主七彩集团策划总监、七彩国际策划公司总经理、全国十大营销策划人张某包装和策划的。包装的核心内容就是隐去百草减肥茶的本来面目，大做"藏秘排油"的文章。在整个广告宣传中都是围绕着西藏的概念设计制作。在藏秘排油的宣传中，一家名为"亚洲藏茶医学保健研究所"的单位多次出现。该单位宣称藏秘排油是由其研制，并承担藏秘排油产品的监制。央视记者采访七彩集团时，该企业承认张某是其文案策划者，但生产厂家代表连"亚洲藏茶医学保健研究所"在哪里都不知道。① 据相关媒体提供的信息展示：该研究所事实上是张某在香港花一万港币注册的香港藏医学技术开发研究中心有限公司；根据香港有关部门提供的文件解释，该公司2001年成立，董事只有一个人叫张某（藏秘排油的注册人）。因此，"藏秘排油"的包装与销售是对消费者的一种欺骗，是一场大骗局。该生产商广告主和该策划商是郭德纲"广告门"的罪魁祸首，是绝对"主犯"，郭德纲至多是"从犯"。

据央视跟踪报道，"藏秘排油"市场份额近1亿元。除张某"策划有力"外，大众媒体的"协从"与"支持"是使其销售金额高涨的一个重要原因。多家电视媒体、平面媒体和公交广告公司为广告主提供了平台，大众媒体充当了吹鼓手。如《保定晚报》，2006年4月以来，该报社连篇累牍编写、刊登宣传"藏秘排油茶"的广告：《郭德纲：我说藏秘排油好，因为我瘦了》、《老婆整日逼他减肚子，郭德纲狂喝藏秘排油》、《神 半个月郭德纲肚子平了》等等，以致被消费者送上被告席。

对郭德纲"广告门"的披露，央视是正义的。但是为什么网民对郭德纲的同情与支持和反对票数基本持平呢？为什么认为郭不应该负责任

---

① 中央电视台2007年03月16日新闻：《藏秘排油虚假宣传广告制作过程》，编辑：黄程美。

的达 40% 网民呢？为什么郭德纲的一个博客声明引起网民如此热烈讨论并形成两派而互相指责呢？除职能部门无作为，明星虚假广告多等诸多原因外，诸多网友还认为，央视自己诸多虚假广告误导消费者，而央视在"3·15"晚会没有予以曝光或充分曝光。即使有曝光，央视 3·15只报道现象，没有探讨背后的原因，如 2006 年"3·15"晚会揭开"欧典地板"的洋品牌面目，尽管报道自己广告主的负面新闻的勇气可嘉，但对于该假洋品牌为何能够连续六年使用央视"3·15"标志的背后原因则没有提及。央视在消费者中已产生信任危机。这种信任危机非一日之寒，以致影响了网民对央视的态度，形成对央视及其广告的不信任态度趋向。

监管部门"失责渎职"。一是 2006 年 4 月北京相关职能部门已经确定该广告是虚假广告并已立案，但"藏秘排油"广告仍活跃于各媒体。二是至 2007 年"3·15"近一年期间，监管部门无作为，"藏秘排油"广告仍然铺天盖地。三是主管部门执行不力，不作为迟作为。3 月 16 日上午，北京西城工商分局执法人员开始深入辖区的药店、超市，对"藏秘排油茶"进行检查，截止到记者发稿时止仅仅发现区区的 100 多盒"藏秘排油茶"。① 有媒体报道，北京六旬老人王立堂在服用"藏秘排油"减肥茶后，不但没有减肥，还出现了便秘等不良症状。他向北京市工商局举报，整整 4 个多月，工商局没有给他任何答复。② 只有央视"3·15"报道与舆论广泛关注后，北京市工商局才对"藏秘排油"减肥茶的生产厂家和经销商予以立案调查。央视网友投票认为市场监管部门失职，负主要责任达 42.60%（见表 8-4），可见网友对市场监管部门的不满。其中郭德纲博客声明："我们的相关监察部门竟然放纵其一年之久，在全国大卖，食纳税人血汗，就是这么为人民服务的吗？央视掴监察部门这掌极狠"，这绝非空穴来风，也不是没有道理。这也是网友支持郭德纲的一个原因之一。

---

① 陈庆贵：《郭德纲代言广告案要厘清三个悬疑》，2007-03-21 20：00 光明网。
② 《人民时评：从郭德纲代言"藏秘排油"被曝光说开去》，http://opinion.people.com.cn/GB/5497458.html。

表 8 - 4 藏秘排油事件中，谁应该负主要责任*

你认为"藏秘排油事件"中,谁应该负主要责任			
1	市场监察部门	42.60%	1322 票
2	播放该广告的媒体	19.14%	594 票
3	郭德纲	18.59%	577 票
4	厂商	15.44%	479 票
5	广告策划商	4.22%	131 票

投票数:3103 票

投票时间：2007/03/20 - 15：46：28——2007/04/19 - 15：46：28

* http：//finance. cctv. com/vote/see7565. shtml。拷贝时间：2007 年 04 月 17 日 18：20。

二 法治与自律，有利于培养具有工具理性和价值理性的主体间性

1. 对郭德纲 "广告门" 事件的处置无法可依，政府应完善名人广告的法律法规

根据我国《广告法》、《消费者权益保护法》 等有关法律法规，有关部门只能对虚假广告的经营者、发布者等民事主体进行处罚。消费者要求虚假广告代言人承担连带赔偿责任，在法律上缺失相应的问责依据，难以做到有法可依、有法必依、执法必严、违法必究。

国外对明星名人代言有诸多严格的法律规定。欧美各市场发达国家中均视名人代言为 "证言广告" 和 "明示担保"，消费者可据此担保索赔。如有虚假就会重罚，好莱坞某明星就由此受罚 50 万美元；日本明星如果代言伪劣产品，必须向社会道歉，会在很长时间内得不到任何工作；法国明星等名人广告代言如果虚假，不但身败名裂，而且可能遭受牢狱之灾。智利消费者法规定，如果有谁通过大众传媒发布了虚假广告，广告所涉及的产品或服务对消费者健康或环境造成危害的，可被处以 6 万美元的罚款。消费者有权将虚假广告告上法庭，法庭有权终止虚假广告的传播，而且可以要求做广告者自掏腰包发布 "纠正广告" 以 "消除不良影响"。

每个明星都不愿自己形象受到损害，但由于中国没有对广告代言人的

相关具体处罚等法律法规规定，客观上导致明星等名人缺乏常识而被广告主或广告公司蒙骗"忽悠"的情形；广告话语出现"戏剧化"、"夸张化"、"绝对化"等事实；有的明星只在乎自己代言费，不对自己广告语负责。因此，这些严重影响了明星及其代言产品在消费者中的形象。当时《东方时空》栏目明星代言调查显示，有90%的消费者认为会直接影响他们对明星的印象，并且应该对广告承担责任。[1] 因此，必须参考世界各国对名人广告的管理，对社会变革中的中国名人广告加以法律法规上的完善，以"他律完善自律"的法治手段和欧美"证言广告"、"明示担保"原则立法：

（1）在《刑法》"虚假广告罪"[2]（第222条）的基础上具体化。立法"名人广告虚假代言罪"，对代言虚假广告的名人依法追究刑事责任，对广告主或广告公司立法设置"名人广告虚假代言罪"和设置"虚假广告罪"，对广告主与广告公司依法追究刑事责任；对大众媒体及其法人或当事人，以"虚假广告罪"依法处理；监管部门失职则列入或设置"渎职罪"或"无作为罪"等法律条款；

（2）在《民法》中，明确加大立法给予消费者对名人虚假广告的名人及其广告主或广告公司和大众媒体的民事诉讼（赔偿、道歉等）支持；

---

① 李彦：《明星代言之惑》，《北京青年报》2007年4月1日，B8。

② 《刑法》第222条规定："广告主、广告经营者、广告发布者违反国家规定，利用广告对商品或者服务作虚假宣传，情节严重的，处两年以下有期徒刑或拘役，并处或者单处罚金。"参见宋小卫《媒介消费的法律保障——兼论媒体对受众的低限责任》（中国广播电视出版社，2004，第184~189页）"《刑法》关于'虚假广告罪'的规定"对虚假广告罪进行了较详细的论述。

　　全国首例电视台因发布虚假医药广告被检察院指控构成虚假广告罪案，2012年6月中旬在重庆市万州区人民法院开庭审理。重庆市万州区人民检察院指控重庆万州区广播电视台和该台广告中心主任、广告业务员以及广告主的行为构成虚假广告罪。据检察院指控，2009~2011年，重庆万州区广播电视台违反国家规定，多次在该台的综合频道、旅游频道等多个频道播发多个虚假药品广告，两次受到重庆市工商局万州分局的处罚，但此后，该台继续播放虚假广告。据悉，作为媒体机构，从单位到执行部门、个人，因播放虚假广告被控有罪，该案已在全国创造了多项"第一"，受到社会各界的广泛关注。参见孙瑞灼《虚假广告当治罪》，《人民日报》2012年7月9日，海外版。

（3）上述两条规定同样贯彻在《广告法》、《消费者权益保护法》等法律法规和相关名人与法人的单位管理条例之中。

2. 完善广告法制，培养主体间性的自我完善与发展

我国《广告法》制定十多年来，对广告市场的发展和成熟作出了贡献。随着中国加入世贸逐步融入全球化，《广告法》在社会主义市场经济发展中有亟待发展和完善的地方，以进一步适用与促进广告发展和社会进步。因此，抓紧对广告法律法规的修改论证和制定，进一步完善一部符合时代、符合实情的《广告法》及其相关广告法规，维持与强化主体间性的信用、信誉与信仰，完善广告代理制，在不同时空状态下，保证法规与现实社会的适应性，解决中国广告业与国际接轨的问题，切实做到有法可依、有法必依。

第一，确定广告的类型，严格区别广告与非广告、硬广告与软闻等广告形式，使商业广告（尤其是镶嵌/植入式广告/隐性广告）、公益广告和政府广告等广告形式与管理都纳入到《广告法》之中。

第二，补充对广告话语要素的相关规定，如对名人广告责任的规定等。

第三，加强对政府管理职能与广告监管部门的整合，对广告审查责任追究的规定作出明确指导和严格规范，以保障广告主、广告经营者和广告发布者的合法权益。

第四，打破广告产业垄断的规定，实行国民待遇与非歧视的规定，制定避免广告主影响和控制大众媒体的规定，强化避免公共关系隐性影响与控制大众媒体的规定。

第五，加强和完善对广告代理制方面的规定。

第六，保持《广告法》与其他广告法规规定与执行的一致性和权威性。《广告法》第 18 条："禁止利用广播、电影、电视、报纸、期刊发布烟草广告。"而《广告管理条例》第 9 条："广告客户申请利用广播、电视、报刊以外的媒体为卷烟做广告，须经省、自治区、直辖市工商行政管理局或其授权的直辖市工商行政管理局批准。"在立法修改时必须注意补缺与确定标准。

第七，对大众媒体自身做广告缺乏明文规定是一个法律空白，有待补充。大众媒体自身做广告存在如下情形：一是 A 媒体在 B 媒体、或 C 媒体、或 D 媒体等相关媒体做广告或新闻宣传；二是媒体在自己媒体为自己做广告或新闻宣传；三是有影响力的媒体对其他媒体的新闻有偿转载吹捧，或者网络媒体通过转载获取非法利益和不正当利益等。如某电视台新闻广场的读报时间，报道相关媒体的一条新闻，需要相关媒体交 1000 元人民币转载费，[①] 以扩大被读媒体的影响，从而吸取广告主的青睐。这本质上是一种商业行为，但广告法律法规缺乏规定。修定《广告法》时有必要加以充实和完善，以保证广告市场的健康发展。

第八，为广告主自办媒体（如网页等）广告、网络广告与手机广告等新媒体的广告立法。

第九，在条文明晰化和处罚具体化等方面的立法语言上亟待完善，避免模糊化。

第十，借鉴发达国家的广告法律法规，与国际广告法制接轨，加强对广告、广告主、广告经营者和广告发布者的管理和引导，加强独立审核建设与法治建设。

3. 消费者的自觉与法治社会（自律与他律构建消费环境及其执行环境的发展完善）的建设，有利于主体间性的完善与发展

郭德纲"广告门"事件清楚表明，广告法制是否完善和广告法治是否有效，一方面依赖于软制度的建设及其真实执行者与信奉者，另一方面消费者的自觉和法治社会的德（自律）法（他律）统一的软环境。

从"藏秘排油事件中，谁应该负主要责任"看（见表 8 - 4），消费者认为首先是监管部门，其次是大众媒体，然后为郭德纲、厂商与广告策划商。

首先，各个主体对主管部门监管不力与媒体自律不严等行为视之如常，会导致比较严重的后果。广告监管部门是制度的执行者，监管执行不力，虚假广告与非法广告横行，会损害广告的健康发展。媒体充当虚假广

---

① 某记者透露。

告的"号角",舆论监督失语,会损害社会公平与正义。负责任的各个主体各司其职,和谐共处,广告才能走向科学发展,经济才能健康繁荣,社会才能文明和谐。

美国上百年的发展是一个民间企业及其精英和国家的结合和发展过程。美国进入垄断资本主义,国家和垄断集团结盟,既构建社会制度和主导社会安排,又加速国家对外的经济扩张和倾销其意识形态与消费主义理念,其历时性发展是一个线性发展的过程。中国在发展市场经济过程中,总是力图在共时性状态下完成美国条件下的历时性构建。但是中国三十多年的改革开放,利益与资源重新调整和分配,社会碎片化,而国家为了增加对外的经济竞争力和所有制关系,国家与企业垄断建成某种同盟关系,是一种非线性的发展。中国广告处于不成熟阶段,类似于美国第一个发展时期,但学习和借鉴的是美国第二个发展时期。在中国改革开放过程中和特定的社会环境下,既有优势可鉴,又有劣势威胁。其劣势威胁诚如尹韵公先生所言,美国媒体的这种"啦啦队"现象在中国已经出现,其结果会影响和控制中国大众媒体。① 所以一定要根据国情借鉴美国模式,尤其是党和政府加强立党为公、执政为民的理念,大众媒体加强使命感和责任感,广告主加强社会责任意识,促进社会公平和正义,促进社会和经济、政治与文化和谐发展,建立和谐社会与和谐世界。

其次,真正的主要责任人是厂商与广告策划商,而消费者把主要责任人排在最后两位,可见消费者的认知水平还没有达到完全自觉的程度,有待发展与成熟。消费者的自觉需要一个过程,在法治完善的过程中逐步走向成熟。消费者的自觉与成熟对软制度及其执行者与信奉者构建的软环境,产生积极影响与作用。中国未来发展既要发展生产力,又要有依法治国与科学发展的执行者和消费者构建和谐社会。从消除广告主广告话语权对大众媒体的消极影响和控制来看,从维护各个主体主权的自在和他在来看,从保持各个主体话语权的平衡与和谐发展来看,各个主体主权均须在自律与他律构建的社会环境中发展与成熟。特别指出的是,在媒介消费的

---

① 尹韵公:《入世与我国传媒业》,《中国社会科学院院报》2001 年 11 月 17 日。

现代社会中，消费者对软制度的自觉执行和信奉对于保持执行环境和主体自律与他律具有很强的现实意义。

第四节　小结

西方经验学派与批判学派都关心传播的社会控制作用。经验学派的核心课题是"如何"控制或"在多大程度上"进行控制，批判学派关心的焦点则是"谁在控制"、"为什么存在着支配与控制"以及"为了谁的利益进行控制"。[①] 本书主要站在批评学派的角度进行分析，兼论"如何"控制的问题。

1. 广告主影响和控制大众媒体正在成为当今中国一个新的社会问题，尤其在社会转型与经济转型期，关系到当今中国的经济、政治和文化等改革，关系到国计民生，已成为经济问题、政治问题、文化问题与社会问题

广告主通过广告话语的构建与主体关系交往的资源与影响，在"利益冲突"过程中对政府、大众媒体与广告公司等施加影响和压力，削弱其他主权主体的地位与作用，尤其是减弱大众媒体话语权，存在影响和控制大众媒体的情形，制造信息不平等的环境，达到"合法化—权威"地位，进而控制社会，实现其广告话语权。各个主体在市场经济条件下为生存和发展而对广告主消极影响与控制作用认识不够，以致各个主体地位缺失，失去应有的话语权，加大了信息传播的鸿沟，危害到社会公平与正义。在未来的各个主体博弈中，广告主的这种影响和控制作用会越来越大。中国大陆广告市场的管理模式是一种主体对客体的影响模式，至多是一种有效的管理，缺乏必要的治理，而媒体的路径依赖等使广告运行和广告管理现状均不容乐观。

中宣部、新闻出版总署等部门 2005 年组织的广告主对大众媒体的影响和控制的调研虽然没有公布，但笔者调研，广告主影响和控制大众媒体

---

① 郭庆光：《传播学教程》，中国人民大学出版社，2001，第 272 页。

的情形比较严重。

2. 广告主影响和控制大众媒体的情形比较严重，但暂时不足以完全控制媒体和支配社会。如果政府与媒体没有有效的制度保障，外资与特权阶层等利益群体和经济势力等对大众媒体的影响和控制将成为一种不争的事实

据笔者对相关著名媒体老总和学界权威的采访，他们认为尽管存在广告主凭借其力量和关系影响和控制大众媒体的事实，尤其是中小媒体和商业媒体的事实，但是还没有广告主能够完全影响和绝对控制有相当影响力的大媒体及其新闻报道。原因是，一方面，大众媒体是党、政府和人民的喉舌，党和政府完全有能力能够加以引导和控制，另一方面，大众媒体的自律能够一定程度控制事态的发展。这也是中国存在的一种现实与事实。

但是必须指出的是，外国资本与特权阶层等利益群体和经济势力对媒体的影响和控制，是关系到国家利益与国家形象安全的大问题。如，外国企业对华的并购与投资一方面给中国经济注入了活力，另一方面对中国的大众媒体形成影响和控制。程恩富、李炳炎《警惕外资并购龙头企业维护民族产业安全和自主创新——美国凯雷并购徐工案的警示》以及李炳炎《外资并购与我国产业安全》演讲充分地说明了外资并购等已经影响到我国产业安全。作为大众媒体广告"奶牛"的外来资本产业自然会影响和控制我国的大众媒体，这正在成为一种不争的事实。如果政府和媒体不采取有效措施，我国大众媒体被外资、利益群体、资本势力操纵和控制的危险就不远了。

3. 解决广告主影响和控制大众媒体的问题，任重而道远

这主要通过治理，依靠他律和自律构建平衡和共生的主体间性，尤其是他律和自律构建的软环境建设，即创造一个文明与法治的环境及其执行环境。具体来说：在广告传播的过程中，自律和他律，使各个主体及其行为关系在行业与主体自律作用下，各个主权主体在其主体法和行为关系法的作用下，减少路径依赖，完善主体间性，主体平衡共生，发展生产力，推进社会公平与正义，使广告主在构建广告话语和行为交往中按照自律和

他律构建的消费环境及其执行环境实现对广告话语权的责任与义务优化
（见图 8 - 4）。

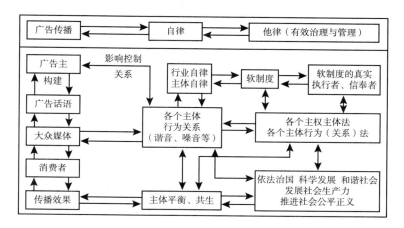

图 8 - 4　自律与他律构建的消费环境及其执行环境是对广告话语权的优化

本书研究的难点与不足：本书的首要困难主要在实证资料的搜集整理。要力图全面、比较客观、相当科学地展示广告主如何对传统大众媒体的影响与控制来实现广告话语权的情况，本书既要描述、总结与概括广告主合理不合情不合法表达与实现广告话语权的资料，又要搜集、整理与深化广告主不合理不合情不合法表达与实现广告话语权的材料。相对而言，前者比较容易，整理与研究可以比较到位；后者困难颇多，搜集与探讨尤为艰难。

后者在该方面的研究成果不多。研究广告的论文很多，但大多为我国产业经营和广告主或广告公司出谋筹划，对广告主的负面控制或蜻蜓点水式的拂过，大多引而不发，研究不够。广告主和广告公司对我国媒介产业经营的发展具有极大作用与深远影响，探讨其积极作用与影响很有必要，对广告话语权研究很有意义。但在研究中难免对其消极的负面控制方面有所缺失，或视而不见，因而见诸于众的材料比较稀少。而这部分力求纵横比较，放宽学术视野，实现科学概括，加大理论创新。本书要求对材料作出精当阐释、科学分析、理性概括与理论创新，但深恐学术浅陋、论证不力、建构不周与理论断层。

后者是潜规则的研究。潜规则研究，隐蔽性强，见不得阳光。广告主、广告公司与大众媒体等业内人士十分忌讳，一般不愿启齿。有的还涉及商业机密，甚至腐败，调研难度尤为艰巨。而传播学的控制研究是从传播内部规律来论证的，从外部论证广告主的理论视野相当狭窄，上升到理论高度的张力较少，而限制较多；工作量较大，区域性很强，现实感十足，牵扯面极宽。由此可见，要广泛搜集材料，要深入挖掘事实，要科学甄别整理，要理性准确概括，其难度可想而知。

为了设想得更周到，讨论得更详尽，研究得更全面，使本书具有比较大的实践指导价值与较高的学理意蕴，笔者求教于各界人士，用可操作性的研究方法，尽最大的努力深入调研获得第一手的材料；运用相关资料和理性分析的手段，进行逻辑归纳与科学总结，力求建立一个比较有特色的科学系统与切实可行的现实操作办法，力图实现理论上的发展与思维上的突破。

尽管笔者作了诸多努力，但是在两方面的不足是显而易见的，本书中深刻的片面与片面的深刻也是很明显的。因此，主客观方面的原因致使本书写作存有诸多不足的地方，实为憾事。其中"阙如"或不足的部分，有待笔者以后的学习和工作之中加以充实和完善。

参考文献

一　中文专著参考书目（按著作者姓名汉语拼音顺序）

安文虎：《国外广告法规选择》，中国工商出版社，2003。

卜长莉：《当代社会发展中的社会资本问题：一种人际关系的网络、规范与功能研究》，社会科学文献出版社，2004。

卜长莉：《社会资本与社会和谐》，社会科学文献出版社，2005。

卜卫：《媒介与性别》，江苏人民出版社，2001。

蔡嘉清：《广告学教程》，北京大学出版社，2004。

蔡雯：　《新闻报道策划与新闻资源开发》，中国人民大学出版社，2004。

陈韬文等：《大众传播与市场经济》，炉峰学会，1997。

陈力丹：《精神交往论》，开明出版社，1993。

陈力丹：《世界新闻传播史》，上海交通大学出版社，2002。

程曼丽：　《北大新闻与传播评论》　（第一辑），北京大学出版社，2004。

陈培爱：《中外广告史》，中国物价出版社，2002。

陈石安：《新闻编辑学》，三民书局，1981。

陈绚：《广告道德与法律规范教程》，中国人民大学出版社，2002。

崔保国：《2004～2005年：中国传媒产业发展报告》，社会科学文献出版社，2005。

　　崔保国：《2011 年：中国传媒产业发展报告》，社会科学文献出版社，2011，第 1 版。

　　丁柏铨：《中国当代理论新闻学》，复旦大学出版社，2002。

　　范鲁彬：《中国广告 30 年全数据》，中国市场出版社，2009。

　　方汉奇：《中国新闻事业通史》（第一卷），中国人民大学出版社，1992。

　　方汉奇：《中国新闻事业通史》（第二卷），中国人民大学出版社，1996。

　　戈公振：《中国报学史》，三联书店，1986。

　　郭庆光：《传播学教程》，中国人民大学出版社，2001。

　　顾阳：《耐克创造的神话——独步全球》，中国言实出版社，1997。

　　国际广告杂志社、北广广告学院、IAI 国际广告研究所：《中国广告猛进史：1979～2003》，华夏出版社，2004。

　　胡河宁：《组织传播学》，北京大学出版社，2010。

　　黄升民、丁俊杰：《媒介经营与产业化研究》，北京广播学院出版社，1997。

　　黄升民、丁俊杰：《国际化背景下的中国媒介产业化透视》，企业管理出版社，1999。

　　黄升民、杜国清：《广告主蓝皮书》（2005：中国广告主营销推广趋势报告 No：1），社会科学文献出版社，2005。

　　黄升民、杜国清：《广告主蓝皮书》（2006～2007：中国广告主营销推广趋势报告 No：2），社会科学文献出版社，2006。

　　何英：《美国媒体与中国形象》，南方日报出版社，2005。

　　江蓝生、谢绳武：《2001～2002 年：中国文化产业发展报告》（文化蓝皮书），社会科学文献出版社，2002。

　　寇非：《广告·中国（1979～2003）》，中国工商出版社，2003。

　　李彬等：《清华新闻传播学前沿讲座录》，清华大学出版社，2006。

　　李德成：《广告业前沿问题法律策略与案例》，中国方正出版社，

2005。

　　李良荣：《西方新闻事业概论》，复旦大学出版社，1997。

　　李路等：《广告理论与策划》，天津大学出版社，2004。

　　梁治平：《市场社会与公共秩序》，三联书店，1996。

　　林商立、刘晔：《理性国家的成长——中国公共权力理性化研究》，重庆出版社，2005。

　　林贤智：《福柯集》，上海远东出版社，1999。

　　刘继南、何辉：《镜像中国——世界主流媒体中的中国形象》，中国传媒大学出版社，2006。

　　刘年辉：《报业核心竞争力：理论与案例》，中国广播电视出版社，2006。

　　刘年辉：《中国报业集团核心竞争力研究》，清华大学博士后研究报告，2006 年 10 月。

　　刘林清：《广告监管与自律》，中南大学出版社，2003。

　　刘晓红、卜卫：《大众传播心理研究》，中国广播电视出版社，2001。

　　李培林、李强、孙立平等：《中国社会的分层》，社会科学文献出版社，2004。

　　李希光：《畸变的媒体》，复旦大学出版社，2003。

　　李欣频：《广告败物教》，台北新闻文化事业公司，2001。

　　明安香：《信息高速公路与大众传播》，华夏出版社，1999。

　　明安香：《美国：超级传媒帝国》，社会科学文献出版社，2005。

　　倪宁：《广告学教程》，中国人民大学出版社，2001。

　　潘知常、林纬：《传媒批判理论》，新华出版社，2002。

　　乔均、程庄庄：《中国广告行业竞争力研究》，西南财经大学出版社，2002。

　　时统宇：《电视影响评析》，新华出版社，1999。

　　时统宇等：《受视率导向研究》，四川出版集团、四川人民出版社，2007。

　　宋小卫：《媒介消费的法律保障——兼论媒体对受众的低限责任》，

中国广播电视出版社，2004。

　　唐绪军：《报业经济与报业经营》，新华出版社，1999。

　　王宁：《消费社会学：一个分析的视角》，社会科学文献出版社，
2001。

　　王宁、钱婷：《美国广告内幕》，中国经济出版社，1991。

　　徐宝璜：《新闻学》，中国人民大学出版社，1994。

　　杨善华：《当代西方社会学理论》，北京大学出版社，1999。

　　姚福申：《新时期中国新闻传播评述》，复旦大学出版社，2002。

　　尹韵公：《中国明代新闻传播史》，重庆出版社，1990。

　　尹韵公：《聚焦〈华西都市报〉》，中国社会科学出版社，2000。

　　尹韵公：《中国新媒体发展报告》（2010、2011、2012），社会科学文
献出版社，2010、2011、2012。

　　喻国明：《传媒影响力》，南方日报出版社，2003。

　　张海鹰：《中国广告与媒介市场研究》，北京电通广告有限公司，
2006。

　　张金海：《20世纪广告传播理论研究》，武汉大学出版社，2002。

　　赵君豪：《广告学》（申报新闻函授学校讲义之十），中国社会科学院
新闻研究所藏。

　　张国良：《新闻媒介与社会》，上海人民出版社，2001。

　　张国良：《20世纪传播学经典文本》，复旦大学出版社，2003。

　　张巨岩：《权力的声音》，三联书店，2005。

　　张西明：《张力与限制——新闻法律与自律问题的比较研究》，重庆
出版社，2002。

　　张西明：《新美利坚帝国》，中国社会科学出版社，2003。

　　曾庆香：《新闻叙事学》，中国广播电视出版社，2005。

　　郑超然等：《外国新闻传播史》，中国人民大学出版社，2000。

　　郑自隆、林育卉（台湾）：《"避免'新闻广告化'认定标准"之建
构：修正式德菲法研究》，财团法人广播电视事业发展基金，2004。

　　钟以谦：《媒体与广告》，中国人民大学出版社，2001。

周为民、周熙明：《信仰的缺失》，中国青年出版社，2001。

周瑞金：《新闻改革新论》，海南出版社，2004。

现代广告杂志社编《中国广告业二十年统计资料汇编》，中国统计出版社，2000。

新闻出版总署报纸期刊出版管理司：《中国报业发展报告》（2005：案例卷），商务印书馆。

二　译文专著参考书目（按国名首写拼音、作者姓氏字母顺序）

〔澳〕马尔科姆·沃特斯：《现代社会学理论》，华夏出版社，2000。

〔德〕哈贝马斯：《公共领域的结构转型》，曹卫东等译，上海学林出版社，1999。

〔德〕康德：《判断力批判》（上卷），宗白华译，北京：商务印书馆，1964。

〔德〕马克斯·韦伯：《韦伯作品集Ⅱ·经济与历史支配的类型》，康乐等译，广西师范大学出版社，2004。

〔德〕马克斯·韦伯：《韦伯作品集Ⅱ·支配社会学》，康乐等译，广西师范大学出版社，2004。

〔法〕让·波德里亚：《消费社会》，刘成富、全志钢译，南京大学出版社，2000。

〔加〕哈罗德·伊尼斯：《传播的偏向》，何道宽译，中国人民大学出版社，2003。

〔加〕哈罗德·伊尼斯：《帝国与传播》，何道宽译，中国人民大学出版社，2003。

〔加〕霍斯金斯等：《媒介经济学：经济学在新媒介与传统媒介中的应用》，支庭荣等译，暨南大学出版社，2005。

〔加〕玛丽·崴庞德：《传媒的历史与分析——大众传媒在加拿大》，郭镇之译，北京广播学院出版社，2003。

〔加〕文森特·莫斯可：《传播政治经济学》，胡正荣译，华夏出版社，2001。

〔荷〕梵·迪克：《作为话语的新闻》，曾庆香译，华夏出版社，2003。

〔荷〕冯·戴伊克：《话语　心理　社会》，施旭、冯冰编译，北京：中华书局，1993。

〔美〕艾里克·拉斯缪森：《博弈与信息》，北京大学出版社、北京三联书店，2004。

〔美〕阿尔·里斯、劳拉·里斯：《公关第一，广告第二》，上海人民出版社，2004。

〔美〕埃·E. 丹尼斯、约翰·C. 梅里尔：《媒介论争：19 个重大问题的正反方辩论》，北京广播学院出版社，2004。

〔美〕阿特休尔：《权力的媒介》，黄煜、裘志康译，华夏出版社，1989。

〔美〕本·H. 贝戈蒂克安：《媒体垄断》，吴靖译，河北教育出版社，2004。

〔美〕Bernard Roshco：《制作新闻》，姜雪影译，远流出版事业股份有限公司，1994。

〔美〕戴维·阿什德：《传播生态学：控制的文化范式》，邵志择译，华夏出版社，2003。

〔美〕大卫·克林：《可口可乐争霸传》，http：//book. vbqq. com/ show_ book_ 3312. html。

〔美〕大卫·奥格威：《奥格威谈广告》，曾晶译，机械工业出版社，2003。

〔美〕丹尼斯·K. 姆贝：《组织中的传播和权力：话语、意识形态和统治》，陈德民译，中国社会科学出版社，2000。

Herbert I. Schiller：《思想管理者》，王怡红译，远流出版事业股份有限公司，1996。

〔美〕贾米森、坎贝尔：《影响力的互动》，洪丽译，北京广播学院出版社，2004。

〔美〕乔治·赫伯特·米德：《心灵，自我与社会》，霍桂桓译，华夏出版社，1999。

〔美〕罗杰·菲德勒：《媒介形态变化》，明安香译，华夏出版社，2000。

〔美〕梅尔文·L. 德弗勒等：《大众传播通论》，华夏出版社，1989。

〔美〕克劳德·霍普金斯：《我的广告生涯·科学的广告》，邱凯生译，新华出版社，1998。

〔美〕罗瑟·瑞夫斯：《实效的广告》，张冰梅译，内蒙古人民出版社，1999。

〔美〕迈克尔·埃默里等：《美国新闻史：大众传媒解释史》，展江译，中国人民大学出版社，2004。

〔美〕迈克尔·舒德森：《广告，艰难的说服》，陈安全译，华夏出版社，2003。

〔美〕雪莉·贝尔吉：《媒介与冲击：大众媒介概论》，赵敬松主译，东北财经大学出版社，2000。

〔美〕约瑟夫·塔洛：《分割美国：广告与新媒介世界》，洪兵译，华夏出版社，2003。

〔美〕Robert W. McChesney：《富媒体　穷民主：不确定时代的政治传播》，谢岳译，新华出版社，2004。

〔美〕史蒂文·F. 沃克、杰弗里·E. 马尔：《利益相关者》，赵宝华、刘彦平译，经济管理出版社，2005。

〔美〕施拉姆：《传播学概论》，新华出版社，1984。

〔美〕孙隆基：《中国文化的深层结构》，广西师范大学出版社，2004。

〔美〕苏特·杰哈利：《广告符码——消费社会中的政治经济学和拜物现象》，马姗姗译，中国人民大学出版社，2004。

〔美〕Sut Jhally：《广告的符码》，冯建三译，远流出版事业股份有限公司，1992。

〔美〕斯蒂文·小约翰：《传播理论》，陈德民等译，中国社会科学出版社，1999。

〔美〕T. 帕森斯：《社会行动的结构》，上海译文出版社，1972。

〔美〕沃尔曼·李普曼：《舆论学》，上海人民出版社，2002。

〔美〕沃纳丁·塞弗林、小詹姆斯·坦卡特：《传播学的起源、研究与运用》，陈韵昭译，福建人民出版社，1985。

美国新闻自由委员会：《一个自由而负责任的政府》，展江等译，中国人民大学出版社，2004。

〔日〕八卷俊雄、梶山皓：《广告学》，采湘、毓朗译，广东人民出版社，1986。

〔瑞士〕索绪尔：《普通语言学教程》，商务印书馆，1980。

〔英〕诺曼·费尔克拉夫：《话语与社会变迁》，殷晓蓉译，华夏出版社，2004。

〔英〕Susan Strange：《疯狂的金钱：当市场超过了政府的控制》，杨雪冬译，中国社会科学出版社，2002。

〔英〕杰夫金斯：《公共关系》，陆震译，甘肃人民出版社，1989。

〔英〕胡珀、普拉特：《论述与措辞》，许宝强等译，三联书店，2000。

〔英〕约翰·基恩：《媒体与民主》，邵继红、刘士军译，社会科学文献出版社，2003。

〔希〕尼科斯·波朗查斯：《政治权力与社会阶级》，叶林、王宏周、马文清译，中国社会科学出版社，1982。

三 外文参考书目（按姓氏首写字母顺序）

Aaker David A, Rajeev Batra, John G Myers, *Advertising Management*. Printice Hall, Englewood Cliffs, New Jersey, 1996。

Beach, W. A., *Everyday Interaction and its Practical Accomplishment: Progressive Developments in Ethnomethodo-logical Research*, Quarterly Journal of Speech, 68, 1982。

Hartley, John, *Understanding News*, New York: Metheun Co. 1982。

J. V. Cuilenburg, D. McQuail, *Media Policy Paradigm Shifts: Towards a*

News Communications Policy Paradigm, European Journal of Communication, 18 (2), 2003。

Kong Liang, Jacobs: *China's Advertising Agencies: Problems and Relations*, *International Journal of Advertising*, Vol. 13 Issue 3, 1994。

Marvine Goldberg, Joh Hartwick, *The Effect of Advertiser Reputation and Extremity of Advertising Claim on Advertising Effectiveness*, Journal of Consumer Research, Vol. 17, No. 2, 1990。

Michael Schudson, Discovering The News: A Social History of American Newspapers, New York: Basic Books, Inc., Publishers. 1978。

Mordock, *Redrawing the Map of Communication Industry*, London Routledge, 1990。

M. G. Durkham and D. M. Keller, *Media and Cultrural Studies Keyworks*, Blackwell, 2001。

Thomas C. O'Guinn Chris T. Allen Richard J. Semenik, *Adversing and Integrated Brand Promotion* (《广告学》), 东北财经大学出版社, 2004。

Rajeev Batra, John G. Myers, David A. Aaker, *Advertising Management* (Fifth Edition), 中国人民大学出版社, Prentice Hall 出版公司, 1998。

四 学术论文、调研报告、学术网站、学术期刊与年鉴辞典与法律法规

1. 学术论文（按作者姓名汉语拼音顺序）

蔡守苏:《略论市场经济条件下舆论监督的难点与对策》,《新闻界》1995 年第 1 期。

陈炳宏（台湾）:《广告商介入新闻产制之研究：解构媒体新闻广告化现象》, 世界华文传媒与华夏文明传播国际学术研讨会（2005）。

陈春知:《广告主与广告公司的对白》,《企业管理》2004 年第 4 期。

陈刚:《广告代理制目前存在的问题与原因》, http://media. people. com. cn。

陈刚、崔彤艳:《媒介购买公司的发展、影响及对策研究》,《广告研

究》2006 年第 5 期。

陈韵博：《新闻寻租现象剖析》，《国际新闻界》2005 年第 3 期。

程曼丽：《媒体人在公关活动中的角色》，《中国人民大学学报》1997 年第 3 期。

戴天岩等： 《广告业发展的"瓶颈"和〈广告法〉修改建议》，http：//www. a. com. cn。

丁俊杰、张豪：《2004 年广告行业展望》，《广告研究》2004 年第 1 期。

杜国清：《国内广告主广告意识的生成和发展》，《市场观察》2003 年第 10 期。

傅汉章：《为广告主把把脉》，《中国广告》1998 年第 6 期。

傅石林：《广告主及其组织的地位和作用》，《中国广告》2000 年第 2 期。

冯丙奇：《中国报纸广告图像基本传播范式转型——以北京地区大众报纸为例》，博士论文 2005。

耿默：《是经营者，还是广告主?》，《中国广告》1991 年第 3 期。

衡涛等：《媒体、虚假广告主与国家三方行为的博弈分析》，《统计与决策》2005 年第 8 期（下）。

黄升民、王昕：《大国化进程中广告代理业的纠结与转型》，《现代传播》2011 年第 1 期。

贺雪飞：《经济人·文化人·道德人——论广告人的社会角色及其文化责任》，《宁波大学学报》2003 年第 4 期。

黄利会、彭光芒：《广告对社会的控制形式》，《当代传播》2005 年第 2 期。

贾亦凡：《试论报纸广告对报纸的负面影响》，《新闻大学》1997 年第 2 期。

蒋志高：《设置新闻议程：汽车报道中的记者、企业巨头和不明消息来源》，《新闻与传播研究》2004 年第 1 期。

雷安定：《论三大经济主权》，《东方论坛》1997 年第 3 期。

李惠然：《广告主，你的媒体投放需求弹性有多大?》，《市场观察》2004 年第 9 期。

梁伟贤（香港）：《为谁服务：老板、集团、党派、还是读者? ——传媒操守的个案与理论》，《新闻学研究》第 74 期。

廖秉宜：《欧美媒介购买公司的发展、影响及对策分析》，《新闻与传播研究》2011 年第 3 期。

刘瑞生：《西方媒介购买公司"渗透"中国风险何在》，《中国党政干部论坛》2012 年第 5 期。

李永干：《试论虚假广告的危害及防范措施》，《广西社会科学》2003 年第 3 期。

李莞：《媒体争相变招优化服务广告主》，《媒介观察》2004 年第 1 期。

李彦：《明星代言之惑》，《北京青年报》2007 年 4 月 1 日 B8。

刘汉民：《路径依赖学说与中国的国有企业改革》，http：//www. 66wen. com。

刘继生：《中国特色传媒体制研究》，中国社会科学院新闻与传播研究所博士生论文（2007）。

刘林清：《论广告主的作用》，《企业管理》2000 年第 4 期。

陆谦：《浅析商业宣传对大众媒介的渗透与影响》，《商业研究》2000 年第 9 期。

陆晔：《权力与新闻生产过程》，www. cngdsz. net。

马逸、汪涛：《"复关"对我国广告业的影响》，《中国广告》1994 年第 1 期。

潘亚莉：《谁谋杀了广告代理费?》，《广告大观》2004 年第 5 期。

阮卫：《20 世纪广告传播理论的发展轨迹》，《国际新闻界》2001 年第 6 期。

史学军：《产业特征、组织创新与本土代理的挑战》，《广告研究》2006 年第 2 期。

孙宝妹：《广告对新闻媒体的负面影响及其对策》，《甘肃社会科学》

2003 年第 3 期。

　　孙瑞祥：《"以德治国"与广告伦理》，《新闻战线》2001 年第 5 期。

　　孙卫卫：《重视广告的负面影响》，《当代传播》2004 年第 2 期。

　　唐禾：《新闻报道对房地产价格影响实证研究——以〈新民晚报〉房产新闻报道为例》，人民网－传媒。

　　唐小兵等：《WTO：中国新闻界的契机——析中国加入世贸组织对国内新闻界的影响》，《新闻与传播》2000 年第 1 期。

　　唐绪军：《从统计数字看报业集团》，《新闻知识》2004 年第 11 期。

　　汪建新：《广告人与广告主，谁主浮沉》，《中国广告》1994 年第 4 期。

　　万志诚：《广告主应是"皇帝"而不是"傀儡"》，《中国广告》1989 年第 2 期。

　　望晓东、吴顺辉：《上海市房地产泡沫实证检测》，《中国房地产金融》2006 年第 11 期。

　　王永亮、傅宁：《尹韵公：学者本色公仆情》，http://www.people.com.cn。

　　吴春花：《广告主话语权催生规模博弈》，《市场观察》2002 年第 12 期。

　　徐益：《警惕"权力意识"对广告的侵蚀》，《中国广告》1990 年第 2 期。

　　薛维君：《市场经济中广告主行为的分化及策略》，《中国广告》1993 年第 1 期。

　　薛维君：《广告行为的侵犯、保护与控制》，《中国广告》1995 年第 2 期。

　　薛维君：《广告主，你为什么需要代理》，《中国广告》1996 年第 1 期。

　　薛维君：《广告主，谁能为你代理》，《中国广告》1996 年第 4 期。

　　杨存生：《谈谈"新闻广告"》，《中国广告》1988 年第 4 期。

　　杨保军：《简论新闻话语及其真实性》，《今传媒》2005 年第 4 期。

杨保军：《简论新闻源主体》，《国际新闻界》2006 年第 6 期。

杨茵娟：《广告主与媒体互动过程研究——以中国大陆一份都市报与一家公司为个案》，《中国传媒报告》2004 年第 4 期。

叶茂中、顾小君：《跟广告主结婚》，《中国广告》1997 年第 3 期。

姚林：《报纸广告面临的困境和机遇》，《中国报业》2005 年第 11 期。

尹韵公：《入世与我国传媒业》，《中国社会科学院院报》2001 年 11 月 17 日。

尹韵公：《新闻媒体的使命感和责任感》，《中国社会科学院院报》2005 年 10 月 13 日。

尹韵公：《独具特色的〈中国传媒发展报告〉》，中国社会科学院网站。

喻国明：《当前中国传媒业发展客观趋势解读》，《中国传媒报告》2005 年第 3 期。

张殿元：《超越表象：社会广告化的深度分析》，《新闻与传播研究》2004 年第 3 期。

张殿元：《非暴力强迫：作为运作机制的广告霸权》，《文化研究》第 5 期。

张殿元：《大众文化操纵的颠覆——费斯克"生产者"理论述评》，《国际新闻界》2005 年第 2 期。

张海潮：《2003 中国电视广告市场分析报告》，《电视研究》2004 年第 4 期。

张子让：《版面的隐性信息》，《新闻记者》2000 年第 12 期。

章汝爽：《提高广告质量的关键在于提高广告主的市场意识和效益观念》，《中国广告》1991 年第 1 期。

赵曙光：《报纸是否为房地产所"俘虏"——基于结构－行为－绩效分析模式的研究》，2005 年两岸青年学者论坛——大众传媒与社会变迁研讨会（10.14）。

2. 调研报告（按著作者姓名汉语拼音顺序）

丁俊杰、黄升民等：《中国广告生态调查广告主专项报告》，《现代广告》2005 年第 1 期。

《上海市广告主广告情况调查》,《中国广告》1990 年第 2 期。

广告主研究课题组:《2002 广告主研究新纪元》,《市场观察》2002年第 8 期。

广告主研究课题组:《领先营销者的功夫——透视广告主的"公司观"》,《市场观察》2003 年第 3 期。

广告主研究课题组:《2003～2004 广告主电视广告战略趋势研究》,《市场观察》2004 年第 4 期。

广告主研究课题组:《2003～2004 广告主投放模式全报告》,《市场观察》2004 年第 4 期。

广告主研究课题组:《2003～2004 广告主赞助活动全报告》,《市场观察》2004 年第 5 期。

广告主研究课题组:《2003～2004 广告主会展活动全报告》,《市场观察》2004 年第 6 期。

广告主研究课题组:《2003～2004 广告价格博弈实战全报告》,《市场观察》2004 年第 9 期。

广告主研究课题组杜国清等:《2003～2004 广告主收视率运作全报告》,《市场观察》2004 年第 10 期。

杜博等:《2003～2004 广告主营销计划执行力全报告》,《市场观察》2004 年第 12 期。

邵华冬等:《2004～2005 礼品概念营销运作全报告》,《市场观察》2005 年第 1 期。

邵华冬等:《2005～2006 广告主情感营销运作全报告》,《市场观察》2005 年第 2 期。

邵华冬等:《2005～2006 儿童用品市场营销推广运作全报告》,《市场观察》2005 年第 5 期。

邵华冬等:《2005～2006 广告主"都市报"广告投放策略报告》,《市场观察》2005 年第 7 期。

邵华冬等:《2005～2006 户外广告投放策略报告》,《市场观察》2005

年第 8 期。

中国人民大学舆论研究所、北京慧聪国际资讯媒体研究中心:《中国媒体广告市场研究报告》。

中国广告协会学术委员会:《广告生态调查——广告公司综合报告》(2002)。

中国广告协会学术委员会:《2004 年中国广告公司生态调查专项综合报告》(2004)。

3. 通讯社、电视台、平面媒体、媒体网站、学术网站、博客等媒体的新闻报道与网络资源

新华社、中国新闻社、中央电视台、《人民日报》、《中国青年报》、《法制日报》、《京华时报》、《新京报》等。

人民网、新华网、中国政府网、中国新闻网,新浪、搜狐、网易等门户网站、媒体网站、其他网站、博客、微博等。

中国广告主协会,http://www.cec-ceda.org.cn/。

世界广告主联合会,http://www.wfanet.org/。

中国期刊网,http://www.cnki.net/。

中华广告网,http://www.a.com.cn/。

传播研究网,http://www.mediaresearch.cn/。

中华传媒网,http://www.mediachina.net/。

中国新闻传播学评论,http://www.cjr.com.cn。

慧聪网·报刊资讯行业,http://www.media.hc360.com/。

中国人民大学新闻与社会发展研究中心,http://research.ruc.edu.cn/xw/index.asp/。

清华大学国际传播研究中心,http://www.media.tsinghua.edu.cn/。

紫金网,http://www.zijin.net/。

新传播资讯网,http://www.woxie.com/。

中国新闻研究中心,http://www.cddc.net/。

《新闻学研究》,http://www.jour.nccu.edu.tw/Mcr/。

香港大学新闻及传媒研究中心,http://jmsc.hku.hk/index.asp/。

美国广告时代杂志（Advertising Age）：http：//www. adage. com/。

4. 学术期刊与年鉴辞典

《中国广告》、《国际广告》、《现代广告》、《广告大观》、《广告人》、《市场观察》、《广告世界》、《广告传播研究》等广告学术类杂志与报刊。

《新闻与传播研究》、《新闻学刊》、《新闻大学》、《国际新闻界》、《现代传播》、《新闻与传播》、《中国传媒报告》、《当代传播》、《新闻记者》等新闻传播类学术杂志。

《中国新闻年鉴》、《中国广告年鉴》、《中国广播电视年鉴》、《中国工商年鉴》、《中国统计年鉴》等年鉴。

相关大学学报与学刊。

《辞海》、《辞源》、《汉语大词典》、《现代汉语词典》、《简明大不列颠百科全书》等辞书。

5. 相关法律法规行规：国内外广告的相关法律、法规等。

附录一
与某汽车销售公司公关主管
访谈纪要（整理稿）

1. 你们公司的广告与生产商和全国的经销商的关系是怎样的？

经销广告是各地经销商自己的事情。……但必须与生产商，即我们的总公司广告部门的广告一起互动。为此总公司对我们进行了培训，作公关与广告必须把我们的品牌（以外观与理念等为主打）等核心概念引入媒体，输入媒体广告。

总公司上市一款新车时，一是上市前期会进行调研，对区间、群体、男女、家庭……进行比较全面的调研；二是上市前，会利用相关媒体进行大量宣传；三是上市时开发布会，除做车展与户外广告外，还会邀请全国大大小小的媒体来，让媒体用公司提供的稿件加以报道与宣传。……

2. 你们厂家和贵公司在各种媒体的比例是多少？能谈多少就谈多少

至于厂家有多少广告费，厂家有规定，预算有一个比例列入广告与公关费用。

我们多少广告费，主要是因地制宜。而且跟市场反馈有关系。……

3. 贵公司在哪些媒体投放广告？为什么要选择这些版面与时段？

主要是本市的报纸。电视广告，主要是厂家在做。电视广告费用比报纸贵，我们经销商一般不做。

放在都市报的，是中低档的，大众化的，如雪佛龙；放在晚报、晨报的，是别克。……主要看媒体广告登载什么样的车。

不准打 1/4 广告，如奥迪至少是半版广告；不选择娱乐、体育、社会新闻、财经、专题、特别关注版等版面……投放广告时间选择在星期二与星期五，原因是礼拜要休息，星期一读者事务多，面对礼拜与星期一的报纸，许多人只看头条，没有投放效果。……

这些都是为了制造广告的媒体环境，维护品牌形象。

4. 贵公司的广告主要是由广告公司代理，还是由报纸广告部代理，你们的这种模式是全国性的，还是全省性的、全市性的？

我们经销商一般不找广告公司代理，除非是为了熟悉广告公司内部的游戏规则，除非是刚刚入行开始交一点学费。当然厂家是广告代理，因为他投放量大，广告公关人手少，只与媒体打交道，否则其调研、策划与广告创意运作起来就不合算了。

媒体广告部原来是媒体的，无论现在规定怎么样，它可以说还是娘身上的肉。广告代理费给广告公司是这么多，给媒体广告部也是这么多，而媒体在价格上可以给予我们优惠与折扣。我们许多事情需要媒体的配合，给广告公司那些广告商，我们与媒体关系就隔了一层。我是媒体客户，它就会为我服务，在报道方面会给予媒体环境，我们也为产品创造了媒体环境。

5. 媒体报道有负面的新闻，也有正面的，贵公司是否被负面报道过？你是怎么处理的？经营其他汽车品牌的公司又是怎么处理的？

肯定有，其他公司也一样。报道方面负面新闻的，主要是电视媒体，如经济频道、政法频道、都市频道，栏目主要是"为老百姓说话"、"都市一时间"，主要是省里的、市里的……我们一般写一个事情原委给相关频道，并积极处理，使其不作后续报道。……

汽车行业品牌最出名的负面新闻，是××的"×××事件"。据内部透露与行业传闻，××用了8000万做公关与广告，才堵住中国所有媒体的嘴巴。许多网站的新闻都撤了。这些材料你要，我将来可以发给你。

用钱摆平媒体，堵住媒体的嘴，这不只是我们汽车行业如此，这些潜规则几乎是所有行业的行规。

附录二

《×××杯首届某地某事文化节》
总策划方案[*]（初稿）

一　概述（略）

二　目的、目标

1. 通过××文化节的组织实施，融洽客户关系，打击竞争媒体，推介本报品牌，实现××品牌，实现××品牌广告在本报投放基本稳中有升。

2. 预计活动受益：总招商额 85 万元（现金不少于 45%、物资不多于 55%）。其中直接招商 30 万元、间接招商 50 万元以上、其他招商 5 万元。

三　时间、地点（略）

四　主题（略）

五　组织机构及人事

主办单位：ABCD 报　×××商业广场

协办单位：××、×××等所有参加活动的××××品牌

承办单位：某企业文化传播公司、某文化发展有限公司

● 执行机构：首届××文化节组织委员会

组委会主任：×××——ABCD 报总编辑；×××——某商业广场总经理；

---

[*]　对地名、产品名称和参与媒体以符号代替，符号无任何特指意义。诸多无关的材料采用略去方式处理。

组委会成员：×××——ABCD 报编委；××——某企业文化传播公司董事长；××——某文化发展有限公司（领导）；×××——（某商业广场）百货事业部总监。

● 运营机构：组委会秘书处

秘书长：×××——ABCD 报广告商务中心主任；

副秘书长：×××——ABCD 报广告商务中心业务总监；×××——某商业广场企划部经理；×××——某企业文化传播公司总经理；

秘书处成员：×××——ABCD 报品牌推广中心副主任；×××——ABCD 报经济周刊部主任；×××——ABCD 报商业通讯部副部长。

秘书处下设办公室和若干小组

办公室总协调：××——ABCD 报商通部百货卖场主管

××——ABCD 报商通部百货品牌主管

宣传组、活动组、招商组、财务组（人物姓名，略）

● 文案策划（人物姓名，略）

六 系列活动策划（××论坛、原创征文、问卷调查、××大赛、颁奖晚会等八大活动，略）

七 系列活动简介（××论坛、原创征文、问卷调查、××大赛、颁奖晚会等八大活动，略）

八 支出费用总预算（共 11 项）

1~8. 八大活动预算（略）；

9. 其他费用（含礼品、礼金）。预算：现金 1 万元、物资价值 2 万元。

10. 支付 W（电视）频道费用。预算：现金 5 万元。

11. 扑克牌印刷费用（略）。

总计支出费用额：现金 25.2 万元、物资价值 5 万元（不含提成和工作人员劳务）。

九 文化节宣传计划

1. ABCD 报将开辟专栏进行报道。活动期间，凡在文化节活动地点做促销的品牌（需预先报名，并经秘书处确认、安排），将获得 ABCD 报的新闻支持一次以上（告知性新闻或总结性新闻）。

2. 活动前期，ABCD 报与某地 W 频道将在活动启动一周的前一周，开始进行活动前期节目和新闻报道的预热。内容（略）。

3. 活动前期，ABCD 报、M 电视频道将在活动正式启动的前一周，开始投放广告。主要内容：

A 活动主场在其场内进行活动装点，如空中彩飘、活动预告、入场门口的横幅宣传。要求体现三家主办单位的名称和 LOGO。

B ABCD 报将以自身的名义，投放 2 期半版硬广告、2 期横 1/4 版硬广告进行推介。要求体现三家主办单位的名称和 LOGO。

C M 电视频道进行一定时段的预告性推介。要求体现三家主办单位的名称和 LOGO。

D 活动期间，活动总冠名单位需以其自身名义在 ABCD 报上投放一次半版彩色活动广告，ABCD 报象征性收费，并回赠一个同样版面广告。

4. ABCD 报每周至少拿出半版硬性广告来宣传××文化节及相关活动。

5. ABCD 报和 W 电视频道新闻宣传，将紧紧围绕××文化节八大系列活动以及相关热点事件进行。达到多层次、多角度、全方位宣传××文化节的目的和效果。广宣方案待定。

6. 扑克宣传。（略）

十 ××品牌参加××文化节广宣等优惠措施

● 优惠措施：

1. 活动期间，凡参加此次活动的品牌在 ABCD 报上投放活动广告一次（1/2 通栏及以上，规格、规模不限），ABCD 报将给予最低折扣（××品牌投放广告，一律以 ABCD 报刊列价给予最低折扣 5.5 折计算），并提供新闻一次（不低于 600 字）；

2. 凡在 ABCD 报上投放相当于两个 1/2 版彩色硬广告以上的××××品牌，W 电视频道某栏目将对该品牌进行 2 分钟专场品牌宣传一次；

3. 活动期间，凡在 ABCD 报上投放 1/2 版彩色硬广告以上的××××品牌，ABCD 报将对该品牌（1000 字加图片）的专题报道。广告投放超过 1/2 版彩色硬广告以上×××品牌，ABCD 报根据双方合作协议进一步的支持。

4. 略。

● 参见×××节优势：

ABCD 报与 M 电视频道作为主办单位，将对此次活动进行全程跟踪报道。报纸媒体和电视媒体的完美结合，进行同步宣传，给受众带来一系列流行趋势、××文化节的进展情况和促销过程。××品牌可借助合作媒体，宣传其自身品牌和促销活动内容。

×××商业广告不论地理位置还是经营实力，在整个 A 市百货业中享有很高地位，其活动组织能力、场地促销能力也独具一格。

三者强强联合，可有效提升×××商业广场的品牌形象，对于参加活动的各种大品牌也大有帮助：既有报媒的详细介绍、又有电视媒体的形象推广，现场的销售推广也将做得有声有色。（媒体优势详见附件 1）。

十一　招商方案

1. 招商目标：

● 总冠名：25 万元起，仅限 1 家企业。

● 系列活动冠名：8 万元起，仅限 10 家企业。

● 其他赞助：1 万元起，企业不限。

● 扑克牌：1.5 万元起，仅限 2 家企业。

2. 招商回报方案：

总冠名：25 万元，仅限 1 家企业。总冠名形式：×××杯首届湖南××文化节。回报条件：

媒体回报：

● 给予 ABCD 报 42 万元（按刊例价格计算）硬性广告的版面，刊发形式自定，2006 年 5 月底以前用完；

● 给予 ABCD 报 10 篇 500 字以内的软文（按刊例价格计算，价值 4 万元），2006 年 2 月底以前用完；

● ABCD 报提供相应新闻报道支持若干次，2006 年 2 月底以前有效。

● 在 ABCD 报、AAAA 报等平面媒体的大赛平面媒体形象宣传广告中体现总冠名企业及产品，并给予其中不少于 30% 的版面宣传总冠名企业，不少于 10 次（广告价值 80 万元）；

●电视形象宣传广告中体现总冠名企业及产品，不少于 100 次（广告价值 50 万元）；

●相关活动的新闻报道中，尽可能多的体现冠名企业及产品。

活动回报、广告位回报、其他回报，略。

系列活动回报（分冠名）　8 万元起（限 8 家企业）。回报条件：

冠名形式：×××首届××××大赛或有奖征文等。

媒体宣传回报：

●ABCD 报给予按刊例计算的价值 13.6 万元人民币的纯硬性广告。

●ABCD 报对分冠企业负责人作一次专题采访。

●所有××文化节宣传广告中体现分冠名企业标识。

●相关系列活动的新闻报道中尽可能多的体现分冠名企业。

●电视宣传中体现分冠名企业。

●分冠名企业与 ABCD 报结成战略合作伙伴关系。

大赛特别回报、总决赛回报，略。

其他赞助回报和扑克牌赞助回报，略。

十二附件（略）

图书在版编目（CIP）数据

广告主对大众媒体的影响与控制：基于广告话语权视角/
王凤翔著. —北京：社会科学文献出版社，2012.12（2013.7
重印）
　ISBN 978 - 7 - 5097 - 4025 - 5

　Ⅰ.①广… 　Ⅱ.①王… 　Ⅲ.①广告 - 传播媒介 - 研究
Ⅳ.①F713.81

　中国版本图书馆 CIP 数据核字（2012）第 274836 号

广告主对大众媒体的影响与控制
　　——基于广告话语权视角

著　　者／王凤翔

出 版 人／谢寿光
出 版 者／社会科学文献出版社
地　　址／北京市西城区北三环中路甲 29 号院 3 号楼华龙大厦
邮政编码／100029

责任部门／社会政法分社（010）59367156　　　　　责任编辑／关晶焱
电子信箱／shekebu@ ssap. cn　　　　　　　　　　责任校对／刁春波
项目统筹／王　绯　　　　　　　　　　　　　　　　责任印制／岳　阳
经　　销／社会科学文献出版社市场营销中心（010）59367081　59367089
读者服务／读者服务中心（010）59367028

印　　装／北京季蜂印刷有限公司
开　　本／787mm×1092mm　1/16　　　　　　　印　　张／18.75
版　　次／2012 年 12 月第 1 版　　　　　　　　　字　　数／286 千字
印　　次／2013 年 7 月第 2 次印刷
书　　号／ISBN 978 - 7 - 5097 - 4025 - 5
定　　价／58.00 元